求是书系·传播学
Communication

New Perspectives
on Geography of Media

媒介地理学新论

邵培仁　著

ZHEJIANG UNIVERSITY PRESS
浙江大学出版社
·杭州·

图书在版编目（CIP）数据

媒介地理学新论 / 邵培仁著. —杭州：浙江大学
出版社，2021.10（2023.10 重印）
ISBN 978-7-308-21824-5

Ⅰ.①媒… Ⅱ.①邵… Ⅲ.①传播学－研究 Ⅳ.
①G206

中国版本图书馆 CIP 数据核字（2021）第 202826 号

媒介地理学新论

邵培仁　著

责任编辑	黄静芬	
责任校对	田　慧	
封面设计	周　灵	
出版发行	浙江大学出版社	
	（杭州天目山路 148 号　邮政编码 310007)	
	（网址：http://www.zjupress.com)	
排　　版	浙江大千时代文化传媒有限公司	
印　　刷	浙江新华数码印务有限公司	
开　　本	787mm×960mm　1/16	
印　　张	15	
字　　数	275 千	
版 印 次	2021 年 10 月第 1 版　2023 年 10 月第 3 次印刷	
书　　号	ISBN 978-7-308-21824-5	
定　　价	60.00 元	

目 录
CONTENTS

第一章

媒介地理学的研究对象与意义

　　媒介地理学(Geography of Media,又译"传媒地理学")是从媒介学与地理学的交叉边缘地带划分出来的一块小小的学术领地,也是传播学、媒介学、地理学、政治学、经济学、文化学、社会学等众多学科的知识搅拌、混合而建成的一座理论大厦。它既秉承了媒介学、地理学这两门学科的优良传统和遗传基因,又吸收了许多相关学科的活性因子和知识营养。

　　"天地交而万物通也,上下交而其志同也。"(《周易·泰》)"地者,万物之本原,诸生之根菀也。"(《管子·水地》)媒介地理学的提出与建构绝不是一些学者专家在书斋里杞人忧天式的想象与臆造;而是由愈演愈烈的媒介冲突、媒介危机和媒介灾难逼迫出来的,也是当代传播学与其他学科走向整合、走向交叉、走向互动的必然结果,更是中国传统学术思想向现代学术空间的延伸和发展,是中国传统文化中"天地人合一"思想在当代的体现。

第一节　交叉融合的媒介地理学

　　如果说人类社会同其所处的环境之间的关系是地理学的永恒主题,那么人类与媒介、社会、环境之间的互动关系则是媒介地理学研究的基本矛盾。媒介地理学思想来源于客观世界而又作用、改变着客观世界。客观世界纷繁复杂、千变万化,但是人与人、人与地理之间的结构图式和空间关系体现了某种具有规律性的互动机制。地图、气象图和全球定位系统(GPS)、北斗卫星导航系统(BDS)作为媒介,由于反映了客观世界的人地关系和空间运动的规律,已经成为没有它们人类社会就无法顺利"运转"的基础性工具。同样,媒介地理学研究中的各种思想理论,也必将成为人类社会正确感知、理解和分析人地关系、人与世界关系的智慧。

一、地理学：开放性与交叉性并重的科学

地理学是研究地球及其特征、人类和环境的关系——包括各种自然现象和人文现象的学科。"地理"一词最早见于《周易·系辞上》："仰以观于天文，俯以察于地理。"唐代孔颖达疏："地有山川原隰，各有条理，故称理也。"《汉书·郊祀志下》记载："三光（日月星），天文也；山川，地理也。"北魏郦道元《水经注·济水》记载："人物咸沦，地理昭著。"南北朝惠标《咏孤石》诗中写道："中原一孤石，地理不知年。"地球是人类的家园，人类一直都十分关心自己赖以生存和发展的地球表面的状况，从而萌生出各种地理概念，产生了系列地理理论和知识。

"地理学"（Geography）一词诞生于公元前 4 世纪的古希腊，由"geo"（希腊文，意指大地）和"graphein"（希腊文，意指描述）组成，即"大地之描述"，描述和分析发生在地球表面上的自然、生物和人文现象的空间变化，探讨它们之间的相互关系以及重要的区域类型。中国宋代即有程大昌的《禹贡山川地理图》、王应麟的《通鉴地理通释》等多种著作。艾利森·布伦特（Alison Blunt）精辟地总结道：如果"地理学"意味着"描述世界"，那么地理学家就是以世界为研究对象，对世界进行思考并以不同方式进行写作。[①] 地理学的产生，并非因为人们好奇于地平线的另一端存在着什么，而是因为与人类密切相关的环境，以及与环境相关联的文化，使得人们产生了认知自然的渴求。而且，地理学的知识形式，几乎出现在所有的文化中。[②] 人们常常会有意无意地运用地理学的思考方式去审视其他领域。

地理学是一个古老的研究领域，曾被称为"科学之母"。作为一门具有极强生命力的科学，地理学历来具有开放的视野、包容的姿态和广阔的范围，其自身的价值也通过与其他研究领域的交叉、结合而得以彰显，进而表现出人与人、人与环境的关系，并进行文化阐释和世界改造。地理造就历史，历史形塑人文，人文指向未来。地理学关注历史积累效应、因人的参与而遭到抑制或扭曲的物理过程和生物过程，以及造成一群人与另一群人之区别的文化行为的差异。地理学本身就是跨学科、跨领域的，在自然与环境的表象之下，它

---

① 转引自：霍洛韦，赖斯，瓦伦丁. 当代地理学要义——概念、思维与方法[M]. 黄润华，孙颖，译. 北京：商务印书馆，2008：60.

② 柯拉法乐. 地理学思想史 [M]. 2 版. 郑胜华，等译. 台北：五南图书出版公司，2005：6-7.

还重视其中包含的文化与社会成因以及哲学意味。德国思想家伊曼努尔·康德(Immanuel Kant)及其追随者阿尔弗雷德·赫特纳(Alfred Hettner)便认为：地理学属于宇宙学,不是理性科学,而是对宇宙的最深层的思考。地理的目标不是解释规则和确立定律,而是探索经验中具有时空结构的特殊性资料。于是,时间和空间被康德用作形塑其理论的基础结构。①

　　社会与经济间的互动,影响着空间的分布,地理学也从此找到新的研究方向。1968年,古德(Gould)②在《哈泼斯杂志》(*Haper's Magazine*)上发表的一篇论文首先使用了"新地理学"(New Geography)这个概念,并对文化景观予以特别关注。次年,英国地理学家大卫·哈维(David Harvey)在《地理学中的解释》(*Explanation in Geography*)一书中,使用了新实证主义的观点(即不仅重视资料搜集的重要性,还强调理论的重要作用)来解释过去十年来新地理学的发展。而英国人文地理学家彼得·哈格特(Peter Haggett)以及自然地理学家理查德·休雷(Richard Chorley)通过新书的写作,加速了新地理学的成功。③ 社会内部以及社会之间的相互依存性,由于地域的复杂差异而增强。因此,英国地理学家 R.J.约翰斯顿(R.J.Johnston)指出,现代人类生存的最重要事实,是社会的空间差异,而不再是自然的空间差异。④ 在创新浪潮的推动之下,社会问题、社会关系对地理学的研究产生了一定影响,而生活空间(城市、景观、集群)、社会尺度、社会时间、社会意义与人本主义也成为新地理学的研究取向。地理学研究课题的多样性已经被人们所关注,包括与主流地理学相对的女权主义地理学,以及以后现代主义的方法,质疑表述世界的"精确性"的地理学研究方法,等等。

　　通过记叙性描写、图画、电影、照片和雕刻等各种描述形式所展示出来的地点、空间与景观,与自然地理一样真实可信。通过这种文化形式和描述视角所形成的地理文本,便是德国地理学家卡尔·李特尔(Carl Ritter)和弗里德里希·拉采尔(Friedrich Ratzel)建立的文化地理学,也是地理学研究"文化转向"的具体成果。人文地理学是一门研究地面上人文现象分布、演变和传

---

① 柯拉法乐.地理学思想史[M].2版.郑胜华,等译.台北：五南图书出版公司,2005:66.
② 本书中的人名第一次出现时基本写出中文和外文的姓和名,有些查找不到名的,则只保留姓。另有一些引自文献的查不到外文姓名,则只保留中文。
③ 柯拉法乐.地理学思想史[M].2版.郑胜华,等译.台北：五南图书出版公司,2005:164.
④ 转引自：约翰斯顿.地理学与地理学家——1945年以来的英美人文地理学[M].唐晓峰,李平,叶冰,等译.北京：商务印书馆,1999.

播的学问,它的研究主旨和学术愿望是:理解人类经验的复杂性和精妙性,从而在实践上更注意质量而不是数量、更注意心理而不是经济,于是与人文有关的地理研究应运而生。葛绥成在 1935 年编译的《世界文化地理》一书中,就以十八章篇幅分别论述了平原、盆地、高原、沙漠、海峡、海洋、河流、湖泊等地形的文化地理,以及气候、民族、国别、都市、产业、交通、人口等文化地理现象和问题,视野开阔,内容丰富。① 近年来,又有所谓情感地理、符号地理、内容地理、创作地理、电影地理、媒介地理、书法地理、音乐地理、体育地理、新闻消费地理等研究。文化与地理互动所产生的意义,远比二者作为各自孤立的个体所具有的意义更加丰富。文化被当作多样的、碎片化的事物,就更需要从地理的角度去进行观察与审视。

　　"媒介地理学"这一概念正式出现的时间比较迟,国外直到 1985 年才有一本直接与媒介地理学研究有关的书出现。② 2002 年,邵培仁在《电脑与网络:媒介地理学的颠覆者》一文中曾四次讲到"媒介地理学",认为"电脑与网络作为学术界、实验室和市场的'杰作',不仅彻底改变了传播形态学的面貌,而且全面更新了媒介地理学的版图"③。在《中国大百科全书》和最新辞书中还查找不到"媒介地理学"这一条目,相关的专门研究非常稀少。④ 但事实上,从人类发明媒介的那一刻起,媒介就与地理产生了密不可分的互动关系和学术姻缘。中国悠久的历史和文化能够延续千年,媒介的存在起到了很大的作用。地理的物化形式——媒介在历史记忆和文化传承中起着记录、储存和传播地理文化的作用。从甲骨、草叶、竹简、木简、金石和羊皮等相对笨重的物化媒介,到纸张、磁带、硬盘、软盘等相对先进的物化媒介,都是这种结合的实例。物化媒介虽然不能等同于精神内容,却是一种寓精神内容于物质实体的特殊文化载体。物化媒介的过程,既是人类精神思维由符号到媒介的具体化、实体化的过程,又是文化的记录、贮存、传播、引申和变异的过程。从提出概念到进行研究,浙江大学学术团队不仅在媒介生态学研究中走在前列,而且已经在媒介地理学研究中积累了许多学术成果,使媒介地理学研究不断向更为广泛的领域延伸。作为媒介学与地理学相融合的一个学科,媒介地理学不仅

① 葛绥成. 世界文化地理[M]. 上海:中华书局,1935.

② Johnston,R. J., Gregory,D., Pratt,G., et al. (eds.). *The Dictionary of Human Geography*[M]. 4th ed. Oxford: Blackwell,2000:493-494.

③ 邵培仁. 电脑与网络:媒介地理学的颠覆者[J]. 浙江广播电视高等专科学校学报,2002(3):5.

④ Thrift, N. *Geography of Media*[EB/OL]. (2005-08-16)[2005-08-16]. http://cache.baidu.com.

合理承继了两者的知识精华,而且科学吸收了两者的观察和研究方法,并将研究对象集中在人、媒介、社会和地理四者互动的关系上,集中在各种媒介文本的文化意义的生产、经营、传播与环境的互动过程之上。报纸、杂志、广播、电视、电影、网络等既是具体的媒介,也是观照分析的具体对象;空间与时间、尺度与景观、本土与全球等既是地理学中的关键概念,也是在媒介地理学的视野下进行解读的重要内容。

总之,地理学作为研究人与地理环境关系的学科,其研究的目的是更好地开发和保护地球表面的自然资源、协调自然与人类的关系,其核心元素是空间、地方、景观、尺度和时间,它同其他学科结合或联姻,可以产生出不同的交叉科学。

二、媒介与地理的互动互助

1. 特定的地域生态产生特定的媒介形态。"天地与我并生,而万物与我为一。"(《庄子·内篇·齐物论》)"宇宙万物是相互依存、互相联系的过程。"[1]因此,人类的生存和传播活动,总是要受到特定地理环境的影响和制约的。生活在森林中的原始人类能够就地取材,在树叶、树皮上涂鸦,后来则在木片或竹简上刻画;生活在河网湖区的祖先们则学会了通过苇叶写意传情;而生活在广阔沙漠上的人们要将一则信息传送到远方就只有通过"泥版书"。此外,还有中国商代的甲骨文,周代的"青铜器铭文",春秋战国时期的玺印、货布、陶器等上的文字,都和特定的地理环境有密切关联。

大约在公元前3000年,古埃及出现了另一种古老的图书——纸草书卷,又称"纸莎草纸书卷",它是世界上最原始的一种图书。纸莎草是一种类似于芦苇的水生莎草科植物,草叶呈三角形,在古代主要生长于埃及的沼泽和池塘之中,现在则只分布于埃及的尼罗河谷地。纸莎草茎高可达3米多,粗细与人的手腕相当,茎部富含纤维,以它为原料制造出来的书写材料就是纸莎草纸。可见,古埃及人能发明出纸莎草纸书卷,是尼罗河沿岸的地理环境决定的。与之相似的是大约在公元前8世纪的帕加马人发明的"羊皮书卷",它是指以羊皮或羊羔皮为材料制成的最原始的一种图书。羊皮书就是拉丁文中"帕加马"转义而成的。在帕加马帝国欧迈尼斯二世时期(公元前197年—公元前159年),由于埃及人停止供应纸莎草,帕加马人没有了制书的原料,被迫

---

① 邵培仁,等. 亚洲传播理论——国际传播研究中的亚洲主张[M]. 杭州:浙江大学出版社,2017:85.

发明了以羊皮为原料的羊皮书。这种书的原料开始是绵羊、山羊等的皮,后来,又以牛、羔羊等的皮为原料,质地变得更好。这也是在特定地理环境中产生的特定的符号和媒介形态。

2.相同的媒介形态能反映出不同的地理样本。传播是人性的外化,也是地理环境的折射。有什么样的地理环境,就有什么样的人和传播。《尚书·禹贡》、《管子·地员》、《山海经》、裴秀的《禹贡地域图》、郦道元的《水经注》、玄奘的《大唐西域记》、李吉甫的《元和郡县图志》、罗洪先的《广舆图》、徐霞客的游记、顾炎武的《天下郡国利病书》和《肇域志》、顾祖禹的《读史方舆纪要》等作品,都是平面媒介对不同地理形势的描述和反映。地理学家则在电视发明的初期便利用它记载人群形象与地理外貌。

1983年,中国和日本合拍的一部描写长江地理风貌及其两岸人民生活的纪录片《话说长江》在中国中央电视台首播。"你从雪山走来,春潮是你的风采;你向东海奔去,惊涛是你的气概……"《话说长江》是中央电视台20世纪80年代最受欢迎的电视纪录片,也是中国纪录片的高峰之一。它浓墨重彩地向人们展示了长江两岸的旖旎风光,以及长江从古到今的传奇故事;同时用镜头记录了从神奇的源头到壮观的入海口的长江全貌,以及长江沿岸的山川地理、名胜古迹、风土人情和江畔居民的生活。全片介绍和涉及大小河流、湖泊、峡谷49条(个),名山28座,大小名城52座,工程25项,历史典故与民间故事27个,风景名胜110处,古今名人104人,可以说是对当时长江地理形貌全面真实的记录。20多年后,《再说长江》的拍摄则是中国电视史上规模最大的一次记录长江的行动。摄制组用高清摄像机拍摄了当年《话说长江》限于技术问题而没能拍摄到的长江源头。《再说长江》的总制片人刘文说,《再说长江》策划时明确的主旨就是以长江沿岸风光地貌、风土人情的变化来反映中国20多年的经济建设所带来的巨变。《话说长江》是一部风光片,散文化的解说让人们看到了祖国各地的生活状态,20多年来长江沿途很多地方都是旅游胜地了,早已不再神秘,所以这次节目组以人为本,以纯纪实手法讲故事,用对比手法来展现长江的变化、中国的变化。然而更重要的是,让观众看到变化的背后其实是不变,20多年巨变的根源在于中华文化血脉相承的不变。①在相同的电视镜头下,展现的却是不同的地理风貌。

电影镜头同样可以记录不同的地理样本,各个民族的文化和性格、各个

① 赵曦.体现传承　追求超越——访《再说长江》总制片人、总编导刘文[J].中国电视,2006(10):62-63.

区域的地理形势能够真实地反映在电影之中。正是因为电影地理学提供了意义的地图，我们才得以在当代世界里顺利航行。在现代大众传播的社会里，传播者依然认为媒介地理形势以及对它的认同格外重要，并试图让每一个文本透过这些因素而吸引某种类型的受众。

3. 不同地理环境中的人具有不同的传播特点。汉代董仲舒说："天地人万物之本也。天生之，地养之，人成之。……三者相为手足，合以成体，不可一无也。"(《春秋繁露·立元神第十九》)人类是在一定的自然地理环境(天地)中生存和发展的，因此人类的物质和精神形态，包括传播和文化等活动，都受到地理的制约与影响，并存在着明显的地域差异。不同的人种带有不同地理环境的印痕，不同的印痕又决定着人种对环境的适应能力。生活在热带的人群，形成了一系列适应性生理特征：具有深色的皮肤，能保护皮肤免受日光的灼伤；卷曲的头发，能防止头部被晒得过热；宽鼻、厚唇、大嘴巴，便于散热；他们用来描述炎热状态的词汇特别丰富；等等。长期生活在寒带的人群，也具有一系列生理特征：身材魁梧，具有高窄的鼻子，使冷空气较慢地进入气管和肺部；肤色浅白，以防冻伤；而他们的语言对于寒冷和冰雪则有着更细致的描述能力。

不同的地理环境产生不同的人类文明。黄河、长江流域孕育了中华文明，尼罗河流域催生了古埃及文明，两河流域哺育了古巴比伦文明，恒河流域产生了古印度文明。这四大文明均发轫于大河流域，多属平原地带，并且基本位于北纬30°附近，这个纬度往往有着广阔而肥沃的土地，而且有着宜人的气候和丰富的水资源。同样，传播作为人类的活动，既是地理环境的外化，也是人性和生活的建筑材料。当我们说"字如其人""文如其人""传如其人"时，也等于在说"传如其地"。音乐地理学告诉我们，渔歌、牧歌、秧歌、山歌等，既是唱歌人面貌和人格的本质反映，也是其自身所处的地理环境的真实写照。例如，陕北民歌信天游是流传在中国西北广大地区的一种民歌形式，这是一种用老镢镌刻在西北黄土高原上的传世巨著，是黄坡黄水之间的一朵奇葩。信天游是陕北劳动人民精神、思想、感情的结晶，是陕北人民最亲近的伴侣，是陕北地理环境的最直接反映。陕北，地处黄土高原，山连着山，沟接着沟。生活在这里的人们或是在山上劳作耕耘，或是赶着牲口在险峻的山路和深深的沟壑之间跋涉。在繁重而单调的生活中，一则为了排遣心头的忧愁和寂寞，二则思念起家人、朋友、恋人，人们触景生情，以景寄情，用高亢而悠扬的歌声抒发自己的感情、感触，诉说自己对爱情和美好生活的追求和向往，以释放积压在心头的郁闷和愁苦。信天游的传唱之境，是一片广袤无垠的黄色高原，这高原，千沟万壑，连绵起伏，苍茫、恢宏而又深藏着凄然、悲壮；清峻、刚毅而又饱含着沉郁、顿挫。千百年来，这高原以自己的个性潜在地影响着陕北人的生活习俗，塑造了性格鲜明的高原文化，创作了苍凉、恢宏而沉郁的信天游。

4.空间、景观与地方的视觉元素已经成为当下媒介的重要内容。当下媒介所关注的空间、景观和地方等视觉元素，在邻里、城市、区域、国家等所有尺度上，都不是简单的观念，而是各种现象的综合体；也不只是自然的、地理的现象，还是社会的和媒介的反映对象和传播内容。不同的空间、景观和地方向度既可被视为具体的物质形式，也可被看作文化层面的精神建构，具有观念形态的特征。大众媒介的广泛介入极大地推动了空间复苏、景观转向和地方觉醒，同时又使得人类的空间感由实境转向虚境，由时间模式转向空间模式，由直接的亲身体验转向间接的媒介体验，于是视觉传播打败了听觉传播和触觉传播，本来以呈现和表达社会为己任的媒介反而成为社会必须关注、使用和依赖的对象，否则就会威胁到它生存与发展的空间。

5.不同区域的受众对媒介内容会有不同的地理"看"法。美国密歇根大学的研究人员对25名欧洲裔学生和27名华裔学生的眼睛活动进行仔细观察后发现，这些学生在看指定图片时，目光会停留在不同区域，并且停留的时间也不同。当图片呈现丛林中的一只美洲豹时，欧洲裔学生的目光会长时间停留在豹子身上；华裔学生则更习惯于花时间观察图片背景和整体，并且会在背景和主体之间来回移动目光。在另一组实验中，研究小组请来一些美国人和日本人观看并描述所见水下图片。美国人的目光直接落到了图片中最明显的或在运动中的物体上，比如3条鲑鱼在游水；日本人则描述他们看到了水流、水是碧绿色的、水底有岩石，最后才提到鱼。结果显示，日本人对背景的描述比美国人多60%，对近景与背景物体的关系的关注度是美国人的2倍。研究小组组长查·尼斯比特就此得出结论："他们'看'世界的方法确实不同。"西方人注重主体，是个人主义；东方人注意背景，更关注别人。这项研究甚至显示一种现象：某些地域的人更善于做某些事，另外一些地域的人则善于做其他事。[①] 这也是传播人种学提供给媒介地理学的一个有力证据，不同地区的受众对媒介内容的理解各不相同。

---

① 王小萌.东西方人"看"法不同[N].钱江晚报,2005-08-24(8).

第二节　媒介地理学的研究对象与体系

如果说媒介地理学是媒介学与地理学互动、融合的结晶,那么它的研究对象与体系也应该在对"人、媒介、社会、地理"四者互动、融合地带的扫描、分析中得到确立。

人是媒介学与地理学研究的核心与主体。事实上,各种社会科学家研究的最后目标都是人,只不过他们是从不同的角度去研究人罢了。体质人类学家是从人类的身体特征出发去研究人,文化人类学家是从人类的生活方式出发去研究人,心理学家是从人类的思想(即头脑)出发去研究人,社会学家是从人类的群居生活出发去研究人,经济学家是从人类的交换行为出发去研究人,政治学家是从人类的权力关系出发去研究人,历史学家是从人类的"记忆"出发去研究人,法律学家是从人类社会中的强制性规范出发去研究人。①同样,媒介地理学就是从人类、媒介、社会与地理的关系出发去研究人,研究人如何在特定的地理和社会环境中发明媒介、使用媒介和活化媒介,如何自觉不自觉地通过媒介呈现地理、审视地理、浓缩地理、影响地理、突破地理和创造地理。中国媒介地理学的传统思想就十分强调人与媒介、家庭、社区、地方、国家、地理的和谐与融合、同体与化一。因此,从中国传统文化中汲取营养、从世界学术思想中吸收精华、结合中国国情和联系中国实际建构起来的媒介地理学,将是传播学和地理学研究中最有希望、最为繁荣的学科之一,将在中国走向世界、世界了解中国的历史进程中做出自己的一份贡献,其特殊作用也将是其他学科所无法替代的。

任何一门社会科学都以人类社会的某一特定现象或实践活动作为自己的研究对象。媒介地理学就是以人类与媒介、社会、地理的相互关系及其互动规律为研究对象的,它既研究人与自然和社会之间的相互关系,也研究人之间和媒介之间的空间关系。同一般的媒介学相比,它侧重把媒介现象尤其是传播活动现象放到特定的地理和社会环境中进行考察和分析,并探索其本质和规律。同一般的地理学相比,它将地理形貌和地理信息的媒介再现、转换以及它对媒介工作者和受众的影响、制约等因素作为分析、研究的重点,对地球表面自然现象的研究不是它的任务。因此,不论是在媒介学者还是在地

---

① 魏镛.社会科学的性质及发展趋势[M].哈尔滨:黑龙江教育出版社,1989:16-18.

理学者的眼里,媒介地理学都是一门新兴的边缘学科和分支学科。

媒介地理学的研究对象不仅可以从它的学科定义上得到解释,还可以进一步从它的分析框架中得到说明。我认为,媒介地理学的研究体系(见图1-1),可以从三个方面进行发展。

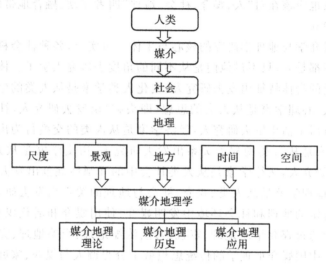

图 1-1 媒介地理学体系

第一,媒介地理学需要建立一个跨学科的、综合性的分析框架。媒介地理学面对的现象和问题十分复杂,需要的知识和方法日益丰富,通常它需要动用和吸纳传播学、媒介学、地理学、人类学、政治学、经济学、文化学、社会学等众多学科的知识和方法,从不同角度、不同层面、不同视野对媒介地理学研究中遇到的现象和问题进行微观和宏观的分析研究。媒介地理学具有这样一种视野:跨过学科的边界,从众多的媒介文本中,深入挖掘地表之外的社会内涵。媒介地理学的研究重点,主要表现为对多种地理的关注。除了地理地貌上的差别,一些构想出来的空间,比如性别、民族、社群之间由于政治、经济和文化等因素而形成的差异也非常重要。这些差异并非自然的反映,而是很大程度上经由主观意志的投射,并通过媒介文本反映出来的。

一些地理学家认为,只有当现象环境(真实的世界)与行为环境(我们根据文化代码和惯例而形成的对世界的感知)结合起来的时候,世界才获得意义。沿袭和借鉴文化地理学理念的媒介地理学,打破了环境与文化之间的固有界限,将文化充分融入地理的景观和空间之中,并通过媒介的文字、视像、声音等手段来予以描绘。权力的层级关系、政治经济的地缘因素、性别之间的气质差异等都能被纳入想象的空间中,被媒介绘制成为意义的地图。由于现实中的地理要素与这些文化层面的内容交织构成更为生动的图景,因此这些想象的地理往往比真实的风景更加具有吸引力。

此外,不同的媒介样式对于相同的文化也会有迥异的再现方式与再现结果。因此,媒介本身也常常是想象地理的一个重要组成部分。在媒介的分布状况中,我们能从媒介的密集程度来透视一个地区的文化状况与经济发展水平;从媒介的传播生态,我们也能发现各种生动的媒介地理图景。比如,通过媒介产业集群的数据分析研究,我发现中国媒介地理的形势是东高西低,与中国自然地理西高东低的地形正好相反。[1] 通过电影产业集群的数据分析研究,我们发现,"北武南文"的中国文化地理形势在中国电影产业中得到验证,即存在"江南核心性"。[2] 我们还在研究中发现了同经济地理一样的从黑龙江瑗珲(一般指黑龙江省黑河市爱辉区)至云南腾冲一线(亦即胡焕庸线)两侧的文化差距和电影产业鸿沟。[3] 网络媒介也是一个很好的例子,它跨越了地域,重构了人们的日常与社会生活,重绘媒介图景,同时也成为重要的媒介地理景观。因此,各种媒介图景共同昭示着地理环境对于经济生活、人口分布、文化类型和媒介产业的深刻、久远的影响。

第二,媒介地理学需要建立一个有梯度的、有层次的分析框架。这个分析框架包括媒介地理理论、媒介地理历史、媒介地理应用。媒介地理理论着重研究各类媒介地理现象在统一性的基础上所遵循的总体规律,通过判断和推理的逻辑程序建立与客观对象相一致的概念和范畴体系。媒介地理理论的研究内容主要包括空间、时间、地方、景观、尺度及其与人类、媒介、社会的关系等。媒介地理历史研究人类文明史上媒介的发明、创造、演变和发展的进程与地理因素、地理作用及其互动的本质和规律。媒介地理应用研究如何通过媒介地理学的理论、原则和方法解决实际的政治、经济、文化、传播和媒介问题,在条件成熟的情况下建立专门的学科,如电影地理学、报刊地理学、

---

① 邵培仁. 论中国媒介的地理集群与能量积聚[J]. 杭州师范学院学报(哲学社会科学版),2006(5):19-23,29.
② 邵培仁,周颖. 江南核心性:媒介地理学视野下的华莱坞电影史研究[J]. 西南民族大学学报(人文社会科学版),2017(8):154-160.
③ 邵培仁,周颖. 重绘电影地图:突破华莱坞电影产业发展的"胡焕庸线"[J]. 暨南学报(哲学社会科学版),2016(10):41-53.

广播地理学、电视地理学、网络地理学、出版地理学,甚至音乐地理学、创作地理学、女性地理学。

实际上,地理学的不少分支学科就是为了应用而发展起来的。例如,历史地理学就是为了研究各历史时期地理环境及其演变规律而出现的。它是地理学的年轻分支学科,又与传统的沿革地理研究有密切关系。现在,多数学者认为,历史地理学的研究除去理论和方法论的探讨外,主要包括以下四个方面:历史自然地理、历史人文地理、区域历史地理和历史地图。历史地理学又发展出其他的分支学科。

第三,媒介地理学需要建立理论性与实用性相结合的分析框架。一般来说,当前中国最迫切需要解决的与媒介地理学研究有关的理论性和实用性相结合的论题主要有:

1. 媒介产业的地理形势研究。经济全球化、传播全球化、媒介产业全球化已是无可争辩的经济地理现实,那么中国媒介应如何正确认识全球媒介地理形势,并结合中国媒介地理环境的实际,采取科学对策?这亟待媒介地理理论和实践研究做出回答。这意味着要注意和研究媒介的空间分布与组合情况。例如,中国长江三角洲地区目前形成以上海为中心的长江三角洲城市群,与美国东北部大西洋沿岸城市群、北美五大湖城市群、日本太平洋沿岸城市群、英国伦敦城市群、欧洲西北部城市群,共同组成"六大世界级城市群"。长江三角洲城市群发达的经济和强劲的活力,为城市媒介的发展提供了丰富的资源和强大的支撑。但是,长江三角洲媒介产业集群的发展仍然存在不少问题:报纸已提前进入"微利时代"和"寒冬腊月";广电集团竞争中的弱者已在呼救,有的则试图通过打"擦边球"甚至公然违规来自救。这些都是媒介地理学亟待解决的问题。

2. 大众媒介的生态状况研究。媒介生态意味着媒介地理学家不仅要了解媒介历史的发展过程,还要了解媒介产生和发展的背景及影响其分布变化的各种因素。这些因素既包括自然方面的因素,也包括人文方面的因素。其生态系统包括信息生产生态、信息传播生态、媒介分布生态、信息接收生态等。[1] 当前媒介运作中出现的信息爆炸、信息污染、信息贫困、媒介暴力、媒介色情、文化沙漠等,都是需要认真加以解决的现实问题。以信息污染为例,信息污染是指媒介信息中混入了有害的欺骗性、误导性信息因素,或者媒介信

---

① 邵培仁,等.媒介生态学:媒介作为绿色生态的研究[M].北京:中国传媒大学出版社,2008.

息中含有的有毒、有害的信息元素超过传播标准或道德底线,对传播生态、信息资源以及人类身心健康造成了破坏、损害或其他不良影响。传播中的有害性、有毒性信息,虚假信息和伪劣信息,重复性、图像性信息,是信息污染的主要表现。① 信息污染对人类社会产生严重的危害,尤其是危害青少年的成长。这需要学界和业界共同努力,携手解决信息污染问题。

3. 大众媒介的传播环境研究。环境是人类进行传播活动的"场所"和"容器",它决定传播的内容和形式,也对传播活动起着维护和保证的作用。可以进入我们研究视野的有硬环境和软环境、地理环境和物理环境、媒介环境和社会环境等。在媒介地理学研究中,我们除了要关注社会环境对人类传播的影响外,还要关注地理环境对人类传播的影响。地理环境是指人类生存和发展所依赖的各种自然条件的总和,包括地理位置、气候、地貌、植被和自然资源等。人总是生活在一定的地理环境之中,而人类的传播活动也或多或少受到地理环境的制约和影响。

4. 全球传播的"地形图"研究。借助强大的经济实力和传播优势,充斥着西方风俗与价值观的文本、图像和声音正在全球飞速扩张,不断加深的信息鸿沟正把人类带入一个充满冲突、不平等和分裂的传播空间,一些地区的极端分子甚至试图打造出具有很强攻击性的文化模式和文化品种。文化侵略、文化殖民、媒介暴力、信息屏障、媒介歧视、信息盆地等现实问题,正在使"媒介地形图"变得支离破碎。如今,世界各地的文化差异日益缩小,文化认同的进程正在加快,本土文化的空间正在受到前所未有的挤压和侵占,全球文化正在世界范围内攻城略地、扩大势力范围。食品、服装、娱乐……这些文化表层的东西在全球范围内广泛流行;而思想、价值、观念、信仰等深层次的东西,也在动摇和转变,文化的民族性变得越来越薄弱。在国与国的文化贸易中,文化产业落后国如果长期处于文化贸易逆差,接受文化产业先进国的"信息倒灌"或信息侵略,其危害是十分严重的。轻者垄断信息资源,控制态度行为,干扰正确决策;重者污染和毒化社会风气,腐蚀和败坏人的灵魂,摧残和销蚀民族文化,动摇和破坏社会稳定,严重影响媒介传播的"地形图"和基本格局。我们必须持续加大对全球传播地图的批判研究。

5. 媒介的地方性和本土性研究。这意味着要关注和研究媒介在什么地方和为何在这个地方,以及某种文本或作品出现在什么地方和为何在这个地

---

① 邵培仁.传播学[M].3 版.北京:高等教育出版社,2015:172.

方。就是说,要了解媒介地理现象在地球表面产生的位置和传播的范围,并研究其产生、分布和扩散的原因。同时,还要努力寻找使其生存与发展下去的土壤结构和气候条件。所有与媒介地理尺度有关的本土性、地方性、区域性、国家性和全球性等各种概念,都可以从特定窗口进入这个分析研究的视野,来说明媒介地理现象产生与发展的规律与趋势。越是民族的就越是世界的。但是,媒介对本土性和地方性的过度坚持,有时也会演变为文化民族主义,成为先进文化的反对者和落后文化的保卫者。例如,方言言说类新闻节目曾在电视上非常火爆。这类节目着力塑造当地文化景观,而外来的听不懂当地方言的人,则被屏蔽、阻隔在传播的范围之外。虽然这类节目能够较好地传播本地的方言文化,但如果过多的类似节目出现在电视屏幕上,则非常不利于文化交流、地方认同以及国家认同。媒介的地方性和本土性必须控制在不偏不倚、恰到好处的合理尺度之内,否则就会引起外部世界和全球性媒介的不安、紧张和害怕。

6. 媒介的扩散性和整合性研究。《三国演义》第一回中说道:"话说天下大势,分久必合,合久必分。"意指人或事物发展的分分合合具有一定的必然性,是事物发展的基本规律。媒介发展也是变化无常,分合不定的。媒介扩散性探讨的是媒介发展变化的规律。任何媒介地理现象总是一定历史时期的产物,与自然现象相比,它的变化较快,不但有其兴衰的过程,而且还有其产生和灭绝的必然。所以,对任何媒介现象而言,如果不了解其在时间上的变化,就无法理解其当前的地理分布,更不用说预测其将来的发展。媒介整合性就是研究媒介融合与分离、媒介分布现象与环境因素相互作用的关系。不仅要研究自然环境诸因素与媒介扩散和整合等现象的相互关系,还要研究人文环境诸因素与媒介扩散和整合等现象的相互关系。

7. 媒介时间性与空间性的研究。时间是线型的,空间是块状的。尽管整个社会正在由时间模式转向空间模式,由时间论转向空间论,但是如果没有时间的串联和黏合,空间不过是一堆满地滚动的珍珠,无序而散乱;当然没有空间的实体与景观,时间也就是一根随风飘动的丝线,轻盈而无力。因此,时间和空间对于媒介地理学研究来说都是重要概念。当下,计时工具的科技化和媒介化正在改变整个社会对时间的认知和态度,同时也在改变和颠覆人们传统的工作观和生活观。媒介全球化、集团化、集群化、网络化的加速发展,也彻底改变了各种媒介原有的地理优势、传播特色、媒介形态和传播功能。媒介景观作为有形的、物质的媒介在空间上的表现,既是历史上遗留下来的各种媒介现象,反映了各个国家、各个民族自己的媒介文化传统,又是地理空间上各种奇妙景观的摆放和堆积,反映了世界范围内媒介文化的交流、借鉴、复制和创新。

8.人、媒介与地理环境的互动研究。报纸、杂志、图书等平面媒介和广播、电影、电视等电子媒介,以及新兴的网络媒体,不仅是特定地理环境的产物,也是人(传播者、受众)同地理环境互动互助、共进共演的工具和中介以及社会环境的一部分,有着各不相同的互动形态、特点和规律值得探讨。纵观大众传播媒介的发展和演进历程,我们总能看到地理环境因素在各种媒介生成与发展过程中所起的作用,也能看到人类、媒介、社会与地理四者之间密切互动共演的机制与过程。

加拿大传播学家马歇尔·麦克卢汉(Marshall McLuhan)指出,媒介是人感官的延伸。这一著名论断极度扩大了媒介的指涉对象,并建构起更为广阔的媒介地理空间和生动多样的媒介地形图。随着媒介形式的扩张,以及触角的伸展,传统的地域界限无可避免地被打破,虚拟与现实的情境更是相互渗透,建构起全新的文化空间。媒介在地理中的重要作用,以及媒介与地理的日益交融,使得媒介地理学这个源于交叉学科领域的概念逐渐受到重视。一方面,地理中的种种构成要素,如地域、场所、道路、交通,能够通过现代媒介展现更加完全的意义。另一方面,从广义上来看,这些地理要素本身就是传播特定文化的媒介。因此,以媒介地理学为基点来检视由传媒构筑的文化空间与景观,也都可以成为传播学研究中的重要课题。

第三节 媒介地理学的研究意义

媒介地理学属于典型的"事后追认型"学科。它的产生与发展同大众媒介尤其是网络传播的兴起以及信息社会的发展基本同步,现已成为一个符合自主、独立条件的学科:(1)它有自己明确的研究对象和体系,能够对它所遇到的相关现象和问题做出详尽、明确和清晰的解释;(2)它的研究范畴清楚而广阔,研究内容十分丰富,可以容纳大量的研究人才,满足专业化的要求;(3)它富有生命力和吸引力,能够创造出具有社会效益和经济效益的丰硕成果,并能吸引大量的人力、物力、财力和知识等资源;(4)它的理论性、实用性、综合性和跨学科性,可以释放出巨大能量,产生巨大影响,让万众瞩目。因此,对媒介地理学进行系统、全面的研究,具有十分重要的理论价值和现实意义。

首先,研究媒介地理学有利于丰富和充实媒介学和地理学的理论体系。作为介于媒介学和地理学之间的一门新兴边缘学科,媒介地理学既可以通过对地理因素及其影响力的研究和探讨为媒介学研究做出自己的贡献,也可以通过对媒介因素及其功能和作用的分析和研究为地理学研究注入新鲜的养料。人文地理学是一门对媒介地理学产生较大影响的学科。人文地理学又称"人生地理学",是以人地关系的理论为基础,探讨各种人文现象的地理分布、扩散和变化,以及人类社会活动的地域结构的形成和发展规律的一门学科。人文地理学与自然地理学是地理学的两个主要分支学科。人文地理学一般有广义与狭义之分,广义的人文地理学包括社会文化地理学、政治地理学、经济地理学等,狭义的人文地理学则指社会文化地理学。媒介地理学研究人、媒介、社会和地理之间的关系,媒介属于人类社会组织,传播活动是人类社会活动的重要表现。可以说,媒介地理学正是脱胎于社会文化地理学,尤其是文化地理学的。

其次,研究媒介地理学有利于建立、发展和完善媒介地理学自身的理论体系。媒介地理学毕竟是一门年轻的学科,在很大程度上,还是一片未开垦的土地。虽然国内外已经有不少学者开始对媒介地理学进行一些分散的研究,但总体而言还没有形成统一、完备、公认的理论体系和研究框架。尽管媒介地理学的研究成果并不丰硕,但事实是,这种研究视角已经存在,并且具有几个大致的研究方向:

1. 媒介产业化之后形成的媒介经济地理形式。一些大型媒介集团(如维亚康姆集团、贝塔斯曼集团、美国新闻集团)建立,它们跨越不同形式的媒介形态,同时,还将触角伸入不同地域范围,于是,多样化的媒介地理格局随之产生。尤其是在全球化的背景之下,这些媒介集团更能显示出其对于媒介环境和媒介生态的支配作用与影响力。

2. 承载着文化的媒体在进行全球化跨地域扩张之后,会形成不同程度的资源优势和媒介霸权,也会由此产生文化强势群体与弱势群体的对抗。尤其是西方的价值观对东方世界所造成的后殖民主义影响,以及由人口流动、媒介侵袭所导致的文化交叉地带呈现出来的复杂情形,往往产生冲击与对抗之间的矛盾,而媒介地理学研究在这个过程中的意义不可忽视。

3. 对于媒介文本呈现出来的地理,人们的感知往往会受到影像以及文字等的影响。日常生活中的经验,由于会以各种媒介形态作为中介,因而呈现出复杂的层次。尤其是电影、电视中的地理,常常被用作媒介研究的样本。

经由媒介的呈现与传播,文化、经济和政治的元素常常被加入其中,而影响人们的感知结果。

4.网络以及数字媒体的兴起,对传统地理格局形成不小的冲击。原有的物质地理空间在新的媒介场域被颠覆并重建。尽管产生了许多有关媒介地理的五花八门的隐喻,但在虚拟空间中并没有现成的重建方向和图纸。当然,这一领域的研究还处于起步阶段,但具有吸引力的是,远距离或虚拟时空的媒介传输也许会建构起一个与常态相符的空间。而人类在这个过程中,所有的知觉系统和切身的体验都将与新的技术相融合,从而产生更为复杂的地理样貌和人际关系。

媒介对于地理的反映,并不是简单机械的描写或者肤浅的再现,而是从各个层面和角度对其进行的全面空间建构,我们可以从中获知想象与真实交织而成的多样地理版图,并解读更深层的文化含义。因而,对于有志于从事媒介地理学研究的学者来说,媒介地理学只是我们认识世界、反映世界的一种手段、一种策略。其最终目的是实现学术研究由浅入深、由此及彼、由点到面、由量到质的飞跃,从而建立起科学的符合中国国情、结合中国实际、具有中国特色的媒介地理学,为中国媒介产业的良性发展和媒介生态的良性循环提供理论依据。

最后,研究媒介地理学有利于分析和解决全球化背景下的信息传播与文化交流中媒介地理因素引起的各种现象和问题。媒介地理学在本质上不是实证的、解释性的学问,而是建立在对研究对象充分了解的基础上的实践性、管理性和对策性的科学。在媒介地理学的研究中,我们不应再将媒介理解为单向流动的渠道或仅从影响上来理解媒介,而应进行反向提问:我们的认同对全球性媒介产生了何种影响?这能否使我们从媒介中心论的思维中解放出来,接受一种新的立足中国、面向亚洲、放眼世界的思维路径?我们有没有勇气和智慧把媒介地理研究视作一个积极的多向的开放包容的传播过程?如果我们不再只将媒介理解为国家的和地方的媒介,而是在整合的生态的观念下使用"全球的""国家的""区域的"和"地方的"等组合概念,并进行科学的解释和分析,那么结论是否会与以往有所不同?如果媒介地理学研究有力地展现了我们通过使用新的分析工具而获得的成果,那么如何避免在得到的同时又丢失一些值得珍藏的东西?总之,一定要让媒介地理学研究有助于我们全面、客观地认识和了解全球媒介发展的地理格局和生态状况,有助于我们深刻理解和科学把握当下媒介生存的地理成因以及媒介的发展机遇和基本趋势,有助于我们利用地理因素来保持和增强本国媒介的生命力和影响力,有助于我们通过挖掘媒介潜力来促进全球媒介生态系统的平衡与循环,从而为建设和打造和谐社会和人类命运共同体做出贡献。

媒介地理学是以人类、媒介、社会、地理四者的相互关系及互动规律为研究对象,具有自主性和独立性的一门新兴学科。世界因为我们观察角度的差异而具有不同的面目,物质的外观加上无形的意识作用形成了多样的地理。地形、地貌、距离、景观、中心、边缘等指标可以将一个个空间描述为有形的状态,并可能影响人们在文化、社会等方面的认知。在人们的日常生活中,对地理最为直接的体验就是在地图上指认城市、国家与河流等的位置。而实际上,地理学中地点、地方、国家、区域之间的相互关系所构筑的真实世界更是人们应该关注的对象。世界图景的形成依靠的是物质的地理景观、社会文化因素以及用以描述景观的媒介。

在媒介呈现和塑造的空间中,到处都充满了地理的隐喻。景观、地域、边界可以被用来描述人们接触到的种种文化现象。媒介、文化、社会和地理在多个层面上联系了起来,但这种联系不是静态的,而是动态的,会随着各自的变迁和演化而形成更为复杂的关系。世界不是由一个个静态的空间"马赛克"组成的,而更像一条奔腾不息的大河,永远处于运动和变化之中。于是在各种传统媒介和新型媒介中所呈现的"流动的地图",便成为人们认识世界、探究世界的最为直接的工具。事实上,作为整体的媒介,不仅决定我们的所见所闻、所思所想,而且决定我们的所作所为。正是以媒介作为工具,我们才得以了解和认识人与世界存在着的时间与空间、中心与边缘、景观与地方、本土与全球的互动现象和复杂关系,并知道如何决策和行动才是正确和合理的。

第四节 媒介地理学的研究方法

媒介地理学是一门新兴的多学科协调交叉的边缘学科,其研究方法也有一个多层次、多角度、多学科的方法论体系。因此,媒介地理学的研究方法多种多样。

媒介地理学可以使用哲学方法,也可以采用学科方法,还可以活用系统论、控制论和信息论方法[1];可以侧重经验主义方法,也可以侧重实证主义、结

---

[1] 邵培仁.传播学[M]. 3 版.北京:高等教育出版社,2015:17-21.

构主义和人本主义方法;批判研究、质化研究与量化研究等各种研究方法,也都可以成为媒介地理学的研究范式。

由于媒介地理学从文化地理学发展衍生而来,因此要借鉴一些地理学的研究方法。地理学研究方法可以概括为三种:空间分析(spatial analysis)、生态分析(ecological analysis)和区域分析(regional analysis)。①

空间分析,就是利用计算机和大数据来对媒介地理空间现象进行定量研究,调查、检测和控制媒介地理空间现象的数据,使之成为不同的形式,并且提取其潜在的有价值的信息。这基于媒介地理对象空间布局的地理数据分析技术。自从有了地图,人们就自觉或不自觉地进行着各种类型的空间分析。有的在地图上测量地理要素之间的距离、面积,有的在地图上测量某种社会要素在空间上的分布特点和规律,有的利用地图进行战术研究和战略决策,等等。随着现代科学技术的发展,尤其是随着计算机技术和大数据被引入地图学和地理学,地理信息系统开始孕育、发展。以数字形式存在于计算机中的各种地图向人们展示了更为广阔的应用领域。利用计算机和大数据分析地图、提取信息和探寻规律,支持媒介空间决策,成为媒介地理信息系统的重要研究内容。

生态分析,就是分析媒介生态系统各要素之间的互动关系,辨识媒介生态系统内在、整体适宜性的一种系统分析方法。它密切关注媒介生态环境的整体性、系统性、稳定性和可持续性,关注自然资源的生态潜力和媒介生态系统的自组织性、自发展性和良性循环,注意探索、引导和规划媒介空间的合理发展,以及媒介生态环境建设的路径和策略。

区域分析,就是根据媒介发展的长期规划或远景设想,对一定地区范围内某个媒介项目建设的总体布置进行自然、技术、经济、人文方面的分析和评价。区域分析的目的在于使区域内与某个媒介项目建设相关的各个要素和组成部分之间有良好的协作配合,各项要素配置更加合理,建设路径更加合理有序,从而保证媒介项目建设顺利圆满地完成。

总之,通过空间分析,可以探索媒介地理事物和现象的分布模式以及发展演进的路径和规律;通过生态分析,可以研究媒介生态系统各要素之间的互动关系以及可持续的和良性发展的策略;通过区域分析,着重研究区域内各要素之间的和区域与区际之间的联系与交流。三者灵活运用,可以极大地

---

① 赫维人,潘玉君.新人文地理学[M].北京:中国社会科学出版社,2002:22.

提高媒介地理学的解释性、阐释力和学科魅力。

在大众传播时代，特别是进入网络与新媒体时代后，媒介和地理的关系日趋复杂，迫切需要学界寻找一种或多种科学的适宜的方法进行研究。目前，我们正在目睹后现代地理的形成，并出现了一种新的全球-地方关系。① 特别是资本主义的飞速发展与渗透改变了全球的地理。资本主义社会在其发展的过程中利用了空间作为自己壮大和竞争战略的组成部分。这包含了历史上一系列的生产空间结构(spatial structures of production)，每一个都与不同地域内的活动之间的转型关系、社会组织的空间新模式、新特征的不平等和隶属有关系相关。在今天这样一个新技术创造的电子文化空间里，我们面对的是一个无地方特性的图像地理和虚拟地理。②

这一切都要求中国媒介地理学者给予密切关注，积极探寻有效化解跨国传播中本土性与全球性、民族性与世界性、特殊性与普遍性的二元对立冲突和矛盾的新思维和新方法，探索在国际传播场域中如何构建共商、共建、共享的良好媒介生态关系。而中国媒介地理学的整体互动分析框架，不仅是对当今世界局势及其走向进行深入洞察和准确把握的综合尺度，而且为媒介制度设定、媒介经营管理、信息传播活动及国际话语构建提供了全新的衡量标准，并透过人类命运共同体的构建，描绘并展示出全球传播在宏观和微观层面的未来愿景、传播结构和科学机制。随着以构建人类命运共同体为核心理念的全球传播新格局的构建，二元对立思维的消解，"中心-边缘"结构的塌陷，以及传统的地理特性、区域特色的淡化，人们将会开始思考和寻找能被全球学者共同认可和接受的学术研究的"第三条道路"或"中间性范式"，重构和谋划全球传播研究的核心共识与共同愿景，协商和打造全球多元对话的学术共同体，进而共同构建具有更大包容性和解释性的"人类整体传播学"。③

---

① 莫利，罗宾斯.认同的空间——全球媒介、电子世界景观与文化边界[M].司艳，译.南京:南京大学出版社,2001.
② 克朗.文化地理学[M].杨淑华，宋慧敏，译.南京:南京大学出版社,2003.
③ 邵培仁，陈江柳.人类整体传播学:人类命运共同体视域下的传播研究[J].现代传播,2019(7):13-20.

第二章

媒介地理学的历史与现状

媒介地理学关注地理因素对媒介内容、传播符号和媒介形态的影响，也关注媒介对文化空间、社会环境、地理样本、地理尺度的建构。我们需要从时间维度追溯媒介地理学的起源、展望其发展和未来走向，也需要从空间维度对媒介传播中的景观与地方、距离与尺度、本土性与全球性以及它们之间各种复杂的互动关系等进行勾勒、阐释和探讨。

媒介传播的发展正在改变传统意义上的地理概念，并为我们建构一个全新的地理空间。媒介集团的全球扩张和传播新科技的闪亮登场，正在颠覆传统的媒介版图，重新建构一个全球的媒介空间和图像景观。媒介传播作为一种有着强大传播力和影响力的新地理存在，往往无视权力地理、民族地理、文化地理和社会生活地理的控制与约束，经常以自己的方式重新界定媒介空间、传播场景和文化领域。媒介的飞速发展正逐渐模糊传统的国界、区域、族界乃至一切地理空间的边界，因为它有能力轻松越过疆界，卷入非领土化与再领土化的复杂互动当中。在这种情况下，我们正在目睹媒介后现代地理的逐渐建构和形成。

在这个媒介传播覆盖一切生活领域的时代，现代人遭受了越来越多的"无家"和"无地"之苦，人也变得像玻璃球一样越来越透明，人们的隐私正在受到严重威胁。媒介传播毫无约束地疯狂发展，不仅逐渐模糊甚至几乎消除了所有地理和种族选择性的界限、阶级和国籍的界限、宗教和意识形态的界限，而且似乎要将人们抛入无休止的解体与更新、斗争与妥协、欢乐与悲痛的大旋涡之中。

那么，人将如何重新确定自己的位置？我们又将置身何处？在这个媒介与地理互相交融的时代，作为一门独立学科的"媒介地理学"正在建构和成形，也突显了其存在的必要，而更多的人则急于从中寻找自己所面临的各种问题的分析路径和解决方法。

第一节　地理中的媒介形态

天地是万物之本源，万物乃天地之分子。文化地理学以"人地关系"为研究核心，因为人总是存在于一定的地理环境之中，所以与人有关的一切文化景观诸如建筑、道路、海运、服饰、媒介、艺术等，都是特定地理环境、地理空间下的产物。

以书法为例，在中国书法史上，不同地域的书法家会形成不同的书法风格。清代诗人冯班在《钝吟书要》中提出："画有南北，书亦有南北。"①清代钱泳在《履园丛话·书学》中也说："画家有南北宗，人尽知之；书家亦有南北宗，人不知也。"②清代阮元对同一时期书艺的南北二大派系做了系统研究。他在《南北书派论》中根据中国的南北地域对书法进行了南北书派的划分，他认为："正书、行草之分为南北两派者，则东晋、宋、齐、梁、陈为南派，赵、燕、魏、齐、周、隋为北派也。"③他又对南北书派的书法家传统及风格进行了具体的研究："南派由钟繇、卫瓘及王羲之、献之、僧虔等，以至智永、虞世南；北派由钟繇、卫瓘、索靖及崔悦、卢谌、高遵、沈馥、姚元标、赵文深、丁道护等，以至欧阳询、褚遂良。……南派乃江左风流，疏放妍妙，长于启牍，减笔至不可识……北派则是中原古法，拘谨拙陋，长于碑榜。……两派判若江河，南北世族不相通习。"④近代梁启超在《中国地理大势论》中也分析了南北书法之别："吾中国以书法为一美术，故千余年来，此学蔚为大国焉。书派之分，南北尤显：北以碑著，南以帖名；南帖为圆笔之宗，北碑为方笔之祖。遒健雄浑，峻峭方整，北派之所长也，《龙门二十品》……等为其代表；秀逸摇曳，含蓄潇洒，南派之所长也，《兰亭》、《洛神》、《淳化阁帖》等为其代表。……而与其社会之人物风气，皆一一相肖，有如此者，不亦奇哉！"⑤我们从中可以看出，中国书法存在明

---

① 冯班.钝吟书要［M］//上海书画出版社,华东师范大学古籍整理研究室.历代书法论文选.上海：上海书画出版社,2014:552.

② 钱泳.履园丛话·书学［M］//上海书画出版社,华东师范大学古籍整理研究室.历代书法论文选.上海：上海书画出版社,2014:620.

③ 阮元.南北书派论［M］//上海书画出版社,华东师范大学古籍整理研究室.历代书法论文选.上海：上海书画出版社,2014:630.

④ 阮元.北碑南帖［M］//上海书画出版社,华东师范大学古籍整理研究室.历代书法论文选.上海：上海书画出版社,2014:637.

⑤ 梁启超.中国地理大势论［M］//梁启超.新史学.北京：商务印书馆,2014:264-265.

显的南北差异。

再以文学为例，不同的人文地理环境会产生不同的文学风格。唐代李延寿在《北史·文苑传序》中说道："江左宫商发越，贵于清绮；河朔词义贞刚，重乎气质。气质则理胜其词，清绮则文过其意。理深者便于时用，文华者宜于咏歌。此南北词人得失之大较也。"①近代梁启超在《中国地理大势论》中也论到文学地理形态的不同："燕、赵多慷慨悲歌之士，吴、楚多放诞纤丽之文，自古然矣。……长城饮马，河梁携手，北人之气概也；江南草长，洞庭始波，南人之情怀也。散文之长江大河一泻千里者，北人为优；骈文之镂云刻月善移我情者，南人为优。"②近代刘师培则从中国南北地理环境与人文环境的不同来解读文学的差异，他在《南北学派不同论》一文中写道："大抵北方之地，土厚水深，民生其间，多尚实际；南方之地，水势浩洋，民生其际，多尚虚无。民崇实际，故所著之文，不外记事、析理二端；民尚虚无，故所作之文，或为言志、抒情之体。"③这种分析与概括可谓精到，实际上，北方尚"刚"、南方尚"柔"的特点不仅体现在文学上，还体现在南北的戏曲、美术、音乐、电影以及媒介风格上。

一方水土养育一方媒介。上海、北京的报业风格就大相径庭。这是由"海派文化"与"京派文化"的截然不同所致："海派文化"作为上海特有的文化，具有鲜明的特色，同传统文化与政治色彩浓厚的"京派文化"相对照时，其所蕴含的商业色彩、时髦、求变、创新等方面的特征，不可能不反映在媒介风格上。同理，北京和广州的报纸风格也截然不同。有人这样描述南北报业差异："一部中国近代史，南北报业形成两种面孔，这还需要从历史中寻找答案。南方是革命思想和革命党的发源地，这是西学东渐的必然结果。革命思想、商业思潮从海上来，吹拂着中华大地，催生了中国变革社会的新生力量，一大批革命者革命家在中国的广东、浙江、湖南等省份成长起来。商业社会，公平竞争，创新与进取精神得到张扬，促使报业的发展。职业精神、研究市场、研究读者，这在南方报业中体现得更为强烈。而北方则不然，北京是封建王朝的统治中心，皇族与保皇实力占据优势，政治气息浓郁，表现在报业上，报业常常被统治者控制或打压，大体上思想趋于保守。在革新力量与保守力量的

① 李延寿. 北史·文苑传（点校本）[M]. 北京：中华书局，1974.
② 梁启超. 中国地理大势论[M]//梁启超. 新史学. 北京：商务印书馆，2014：264.
③ 刘师培. 刘师培史学论著选集[M]. 邬国义，吴修艺，编校. 上海：上海古籍出版社，2006：203.

相互斗争而形成的历史进程中,南北报业都是他们为自己发出声音的载体,报业的兴衰也与二者力量斗争的起伏相伴随。"①

当然,除了从历史方面探析外,还要从人文地理方面找原因,这样的解读才更符合实际。北京和广州之间的差异如此,杭州和西安之间的差异当然也一样,不同的文化区域在一定程度上决定了不同的媒介形态和媒介风格。中国的文化区域大体上可以划分为"燕赵文化""秦晋文化""关东文化""中原文化""吴越文化""岭南文化""闽台文化""两淮文化""江西文化""湘楚文化""巴蜀文化""云贵文化""青藏文化""内蒙古草原文化"以及"新疆文化"等15个基本地域文化区。② 各个文化区都有不同的历史地理和文化地理,必然体现在当地的媒介风格和媒介形态上。实际上,从《燕赵都市报》《楚天都市报》《天府早报》《钱江晚报》《扬子晚报》等报纸名称上,我们也可以看出地理因素对媒介的定位与形象的影响。

与报业风格相一致的是中国国内省级卫视的定位,后者也体现出地理环境对媒介的塑造与影响。湖南卫视定位在"娱乐",广东卫视定位在"财富",四川卫视定位在"故事",江苏卫视定位在"情感",等等,都与地方的文化地理相关。以四川卫视为例,按照四川卫视原台长陈华的说法,四川卫视定位在"中国故事",一是基于"听传奇、说故事成为历代中国大众最主要的艺术消费方式",二是基于"四川有中国故事文化衍生的丰厚土壤"。四川民间说书艺术渊源既久,只说宋代的笑话大赛,在全国大约就算独树一帜。据史载,宋代时每逢佳节,成都地方官就要在西郊校场举办笑话大赛,各乡百姓组队参与,轮次上场。如能讲得全场大笑者,则在队伍前竖一面红旗,旗多之队为胜。四川茶馆众多,故事传奇便在坊间说书艺人的"广播"与茶客间龙门阵的"窄播"下流传。另外,四川素有摆龙门阵、说书、听书的文化传统,四川丰富的美景、美食、民族、历史资源,遍布全国的名人和人们日常生活中的点点滴滴,蕴藏着极为丰富的故事资源。③ 可见,媒介的定位离不开人文地理环境方面的考虑,实际上,媒介的定位与形态唯有与当地的文化地理相联系,其特色与个性才能体现出来。

① 王又锋. 中国南北报业[EB/OL]. (2005-09-20)[2010-01-30]. http://www.cddc.net/.
② 吴必虎. 中国文化区的形成与划分[J]. 学术月刊,1996(3):10-15.
③ 江耀进. 四川卫视摆"故事龙门"讲观众喜欢的故事[EB/OL]. (2005-10-25)[2020-11-16]. http://futures.money.hexun.com/1375014.shtml.

第二节　媒介中的地理样本

媒介地理学不仅关注不同人文地理环境对媒介的形塑作用,更关注"地理样本"在媒介中的呈现、展示、描述和传播。我们今天绝大多数人的地理观念更多来自媒介的呈现、描述和塑造,而非实地考察和亲眼所见。但作为一个自然概念的地理和作为一个观念概念的地理是截然不同的。正如后殖民主义创始人爱德华·W.赛义德(Edward W. Said)教授所说,西方人对东方的观念,充满了想象。"东方几乎就是一个欧洲人的发明,它自古以来就是一个充满浪漫传奇色彩和异国情调的、萦绕着人们的记忆和视野的、有着奇特经历的地方。"①这是一种典型的地理误读。赛义德在西方对东方长期歪曲与误读的基础上发展了其"后殖民主义学说"。

相同的误读也发生在美国学者对中国的描述上。"美国学者看中国,好比站在庐山之外看庐山,不必背传统华裔学者的心理和文化负担,的确出现不少观察敏锐、分析透彻的佳作,旁观者清,而且他山之石,可以攻玉。但他们这个知识系统有独特的偏见和盲点:一般英美学术界和新闻界从来想当然耳,按照自己的现实需要和脑中的偏见,描绘出以偏概全、自以为是的图像。他们建构的当代中国,有太多东西随着国际冷战的大气候和美国国内的小气候流转,反复颠倒而多变,对中国的认知总是徘徊于浪漫情怀与怀疑抹杀之间,摇摇摆摆,觅不到持平点。"②

当然,这样的误解和想象不仅发生在西方对东方,也发生在东方对西方,东方对东方,西方对西方,甚至任何一个国家的内部。只要我们借助媒介(特别是各种权力操纵下的新闻媒介)来认识地理,这样的误读和想象就不可避免。每个人都在试着开辟出一种特殊的理解地理和景观的方法。文学写作与地理写作虽然在互相借鉴,并考虑到读者的期望,但它们都有自己常用的写作方法,属于基于虚构和追求真实的两种不同的知识系统,体现出了文学写作的世故性和地理写作的想象力。文学作品有时被视为地理性的文本,能够从中梳理出有用的地理资料;历史叙述有时被当作优秀的文学作品,能够

---

① 转引自:王宁. 东方主义、后殖民主义和文化霸权主义批判——爱德华·赛义德的后殖民主义理论剖析[J]. 北京大学学报(哲学社会科学版),1995(2):57.
② 李金铨. 超越西方霸权:传媒与文化中国的现代性[M]. 香港:牛津大学出版社,2004:3-4.

给人以美的享受。但是,文学家所塑造的地理与地理学家所描述的地理是有很大差异的。因此,在通过媒介再现地理或通过媒介认识地理的过程中,弄清这一点非常重要。

实际上,我们对地理乃至对民族国家的判断,从来都是依赖媒介(文学的、新闻的、图像的等)的描述,我们所有的地理观念,更是媒介帮我们建构起来的,是一个"想象的虚拟的实体"。正如美国学者本尼迪克特·安德森(Benedict Anderson)在其名作《想象的共同体:民族主义的起源与散布》(*Imagined Communities : Reflections on the Origin and Spread of Nationalism*)里所指出的,拥有疆界与主权的民族国家是一个"想象的共同体":"这样的社群是想象出来的,这是因为即便是最小的民族国家,绝大多数成员也是彼此互不了解的,他们也没有相遇的机会,甚至未曾听说过对方。但是,在每一个人的心目中却存在着彼此共处一个社群的想象。"①而大众媒介是这种"想象"的中介,它提供了一种共同阅读的"仪式"与过程,使千百万陌生人形成同为一族的印象②,在此基础上建构起一个"想象的地理"。

可见,媒介给我们营造的"地理样本"实际上存于英国著名社会学家安东尼·吉登斯(Anthony Giddens)所说的"人造环境"之中。吉登斯认为:在资本主义社会,时间作为劳动时间的买卖以一种特殊的方式成为根深蒂固的现象,扩展至整个社会。"时间的商品化启动了工业生产的机制……伴随着时间的转型,空间的商品化也确立了一种特征鲜明的'人造环境',表现出现代社会中一些新的制度关联方式。这些新形式的制度秩序变更了社会整合和系统整合的条件,并因此改变了时间和空间上的'近'与'远'之间关联的性质。"③自然地理距离对人类事务的影响大大减弱了,而大众媒介的影响不仅持续增大,而且模糊了地理距离和现实空间的边界,压缩并创造出了一个深不可测的想象世界。"全球空间是流动的空间、电子空间,没有中心的空间,可以渗透疆界和边界的空间。在这个全球舞台上,诸经济和文化群落陷入互相直接的极度接触——与每一个'他者'的接触(这个'他者'不再仅仅'在那

---

① Anderson, B. *Imagined Communities : Reflections on the Origin and Spread of Nationalism* [M]. London: Vergo, 2000: 7.

② 汤林森. 文化帝国主义[M]. 冯建三,译. 上海:上海人民出版社,1999:120.

③ 吉登斯. 社会的构成:结构化理论大纲[M]. 李康,李猛,译. 北京:生活·读书·新知三联书店,1998:240.

边'了,而且还在内部)。"①

那么,这种媒介对真实地理空间的呈现是如何进行的呢?加拿大渥太华大学(University of Ottawa)教授巴里·韦勒(Barry Wellar)在作品中建构了一个简单的模型,来说明媒介对真实地理的描绘,将媒介对地理的塑造过程做了清楚的揭示(见图 2-1)。②

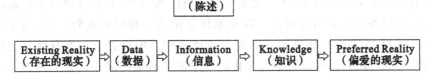

图 2-1 数据—信息—知识转移过程:一个简单模型

可以看出,存在的现实(existing reality)在陈述(state)中变换(transform)成了主观加工过的"偏爱的现实"(preferred reality)。毫无疑问,媒介对地理进行着充满想象的叙述和命名。那么,在全球化语境下,媒介给我们建构起一个什么样的地理世界和地理空间?谁在建构,如何建构?什么样的权力关系将支配这种建构?这些都是媒介地理学要关注的研究领域。在中国的媒介地理研究中,诸如中国的大众媒介如何呈现"西方",在对外传播中如何建构"自我形象",怎样选择地理样本(中央电视台纪录频道中时常选取的少数民族地区样本能否代表中国)?中国的影视产品又是如何选取地理样本(如张艺谋电影中的陕北、贾樟柯电影中的"汾阳")来建构"中国形象"的?在国内媒介呈现的视界中,"农村""西部"(还有"河南""东北"等)这样的地域概念是如何在大众媒介中呈现的,与其真实地理有多大的差异?中国的少数民族地区又是以何种地理形象出现在大众传媒上,进而进入公众视野和脑海的?这些问题,都是媒介地理学关注的研究对象。

① 莫利,罗宾斯.认同的空间——全球媒介、电子世界景观与文化边界[M].司艳,译.南京:南京大学出版社,2001:156.
② Wellar, B. *Geography and the Media*: *Strengthening the Relationship*, *Discussion Paper for Symposium on Projecting Geography in the Public Domain in Canada*, *Canadian Association of Geographers Annual Meeting*[M]. London: University of Western Ontario, 2005: 9.

第三节　媒介地理学的历史轨迹

"媒介地理学"的概念在国外最早出现在 1985 年。[①] 它从媒介学与地理学的交叉边缘地带延伸而出,同时也与传播学、媒介学、地理学、政治学、经济学、文化学、社会学等众多学科有着密不可分的联系。但是,从其学科渊源来看,它发端于文化地理学,从文化地理学形成的那天开始,媒介地理学也就诞生了,并具备了独立的可能性。媒介地理学作为一种研究视野,往往以文化地理学的基本理论与角度来观照媒介描述和塑造的世界。它本身就是文化地理学的组成部分,所以被纳入文化地理学的学科地图之中。媒介地理学不仅同文化地理学中其他相关领域相互交织与融合,而且也无法完全分清彼此的界限和范围。在地理学的发展史上,文化地理学与媒介地理学都是晚近才出现的两个次级领域。因此,在梳理媒介地理学的过程中,我们有必要依次从地理学、文化地理学的研究状况入手,逐渐将那些模糊不清的边界尽力描绘和呈现出来。

一、"新""旧"地理的转向

人类史上的三次科技革命改变了整个世界的版图,加大了东西方的差距,加剧了政治经济发展的不平衡,同时也促进了交通、通信事业的发展,改善了人们之间的联系状况,为地理学带来了新的研究对象。世界政治格局的变化生动地反映出经济和文化地理的变迁,帝国主义等意识形态无疑创造了地理学研究的新空间,并由此产生了新的研究视角。社会学、经济学以及生态学的思维模式和观点逐渐被引入地理学。社会学家韦伯、博物学家查尔斯·达尔文(Charles Darwin)等人都对当时以及之后的地理学研究贡献了新的研究方法。

19 世纪末期,地理学研究出现了三个方向。一是关注人与环境的关系。自然地理与人文地理相互作用,界线并不鲜明。同时,因为新的交通、工业和城市化改变了地球原有的形貌,区域地理学也随之成为地理学科的研究中心,原有的科学主义和实证主义的立场已经式微。二是关注纯粹的自然地理

[①] Johnston, R. J., Gregory, D., Pratt, G., et al. (eds.). *The Dictionary of Human Geography* [M]. 4th ed. Oxford: Blackwell, 2000: 493-494.

研究。德国地理学家奥托·施吕特尔(Otto Schluter)提出的"地景科学"
(science of landscape),旨在避免自然地理与人文地理的二元性,而专注于地
貌、土壤及植物之间的关联。20 世纪 60 年代,托马斯·S. 库恩(Tomas S.
Kuhn)提出了以科学进步机制来分析现代地理学发展的观点。三是关注区域
研究。沃尔特·艾萨德(Walter Isard)被喻为西方区域科学的创始人,他对区
域理论和方法进行了系统研究,对商业周期的次国家效应以及区域演变特点
进行了分析。

　　随着社会、经济、政治、文化的激变,地理学的研究方法和关注对象也开
始发生变化。这三个主要研究方向已经无法满足现有的地理学发展需求,因
为随着社会关系的复杂化,以及社会互动的增多,社会空间秩序被地理学家
关注,"空间"的视角被引入地理学研究中,这便促使了地理学的现代化。①

二、文化地理学的诞生

　　地理学研究"文化转向"的成果之一是文化地理学的诞生。文化地理学
是研究人类文化的空间组合,以及人类活动所创造的文化在起源、传播方面
与环境的关系的学科,是人文地理学的重要分支。西方文化地理学发端于 19
世纪初期,形成于 20 世纪 20 年代。

　　早在 1822 年,德国地理学家李特尔便对人类文化与环境之间的关系产生
了兴趣。几十年后,另一位德国地理学家、近代人文地理学奠基人之一拉采
尔倡议研究人类文化地理,提出了"人类地理学"的概念,论述了历史景观,认
为文化地理区是一个独特集团的、各种文化特征的复合体,而且很重视对文
化传播的研究。与此同时,法国人文地理学家维达尔·白兰士(Paul Vidal de
la Blache)在 19 世纪末提出生活方式的概念和人类文化及其地理影响的思
想。20 世纪初,美国人类学家 A. L. 克罗伯(A. L. Krober)认为,地理因素替
代时间居于突出地位。在他的这一思想和早期文化地理学思想的影响下,美
国文化地理学家卡尔·O. 索尔(Carl O. Sauer)提出了关于文化地理的重要
论点,主张用文化景观来表达人类文化对景观的冲击。他认为,文化地理学
主要通过物质文化要素来研究区域人文地理特性,文化景观既有自然景观的
物质基础,又有社会、经济和精神的作用,他还强调人文地理学是与文化景现

① 　约翰斯顿. 地理学与地理学家——1945 年以来的英美人文地理学[M]. 唐晓峰,李平,叶冰,等译.
北京:商务印书馆,1999:126-155.

有关的文化历史研究。受索尔影响的美国文化地理学者们被称为"文化地理的伯克利学派"。

1925年，索尔的《景观的形态学》（"The Morphology of Landscape"）发表，标志着西方文化地理学的形成。① 索尔首次将"自然景观"和"文化景观"（cultural landscape）的概念引进美国，并致力于通过"文化景观"来研究区域人文地理特征。在索尔看来，文化景观是一面镜子，它反映了不同文化集团的差异与特征。

文化景观是指"居于该地的某文化集团为满足其需要，利用自然界所提供的材料，在自然景观的基础上，叠加上自己所创造的文化产品"②。索尔的"文化景观"既包括聚落、建筑、服饰、器物等物质文化，也包括语言、音乐、宗教、戏曲等非物质文化。因此，作为信息传播的媒介，不管是早期的实物传播媒介还是现代的大众传播媒介，都是文化景观的重要组成部分。索尔认为，如果运货的道路是地理现象，那么运货的车厢也可以被看作地理现象。③ 这句话中蕴含的正是媒介地理学思想：媒介产生于一定的地理环境，作为运输信息（货物）的载体（车厢），它本身也成为一种地理现象。

"二战"以后，英国文化研究学派异军突起，文化地理学从中吸收了不少文化研究的学术营养，开始从阶级、种族、性别、政治信仰等方面关注城市中各种文化的空间关系。20世纪七八十年代，西方文化地理学产生了以彼得·杰克森（Pete Jackson）、丹尼斯·科斯科罗夫（Denis Cosgrove）等为代表的新文化地理学。新文化地理学力求从自己独特的视角阐释世界的改变，注重空间研究，致力于说明空间和地方如何成为一种核心力量，以建立文化体验的意义地图（maps of meaning）。新文化地理学者认为：文化是通过空间形成的，文化即空间形成过程的媒介。科斯科罗夫和杰克森在一篇论文中写道："文化应该被理解成一种媒介，人们通过这种媒介把物质世界的平凡现象转变成由这些现象赋予意义和价值的一些重要象征所组成的世界。"④因此，新文化地理学注重象征性景观的研究，将注意力转移到未被地理学家们注意到的社会生活领域，如种族意识、在文化空间中创造的语言的作用、媒介的作

① 转引自：周尚意，孔翔，朱竑. 文化地理学[M]. 北京：高等教育出版社，2004：6.
② 王恩涌，张荣，张小林，等. 人文地理学[M]. 北京：高等教育出版社，2000：43.
③ Sauer, C. O. The morphology of landscape[J]. *University of California Publications in Geography*，1925，2(2)：19-54.
④ 转引自：周尚意，孔翔，朱竑. 文化地理学[M]. 北京：高等教育出版社，2004：10.

用、亚文化的发展和维持。这种"文化转向"的地理研究涉及相当多的媒介和地理关系方面的问题。随着人文地理学的发展,尽管政治地理、宗教地理、语言地理都相继成为独立的研究对象,但媒介地理始终没有成为文化地理学中的独立考察对象,或许人们还没有认识到媒介文化已成为当今社会最令人瞩目的文化景观之一。

三、中国的文化地理学

在中国,鸦片战争后,西方近代地理学思想才逐渐传入,文化地理学研究的起步则更晚,"媒介文化景观"同样没有被纳入文化地理学研究的视域当中。但从古代到近代,关于媒介和地理的论述和著作颇多。总体来说,描述地理和建构我们的地理观念的是两类媒介:一是专门的地理书籍,二是其他文史作品。

中国古代的地理记述非常丰富,最早的地理著作当属《尚书·禹贡》。《尚书·禹贡》全文仅有千余字,篇幅虽小,却是先秦时期最富科学性的地理著作。其中"九州"一章分述了冀、兖、青、徐、扬、荆、豫、梁、雍各州的疆域、山川、原隰、土壤、赋税、贡物、贡道等,"导山"和"导水"二章记述了全国山川分布大势,"五服"一章提出了一个以甸、侯、绥、要、荒五服为构架的理想的大一统政治蓝图。从地理学角度来看,《尚书·禹贡》的内容已涉及自然地理和人文地理的诸多方面,称得上是中国第一部结集性的地理著作。正因如此,明人艾南英在《禹贡图注·序》中说道:"《禹贡》一书,古今地理志之祖者。"清代学者李振裕在为胡渭《禹贡锥指》作序时亦称:"自禹治水,至今四千余年,地理之书无虑数百家,莫有越《禹贡》之范围者。"足见《尚书·禹贡》对中国古代地理学的影响之大。

此外,较著名的是北魏郦道元所著的《水经注》,此书是中国古代较完整的一部以记载河道水系为主的综合性地理著作,对中国地理学的发展产生了深远的影响。《水经注》全面而系统地介绍了水道所流经地区的自然地理和人文地理等诸方面内容,是一部历史、地理、文学价值都很高的综合性地理著作。在自然地理方面,《水经注》所记大小河流有1252条,从河流的发源到入海,举凡干流、支流、河谷宽度、河床深度、水量和水位季节变化、含沙量、冰期以及沿河所经的伏流、瀑布、急流、滩濑、湖泊等,都广泛搜罗,详细记载。所记湖泊、沼泽500余处,泉水和井等地下水近300处,伏流有30余处,瀑布60多处。所记各种地貌,仅山岳、丘阜就有近2000处,喀斯特地貌方面所记洞穴达 70 余处,植物地理方面记载的植物多达 140 余种,动物地理方面记载的动物超过 100 种,各种自然灾害有水灾、旱灾、风灾、蝗灾、地震等,记载的水灾共 30 多次,地震共近 20 次。

在人文地理方面,《水经注》所记的县级城市和其他城邑共 2800 座,古都 180 座,小于城邑的聚落包括镇、乡、亭、里、聚、村、墟、戍、坞、堡等 10 类,共约 1000 处。在这些城市中包括国外的一些城市,如在今印度的波罗奈城、巴连弗邑、王舍新城、瞻婆国城。交通地理包括水运和陆路交通,其中仅桥梁就记有 100 座左右,津渡也有近 100 处。经济地理方面有大量农田水利资料,记载的农田水利工程名称就有坡湖、堤、塘、堰、渴、堵、坨、水门、石逗等。还记有大批屯田、耕作制度等资料。在手工业生产方面,包括采矿、冶金、机器、纺织、造币、食品等。在兵要地理方面,全注记载的自古以来的大小战役不下 300 次,许多战役都生动说明了利用地形的重要性。

此外,大量的地理论述反映在史书、地方志以及游记当中,如《史记·货殖列传》《汉书·地理志》《元和郡县图志》,游记则数《徐霞客游记》最为著名。

《徐霞客游记》是以日记体为主的中国地理名著。明末徐弘祖历经 34 年旅行,写有天台山、雁荡山、黄山、庐山等名山游记 17 篇和《浙游日记》《江右游日记》《楚游日记》《粤西游日记》《黔游日记》《滇游日记》等著作,除散逸者外,遗有 60 余万字游记资料,由其后人整理为《徐霞客游记》。

《徐霞客游记》在地理学上成就卓著。首先,徐霞客详细考察和科学记述了喀斯特地貌的类型分布和各地区间的差异,尤其是喀斯特洞穴的特征、类型及成因,仅在中国广西、贵州、云南 3 个省(区、市),徐霞客亲自探查过的洞穴便有 270 多个,且一般都有方向、高度、宽度和深度的具体记载。其次,徐霞客纠正了文献记载中关于中国水道源流的一些错误。再次,徐霞客观察记述了很多植物的生态品种,明确提出了地形、气温、风速对植物分布和开花早晚的各种影响。最后,他还调查了云南腾冲打鹰山的火山遗迹,科学地记录与解释了火山喷发出来的红色浮石的质地及成因;对所到之处的人文地理情况,包括各地的经济、交通、城镇聚落、少数民族和风土文物等,也做了不少精彩的记述。《徐霞客游记》在中国古代地理学史上具有超越前人的贡献,特别是关于喀斯特地貌的详细记述和探索,居于当时世界的先进水平。

如果说地理书籍是偏重于中国地理的"科学建构",那么文学作品则属于一种中国地理的"人文建构"。从汉代扬雄的《𬨎轩使者绝代语释别国方言》对各地言语风俗的记载,到宋代柳永的《望海潮·东南形胜》中对"三秋桂子,十里荷花"的江南的描绘,再到朱自清、郁达夫等现代文人的地理游记,文学作品对于我们地理观念的形成可谓影响深远。正如英国文化地理学家迈克·克朗(Mike Crang)所指出的:"文学作品不能被视为地理景观的简单描述,许多时候是文学作品帮助塑造了这些景观……这很好理解,因为人们对不同地方的了解大多通过各种媒介……多数人的了解是在亲眼所见之前就已经形成了……文学与其他新的媒体一起深刻影响着人们对地理的理解。"①刘禹锡的《送义舟师却还黔南·并引》是记载"真实地理"与"观念地理"差异的一个例子:"黔之乡,在秦楚为争地。近世人多过言其幽荒以谈笑,闻者又从而张皇之,犹夫东蕴逐原燎,或近乎语妖。适有沙门义舟,道黔江而来,能画地为山川,及条其风俗,纤悉可信。且曰贫道以一锡游他方众矣,至黔而不知其远,始遇前节使,而闻今节使益贤其文,故其佐多才士,麾围之下,曳裾秉笔,彬彬与兔园同风。"②黔地因地处偏僻,其形象在传播中被外地人严重歪曲,此例即为"观念地理"与"自然地理"相背离的一个典型。但对于这种媒介地理现象,中国古代还缺乏明确而系统的研究与论述。

中国近代对文化地理的研究从梁启超开始。他吸取孟德斯鸠的思想,积极倡导拉采尔的"环境决定论"思想。在文化与地理环境关系的研究方面,梁启超把文学、艺术、学风、风俗、人才以及宗教等与地理环境联系起来加以考察,撰有《中国地理大势论》《近代学风之地理的分布》等文章。他在《中国地理大势论》中认为,文学上千余年间"南北峙立,其受地理环境之影响"很为明显。"同一经学,而南北学风,自有不同,皆地理之影响使然也。"梁启超还认为,先秦诸子学说各异,与其所处的地域环境有关,"孔墨之在北,老庄之在南,商韩之在西,管邹之在东,或重实行,或毗理想,或主峻刻,或崇虚无,其现象与地理一一相应"。同一文章中,他还分析了中国书法、绘画、音乐、辞章、宗教以及风俗等文化现象的南北差异及其地理影响。他认为:"书派之分,南北尤显,北以碑著,南以帖名。"北碑为方笔之祖,遒健雄浑,峻峭方整。南帖为圆笔之宗,秀逸摇曳,含蓄潇洒。"画学亦然,北派擅工笔,南派擅写意。"音乐上,北曲悲壮,南曲靡曼。辞章上,"燕、赵多慷慨悲歌之士,吴、楚多放诞纤丽之文。"所有这些均与地理环境的南北差异有关。③ 在另一篇论文《地理与

---

① 克朗.文化地理学[M].杨淑华,宋慧敏,译.南京:南京大学出版社,2003:55.

② 转引自:郑学檬.传在史中——中国传统社会传播史料选辑[M].北京:文化艺术出版社,2001:71-72.

③ 梁启超.中国地理大势论[M]//梁启超.新史学.北京:商务印书馆,2014:253-278.

文明之关系》中,他分析阐述了地理环境对欧、亚、美各洲文明兴起与发展的作用,并在其作品《亚洲地理大势论》和《欧洲地理大势论》中做了进一步阐释。梁启超十分注意联系中国国情,他的作品包含中国的政治、民俗、宗教、文艺、学术等诸方面。虽然梁启超的时代还没有发达的大众媒介,他无法对大众媒介与地理的关系进行深入论述,但作为一位维新派的报人,梁启超始终秉持"革新"的立场,积极传播新文化、新思想和新地理,对东西方地理形象的传播与建构都能与时俱进,走在时代的前列。

自传播学被引进中国以来,媒介研究方兴未艾。有关媒介与地理关系的论述,实际上被包含在诸如"媒介帝国主义""媒介与城市""媒介与农村""地域媒介""亚洲传播"和"华夏传播"等有关的课题研究当中。但是,这还不是我所定义的媒介地理学研究。我的定义是:媒介地理学是以人类与媒介、社会、地理的相互关系及其互动规律为研究对象的,具有自主和独立条件的学科。媒介地理学关注和重视特定地域产生的特定媒介形态,以及相同媒介形态中呈现出的不同地理样本。它认同和理解不同地理环境中的不同传播和交流特点,以及不同区域受众对媒介内容所持有的不同的地理"看"法。[①] 这一定义基本涵盖了媒介地理学的研究对象与研究范畴,也标志着媒介地理学作为一门交叉学科开始进入传播学界的视野。

第四节 媒介地理学的研究现状

如果追溯和梳理媒介地理学研究的起源和发展历程,那么我们会发现,不论是中国学术界还是国外学术界,对媒介地理的研究在初始阶段都是模糊、混合、零碎的,"也没有一个明确的定义或单一的开拓性的研究重点"[②]。其中,有的在地理书籍中记载了不少人文景观和风俗人情,有的在游记散文中描述了许多山丘平原和江河湖海的风貌,有的在媒介研究中生动地反映了空间、时间和地方的功能和影响,还有的在地理研究中充分地展现了报刊、影视和网络等媒介的空间奇观和传播魅力。这些丰富多彩的内容从不同层面和角度体现和反映了媒介地理的内在机制和外在关系,但并不是一种有意识

---

① 邵培仁. 媒介地理学:行走和耕耘在媒介与地理之间[J]. 中国传媒报告,2005(3):63-66.
② Cupples, J., Lukinbeal, C. & Mains, S. P. Introducing mediated geographies and geographies of media[M]//Mains, S. P., Cupples, J. & Lukinbeal, C. (eds.). *Mediated Geographies and Geographies of Media*. New York: Springer, 2015:3.

的自觉的多学科交叉的媒介地理学研究。

　　媒介地理学是 20 世纪中后期开始由媒体、传播研究与文化地理学研究进行空间转向后再混合时间、空间、全球化、本土化研究第逐步发展起来的新兴交叉学科。但是，中外学术界都是在 21 世纪的前 10 年之后才初步完成了学科的基础性工作，真正形成一种整体性、交叉性的，有理论体系架构的媒介地理学。

　　下面，依据研究的主题内容和时间顺序，对 21 世纪前 20 年左右的国内外媒介地理学研究进行概括性描述和介绍。

一、媒介地理研究

　　中国媒介地理学研究是随着电脑与网络传播技术的发展而兴起的。人们发现，电脑与网络是学术界、实验室和市场的"杰作"，它们的飞速发展不仅彻底改变了传播形态学的面貌，而且全面更新了媒介地理学的版图，并催生了一种前所未有的"网络化生活"和"地球村文化"。作者呼吁人们要"在网络全面征服人类之前，抓紧寻找征服网络的种种对策；在未来仍在我们手中之时，抓紧设计和规划新的未来"[①]。

　　其实，"从人类发明媒介的那一刻起，人、媒介就与社会和地理产生了密不可分的学术联系和媒介地理现象"。因此，"媒介地理学就是要从人类、媒介、社会与地理的关系中去研究人，研究人如何在特定的环境中发明媒介、使用媒介和活化媒介，如何自觉不自觉地通过媒介呈现地理、审视地理或突破地理"，探索和寻找"人类同媒介、地理的相互关系及其互动规律"，进而构建起"一个跨学科的、综合性的""有梯度的、有层次的""有理论性和实用性的分析框架"。[②] 同时，要承认它的产生与发展符合网络传播和信息社会的特点和趋势，具备成为一个自主、独立学科的条件和发展的正当性、科学性，进而用唯物辩证法和科学发展观来分析和研究媒介地理学在理论上和实践中遇到的各种错综复杂的问题和现象[③]；"在重视空间和地理功能的同时也关注时间和历史的作用，在认同地域文化的同时也认同中华文化，在坚守本地媒介特色的同时也尊重和吸纳外地媒介和全球媒介的特色和优点，在坚持中国视野

① 邵培仁. 电脑与网络：媒介地理学的颠覆者[J]. 浙江广播电视高等专科学校学报，2002(3)：5.
② 邵培仁. 媒介地理学：行走和耕耘在媒介与地理之间[J]. 中国传媒报告，2005(3)：63-66.
③ 邵培仁. 媒介地理学：正当性、科学性和学术坚守[J]. 新闻记者，2006(10)：17-19.

的同时也具有亚洲视野和全球视野"①。

2006年,传播学者加斯帕·福尔克海默与安德烈·杨森(André Janssen)编著了《传播地理学》一书,他们根据亨利·列斐伏尔(Henri Lefebvre)关于感知的空间(perceived space)、构想的空间(conceived space)和生活的空间(lived space)的"空间三元辩证法",勾勒出把传播媒介研究与地理学研究结合的三种方式,并指出传播地理学作为跨学科领域已经形成。2009年,曾师从人文地理学大师段义孚(Yi-Fu Tuan)并深受麦克卢汉影响的地理学家保罗·C.亚当斯(Paul C. Adams)更是在《媒介与传播地理学:批判性导论》(*Geographies of Media and Communication: A Critical Introduction*)中指出地理学中的"传播转向"(communicational turn)。他将空间与地方的区分作为一个轴,将编码/表征与空间组织的区分作为另一个轴,构造出传播地理学的四大子领域:空间中的媒介、地方中的媒介、媒介中的地方、媒介中的空间。2011年,亚当斯在吸收布鲁诺·拉图尔(Bruno Latour)等人理论的基础上,对之前的四大路径进行了补充,即使用混杂性、转译、行动者网络等概念来超越地方与空间、内容与情境的二元对立的第五条路径。②

中国在2010年出版了第一部全面、系统、深入论述媒介地理思想,具有媒介地理学体系的学术专著《媒介地理学:媒介作为文化图景的研究》,对媒介地理学中的空间、时间、地方、景观和尺度等基本概念进行了深入分析和探讨,为科学了解、认识、研究和实践媒介地理学提出了一系列全新的思想观点和独特的理论视角。接着,该书第一作者又将媒介地理学理论与方法运用于中国电影研究,于2018年作为第一作者出版了专著《媒介地理视阈下的华莱坞》。③

二、媒介空间研究

空间不仅是网络与新媒体技术及传播活动试图跨越甚至"消灭"的对象,而且也是它们企图重新设计和塑造的对象,尽管此前传播学往往对其视而不见。2004年,英国传播学者尼克·库尔德利(Nick Couldry)与安娜·麦卡锡(Anna McCarty)以《媒介空间》(*Media Space*)为书名,收录了地理学者和传

① 邵培仁. 媒介地理学:当代传播研究的最新转向与热点[J]. 中国传媒报告,2011(3):1.
② 亚当斯,杨森. 传播地理学——跨越学科的桥梁[J]. 李森,魏文秀,译. 新闻记者,2019(9):83-96.
③ 邵培仁,杨丽萍. 媒介地理学:媒介作为文化图景的研究[M]. 北京:中国传媒大学出版社,2010;
邵培仁,周颖. 媒介地理视阈下的华莱坞[M]. 北京:首都经贸大学出版社,2018.

播学者的多篇论文,共同探讨媒介空间生产与消费、媒介与地方、国家与全球的复杂关系。一些西方传播学者则重点关注传播的空间转向研究,有的从社会学视角分析和介绍传播中的仪式性、表演性和跨国关系,有的从文化空间的视角研究城市空间的物质生产与再现,还有的采用"更宏观的视角,探究媒介作为地缘政治、象征性权力与支配机器的角色,尤其是在全球尺度上以及在国家建构过程中媒介如何扮演此角色"①,还有的看到了媒介空间的变化和转型,着力"研究人们在空间中做什么、生产什么会带来空间的调节、转型、延伸或者压缩""探讨赛博空间(cyber space)是如何被拓扑地图、信息空间图和信息景观所呈现的"。②

与西方媒介空间研究有所不同,中国学者眼中的"空间,不是简单的观念,而是各种现象的综合体;也不只是自然的、地理的,还是社会的和媒介的"。"既可被视为具体的物质形式,也可看作是精神层面的多种建构"。"电子媒介的广泛介入极大地推动了空间复苏和空间转向,使得人类的空间感由实境转向虚境,由亲身体验转向媒介体验",人甚至需要透过媒介空间获得自身的生存与发展的空间。③ 在有关媒介空间的研究中,有的论文从媒介经营管理的视角分析媒介在空间上的地理集群和能量积聚对媒介经济效益的影响④;有的论文从国际传播的角度看电视剧在对外传播过程中存在地理区隔和空间置换的阻碍,分析如何在产品、市场、渠道等方面采取一系列策略,帮助国产剧跨越地理区隔顺利走向国际⑤;有的论文探讨中国电影在生存空间不断受到挤压的情况下,应如何立足本国市场、大力延伸与拓展电影国际化的生存空间⑥;还有的论文运用传播学理论对媒介距离作为传播资源的现象、成因、传播特质、传播策略和传播适度性问题进行了系统分析和研究⑦。2011

① 亚当斯,杨森.传播地理学——跨越学科的桥梁[J].李淼,魏文秀,译.新闻记者,2019(9):85-86.
② 亚当斯.媒介与传播地理学[M].袁艳,译.北京:中国传媒大学出版社,2020:6-7.
③ 邵培仁,杨丽萍.转向空间:媒介地理中的空间与景观研究[J].山东理工大学学报(社会科学版),2010(3):69-77.
④ 邵培仁.论中国媒介的地理集群与能量积聚[J].杭州师范学院学报(哲学社会科学版),2006(5):19-23,29.
⑤ 汤浩.地理区隔与空间置换:国产剧对外传播的障碍分析——兼论其应对的媒介地理学策略[J].中国电视,2008(11):40-42.
⑥ 王冰雪.力·度之间:"华莱坞"电影国际化生存空间的延伸与拓展[J].浙江传媒学院学报,2014(1):49-56.
⑦ 邵培仁,杨丽萍.媒介距离论:距离作为传播资源的思考与分析[J].新闻记者,2012(2):3-9;邵培仁,杨丽萍.论媒介距离的传播特质及其现象和成因[J].新闻爱好者,2012(7):1-5;邵培仁,杨丽萍.论媒介距离的适度性及其策略[J].今传媒,2012(10):8-12.

年,方玲玲在博士学位论文的基础上进一步对媒介空间现象及其问题进行研究,出版了媒介空间研究学术专著。①

三、媒介时间研究

空间是时间的复合体,时间是空间的第四维。法国电影史学家马赛尔·马尔丹(Marcel Martin)认为,空间与时间"是辩证地联系在一种空间——延续时间的连续之中的"②。影视媒介是时空综合艺术。"离开对时空关系的探讨,是永远不能正确把握其中之一的。"③

"不同的社会培养不同的时间观念。"④人类在经历了自然时间、钟表时间之后,现在正在进入媒介时间时代。卞冬磊、张稀颖认为:"在信息社会的背景下,钟表时间正面临着危机,塑造新型时间观念的任务落在了传播媒介身上。传播媒介通过对人类日常生活时间的建构,转移了人们的时间参考标准,并通过技术、内容对时间进行雕琢,塑造以瞬间性、零散化和无序性为特征的'媒介时间',这种新型时间观念将对社会发展与人类生活产生深刻的影响。"⑤

时间既是稀有资源,也是文明表征。如果说报刊媒介主要是经营和销售空间,那么广播电视就是经营和销售时间。从媒介管理学的角度看,"媒介时间主要是指以广播电视的节目编排、时段选择和时间提示等时间符号为参照标准的时间体系,包括频道(频率)时间、节目时间、广告时间和接收时间"。"媒介时间的研究既包括媒介时间的社会影响研究和媒介时间的经营管理研究",也应该包括多学科的交叉研究。⑥ 在电视节目中,时间经常被电视节目制作人当作一种手段,在时间旅行、时间旅行者行为和叙事时间、叙事风格上进行大胆实验和创新,从而既挑战了制作过程中既定的思维方式,又为观众提供了一系列令人兴奋的、新奇的电视画面,也让我们更深刻地理解了时间

① 方玲玲. 媒介空间论:媒介的空间想象力与城市景观[M]. 北京:中国传媒大学出版社,2011.
② 马尔丹. 电影语言[M]. 何振淦,译. 北京:中国电影出版社,1980:212.
③ 袁玉琴. 从三维空间到四维复合——论电影时间[J]. 文艺理论研究,2001(4):65.
④ 哈维. 后现代的状况——对文化变迁之缘起的探究[M]. 阎嘉,译. 北京:商务印书馆,2003:242.
⑤ 卞冬磊,张稀颖. 媒介时间的来临——对传播媒介塑造的时间观念之起源、形成与特征的研究[J]. 新闻与传播研究,2006(1):32.
⑥ 邵培仁,黄庆. 媒介时间论:针对媒介时间观念的研究[J]. 当代传播,2009(3):21-24.

对于电视节目传播成功的重要性。① 马妍妍认为,媒介时间"体现了同步性基础上的异步发展、碎片化趋势下的聚合氛围和虚拟性构造下的真实感受。这些特点的产生与社会化进程相辅相成,并且还会继续得到发展,因此我们也大胆预测了它的发展趋势,那就是个性化媒介时间的出现和信息云的建立"②。张梦晗在博士学位论文中提出了"媒介化时间"和"时间化媒介"两个概念。她认为,作为一种新的时间形态,媒介时间对现实社会具有不可估量的重构力量。同时,媒介发展、社会组织和时间观之间存在既定联系。她深入分析了媒介时间的复杂性及其在不同层面上对社会及个人的影响、对现实社会的分割与重构、对媒介时间的批判。③

新的研究认为:"在人类历史上,已经发生了三次时间革命,即农业时代的自然时间革命、工业时代的钟表时间革命、信息时代的媒介时间革命。我们现处于媒介时间的拐点、第四次时间革命的前夜,一种以时间颠覆时间、以时间突破空间的智能时代的智能时间革命即将到来。"④

四、媒介景观研究

对媒介景观研究产生直接影响的是法国思想家居伊·德波(Guy Dobord)在1967年出版的《景观社会》(*La Société du Spectacle*)⑤。根据德波的描述,"景观"意指一种被展现出来的可视的客观景色、景象,也意指一种主体性的、有意识的表演和作秀。他认为,当代资本主义社会已经从生产阶段发展到了一个独特的景观阶段,在这个阶段,生活的每个细节几乎都已经被异化成景观的形式:所有活生生的东西都仅仅成了表征。如果说资本主义生产方式在人的生存方式中已经从存在堕落为占有,那么景观社会则进一步把占有转变为外观。⑥

美国加利福尼亚大学教授道格拉斯·凯尔纳(Douglas Kellner)在《媒体

① Jowett, L. Robinson, L. K. & Simmons, D. *Time on TV*: *Narrative Time*, *Time Travel and Time Travellers in Popular Television Culture*[M]. London: I. B. Tauris & Co., Ltd., 2016.
② 马妍妍. 社会化进程中媒介时间的特点和发展趋势[J]. 浙江传媒学院学报,2010(5):20.
③ 张梦晗. 媒介时间论:信息社会经验下的媒介存在与多重时间[D]. 杭州:浙江大学,2015.
④ 邵培仁. 媒介时间的拐点:迎接时间突破空间的革命[J]. 现代视听,2020(2):85.
⑤ 德波. 景观社会[M]. 王昭风,译. 南京:南京大学出版社,2006.
⑥ 张一兵. 代译序:德波和他的《景观社会》[M]//德波. 景观社会. 王昭风,译. 南京:南京大学出版社,2006:代译序1-38.

奇观——当代美国社会文化透视》①一书中丰富和深化了德波关于景观的概念和思想，通过分析企业、个人和政府以大众传媒为渠道制造的一个个夺人眼球的事件，向读者揭示了当代美国社会所蕴含的矛盾与危机，并推动了媒介景观研究。

范欣认为，德波和他的景观社会理论表征了一种富有浪漫色彩的、叛逆的激发。凯尔纳和他的媒体奇观研究，是在德波的悲情沉淀后将这一理论引向更理性、更具建构意义的一种新的出发。这一理论体系是全球化背景下中国媒体奇观研究的有益参照。②

从电影中提供的世界景观来进行国家、民族以及社会文化的认知，是地理学研究的一个重要方面，即电影地理学（Geography of Film）。由于存在着与"真实"世界的差异，电影中所展现的世界样貌受到了地理学家的质疑。但他们也同样认为，电影并非单纯地反映外部事物，而是以影像的视觉方式提供了意义的图景。③

戴维·莫利（David Morley）与凯文·罗宾斯（Kevin Robins）关注电影及其他电子媒介利用文本进行的文化生产。他们认为，电影依靠视觉的表达不仅制造出了电影故事，更为重要的是生产出了有关认同的文化政治，因为拥有不同地域背景的电影会产生不同的文化地理景观。④

邵培仁、方玲玲认为，"媒介地理学关注的是地理景观在媒介中的呈现。以流动的景观为主要表现手段的公路电影中，边境、旷野以及州际公路所塑造的宽阔地域环境，与寻找、逃亡的主题和时代背景结合，为媒介的再现提供了丰富的地理样本。在媒介地理学的视野下，公路电影中的政治地理、性别地理和道德地理等想象的空间，与真实的地景一样具有吸引力。……制造出更为生动的媒介地形图"⑤。

汤浩认为，"通过呈现、浓缩、凝视、影响、突破、创造等方式，媒介空间参

---

① 凯尔纳. 媒体奇观——当代美国社会文化透视[M]. 史安斌，译. 北京：清华大学出版社，2003.

② 范欣. 媒体奇观研究理论溯源——从"视觉中心主义"到"景观社会"[J]. 浙江学刊，2009(2)：219-223.

③ Browne, R. Book review: *Place, Power Situation and Spectacle: A Geography of Film*[J]. *Journal of Popular Culture*, 1994, 28(2): 215.

④ 莫利，罗宾斯. 认同的空间——全球媒介、电子世界景观与文化边界[M]. 司艳，译. 南京：南京大学出版社，2001.

⑤ 邵培仁，方玲玲. 流动的景观：媒介地理学视野下公路电影的地理再现[J]. 当代电影，2006(6)：98.

与了奇观地理的塑造,并通过聚焦、聚释、放大最终建构了传媒奇观。传媒奇观在表面上属于'媒介制造',但其形成无时不在地受着政治经济文化势力的左右和消费主义逻辑的掌控。传媒奇观已成为当今社会的生存方式之一"①。因此,"景观不仅具有意识形态功能,而且已经成为现今人们主导性的生活模式。媒介每天都在提供可供大众消费的景观,以其丰富的影像世界构筑起景观社会,同时媒介也不得不受制于景观社会的商业逻辑的诱惑,走上了一条偏离自己本真的批判性和创造性的歧路"②。

向世界传播和呈现中国文化及景观,"不能以民族主义、本土主义和利己主义为战略考量,而应以'构建人类命运共同体、共同建设美好世界'为传播理念,以'共商、共建、共享'的共赢主义为基本追求,以文化多元和文化平等为交流原则,超越零和博弈,从世界格局、时代潮流的变化和人类文明的发展趋势进行整体思考和战略谋划,既积极传播中国文化,又不搞'中国中心主义'"③。

五、媒介地方研究

亚当斯认为:"基于地方的传播揭示着人类经验最本质的特性。""地方意象存在于表征和行动、内化和外化、泛化和具体化的无尽循环之中。""更为复杂的是,地方意象的显著程度各不相同,有的明显,有的隐晦。文本所唤起的通常不是某个单一的、固定的地方,而是多尺度、不断变化的地方。"虽然西方学术研究中"关于地方意象的研究文献是非常丰富和多元的,涵盖了人文主义、行为主义和批判研究等各种形态",④但对媒介地方研究影响较大的是社会建构主义。

在蒂姆·克瑞斯威尔(Tim Cresswell)看来,"地方不仅是世间事物,还是认识世界的一种方式"。"不单是指世间事物的特性,还是我们选择思考地方的方式的面向——我们决定强调什么、决意贬抑什么。""令人文主义者感兴趣的不是世界上的地方,而是作为一种观念、概念,以及在世存有方式的地方。"⑤

① 汤浩. 媒介地理学视野下的传媒奇观[J]. 西南交通大学学报(社会科学版),2008(2):114.
② 邵培仁. 当"看到"打败"听到":论景观在传媒时代的特殊地位[J]. 浙江师范大学学报(社会科学版),2010(6):1.
③ 邵培仁. 打造中国文化全球传播新景观[J]. 现代视听,2019(2):85.
④ 亚当斯. 媒介与传播地理学[M]. 袁艳,译. 北京:中国传媒大学出版社,2020:136,138,140,206.
⑤ 克瑞斯威尔. 地方:记忆、想象与认同[M]. 徐苔玲,王志弘,译. 台北:群学出版有限公司,2006:22-23,35.

张丕万指出:"媒介地理既承接又深化了人文地理的地方研究。"但是,"传播学界一直重视传播实践中的空间维度而相对忽略地方的意义"。他认为,"地方是人文地理学核心概念,媒介地方研究有必要援引人文地理理论资源……借鉴地理学研究中地方感理论内涵",以"建构一个媒介地方的理论框架"。① 邵培仁认为:"地方既是人类从事某一行为的地方,也是由感知而形成的总体印象。它不仅对媒介地理学体系的构建,而且对社会建构和文化记忆均具有重要作用。作为认识地方的主客观维度的地方感,地方依恋、地方认同和地方意象是其理论支撑,影视媒介是地方感表达、塑造和构成的重要载体,而新媒介则催生了具有更加多元和广阔视野的'新地方感'。"② 地方即人的情感依恋之地,也"是人的情感记忆和传播之地,因而人都有恋地情结、敬地情结和晒地情结"。"人是城市的灵魂","人永远是智慧城市、智联城市和信息化的主人,是城市规划、建设和发展的灵魂,是城市形象塑造与传播的根本"。③

邵培仁、周颖的研究发现,在华莱坞电影产业发展中存在着明显类似于中国人文地理学家胡焕庸提出的一条由黑龙江瑷珲至云南腾冲的中国人口密度分界线(瑷珲-腾冲线)——"胡焕庸线",即存在中国电影产业东南密集、繁荣而西北稀疏、落后的地理态势。④ 同时,他们还发现,江南不仅是华莱坞电影的始发地,体现了南文北武、南柔北刚的中国文化特质,而且从电影导演、编剧、演员到电影内容、景观和产业等都居于核心地位,亦即反映了华莱坞电影的"江南核心性"。⑤

相对全球或世界而言,亚洲也具有一定的"地方性"。它在全球传播中不仅呈现出一种由"边缘"向"中心"的反抗,而且亚洲国家之间的文化共性也为彼此提供了一种亲切的地方认同感,并正在出现区域意识的觉醒和一种"泛亚洲"(Pan-Asian)的意识形态。⑥ 黄清认为,从地理区域来看,在微观具体的

---

① 张丕万.地方的文化意义与媒介地方社会建构[J].学习与实践,2018(12):111.
② 邵培仁.地方的体温:媒介地理要素的社会建构与文化记忆[J].徐州师范大学学报(哲学社会科学版),2010(5):143.
③ 邵培仁,潘戎戎.论城市形象塑造与传播的灵魂及根本[J].东南传播,2020(1):1.
④ 邵培仁,周颖.重绘电影地图:突破华莱坞电影产业发展的"胡焕庸线"[J].暨南学报(哲学社会科学版),2016(10):41-53.
⑤ 邵培仁,周颖.江南核心性:媒介地理学视野下的华莱坞电影史研究[J].西南民族大学学报(人文社会科学版),2017(8):154-160.
⑥ 邵培仁,王昀.亚洲电影在中国:华莱坞的跨地方生产与本土现代性实践[J].新闻爱好者,2016(6):15-21.

"地方"视角和宏观抽象的"全球"视角之间,存在一个居中的视角。而《亚洲传播理论——国际传播研究中的亚洲主张》开辟的"亚洲视角",作为一种中间视角起到了连接"地方经验"和"全球视野"的桥梁作用,既有助于化解不同文明之间的纷争,也有助于不同区域之间实现彼此的相互尊重与彼此认同,从而促进人类共同体的发展。①

六、媒介尺度研究

尺度是一个复杂的飘移的多向度的概念,不仅不同学科有不同的定义,有时即使是相同学科在不同的语境中也有不同的解释,而且经常是多尺度、不断变化的。中国是世界上较早对尺度的起源、变迁、过程、特征、功能以及尺度制度、标准和具体运用进行研究的国家,但对媒介尺度进行研究则是在进入21世纪后才开始的。

进入21世纪后,随着景观生态学的发展,尺度对于生态学家来说越来越重要。一般认为,"格局与过程是生态学的重要范式。过程产生格局,格局作用于过程。若要正确理解格局与过程的关系就必须正确认识其依赖于尺度的特点,即尺度效应"②。在媒介地理学中,尺度的重要性不言自明,人们不仅要重视表示本土、全球的空间尺度和表示过去、现在、未来的时间尺度所形成的媒介尺度效应,而且要重视各种社会的情感的文本内容方面的关系尺度所形成的媒介尺度效应。媒介关系尺度既包含过度、适度与不足的差别,也包含正常与异常的对立,极其难以把握和掌控。③

"媒介尺度既是指考察和度量媒介体征、形式和内容的计量单位,是对管理法度和制度的要求、对实践水平或状况的期待,也是指为保持媒介的质的稳定性对量的界限、幅度和范围的把度。"④在各种媒介尺度中,本土性和全球性是争论最激烈的,也是最难把握和掌控的两种关系尺度。经济全球化特别是媒介与传播全球化,对中国媒体来说,是机遇,更是挑战。⑤

在全球化背景下,如何处理好传播中本土性与全球性的关系尺度?各国

① 黄清.亚洲传播研究:连接地方经验与全球视野的桥梁——评邵培仁教授等人的新作《亚洲传播理论——国际传播研究中的亚洲主张》[J].中国传媒报告,2017(3):125-128.
② 吕一河,傅伯杰.生态学中的尺度及尺度转换方法[J].生态学报,2001(12):2097.
③ 郭小春.媒介尺度论:媒介全球化背景下的地理尺度与中国国际传播战略[D].杭州:浙江大学,2017:46.
④ 邵培仁,夏源.媒介尺度论:对传播本土性与全球性的考察[J].当代传播,2010(6):9.
⑤ 邵培仁.媒介全球化:是机遇还是挑战?[J].湖州师范学院学报,2001(5):1-6.

学者提出了许多观点和建议：乌尔里希·贝克(Ulrich Beck)在建构世界主义的结构原则时，采用了德国作家托马斯·曼(Thomas Mann)的"混合咖啡原则"，这是从混合了一半牛奶、一半咖啡的法式咖啡原理中得到的启发：渗透、连接和混合地区、国家、种族、宗教和世界主义的文化和传统，以便打破个性、社会和政治的地域囚禁理论的局限。① 中国学者在论述关系尺度时提出了本土化传播要采用"宝塔糖策略"，即在本土文化中混合其他无害成分，犹如"将驱蛔蒿与砂糖、香料、香草片和水混合做成宝塔糖"，肚里有蛔虫的小朋友就会喜欢吃②；中国学者提出要从构建人类命运共同体的视角思考全球传播新秩序中的中国方向和中国方案③；也有学者认为在本土性与全球性的文化竞争中要灵活运用"三义转换策略"，即原义——"文法层面的本土化"，格义——"语义层面的本土化"，创义——"思想层面的本土化"④；还有的主张共商共建开放共享、自由获取的全球信息传播新模式和新平台，通过内容、平台和技术优势提高中国对外传播的竞争力。⑤

① 贝克.世界主义的观点：战争即和平[M].杨祖群，译.上海：华东师范大学出版社，2008.
② 邵培仁，沈珺.构建基于新世界主义的媒介尺度与传播张力[J].现代传播，2017(10)：70-74.
③ 邵鹏.人类命运共同体：全球传播新秩序中的中国方向[J].浙江工业大学学报(社会科学版)，2019(1)：94-100.
④ 邵培仁.传媒的魅力——邵培仁谈传播的未来[M].北京：首都经济贸易大学出版社，2014：68.
⑤ 邵培仁.开放共享：构建全球信息传播新模式[J].现代视听，2019(8)：86.

第三章

媒介地理学的科学性与学术性

在世界范围内,社会媒介正在演变为城市媒介,大众媒介正在发展为市民媒介,传统媒介的地位正在受到冲击,新兴媒介的发展正如日中天。媒介传播的重心也正在发生或已经发生历史性的迁移,这就是从时间到空间、从历史到地理、从语言符号到图像符号、从线性传播到块状传播、从传者为王到受众为王的转向。媒介地理学的出现和深入开展正好顺应了这一世纪性的大转变。

媒介是社会与地理的反映,自然也是人类认识和掌握社会与地理的中介。致力于重建人类、媒介与社会、地理之间和谐关系的媒介地理学,要坚持以人类、媒介与社会、地理之间的互动关系为研究对象,以人文主义为向导;将社会和地理因素置于某种特殊位置,明确其在信息社会和媒介时代中的特殊角色;确保在认同地域文化的同时也认同中华文化,在坚守本地媒介特色的同时也尊重和吸纳外地媒介和全球媒介的特色和优点,在坚持中国视野的同时也具有亚洲视野和全球视野。同时,要避免地方主义和部落主义,避免地域歧视和族群歧视,努力成为经济发展与社会进步的引导者和推进器。

第一节　媒介地理学的关键矢量

多少年来,人们无视和轻视地理因素在媒介发展中的重要性,并在公开的出版物和研讨会上回避它,看不到它与媒介、人类之间日益增长而频繁的互动关系。

这种情形必须得到改变。媒介地理学无疑有助于我们更好地理解在过去的时代中,地理对地球生命和人类生存、人类活动和文化发展的重要作用,以及地理、媒介与人类社会之间相互依存、相互影响、相互促进的密切关系。它将启发人们思考为什么在今天地理与媒介、人类的这种互动关系会日益淡漠和逐渐疏离,也促使人类找寻人类和媒介对地理的消极态度的各种社会原因和文化背景。我们希望,它能够激发并促使现代社会重新建立人类、媒介与社会、地理之间的和谐关系,使社会、地理与媒介、人类等重新回到"人地互动""天人合一""和而不同"的正确轨道上来。这既是我们建设和谐社会、和谐世界的正确选择,也是我们进行媒介地理学研究的关键矢量。

地理是我们认为理所当然的东西。因此,有人将地理仅仅当作消极被动的作用对象,认为其是可以视而不见的实体,也就不足为奇了。殊不知,地理是无数生命循环的起点和终点,也是生命循环的基础之一。女娲是中国历史上的一个重要人物,也被尊奉为人类之母。《太平御览》卷七八引《风俗通》云:"俗说天地开辟,未有人民,女娲抟黄土作人。剧务,力不暇供,乃引绳缒于泥中,举以为人。"女娲用泥土造人的传说正好反映了人与地理的生命依存关系。

古人说:"惟天地,万物父母;惟人,万物之灵。"(《尚书·周书·泰誓》)"土,吐也,能吐生万物也。"(《释名·释地》)"地者,易也,言养万物,怀任交易,变化也。"(《白虎通德论》)人既是天地吐生之分子,又是天地之纽带、万物之师长。在中国传统文化中,天地人同根同源,理应上下联通、互动互助、共进共演、同存共荣。

因此,人类应该尊重和顺应地理特点,根据地理环境及其势态的变化来调整自己的生活方式。同样,媒介文化因地理环境的挑战与变化而生,尊重和顺应地理的特点和习性也是媒介生存与发展中的必然选择。无数事实证明:当人类和媒介的发展尊重并顺应地理的特点和习性时,它们就发展顺利,呈现出繁荣昌盛的状态;当人类应对地理环境的创造力衰退或协调不当时,媒介文化就开始衰落,进而又会危及人类自身的生存与发展。古老的美索不达米亚处在底格里斯河和幼发拉底河之间、波斯湾畔,著名的巴比伦城就坐落在这里,特殊的地理环境激发了人类的创造力,最初刻在黏土板上的文字也导致了信息交流的繁荣。但是,随着新石器时代农业革命的爆发,人开始统治自然。从此,人开始崇拜甚至迷信自己的力量。于是"人地失调""天人两端",其人口和文明开始衰落,并最终散失。玛雅文明演变与消失的过程也是这样。

人作为自然界一个组成部分的客观地位,决定了人不应以自然的征服者、统治者自居,而要把自己当作自然界的一分子。人与自然之间相互影响、相互作用、相互制约的互动关系,也内在地要求人与自然的协调发展。吴国盛写道:"生命是我们这个星球上最伟大的秘密,而大地正是这秘密的居所。

因为有这个居所,生命才有安全;因为有这个秘密,世界才充满意义。……当代生物工程意欲将生命从大地中拔出,破解其秘密,其后果不堪设想。"①中华文明能延续五千多年,与中华文化强调的"和实生物,同则不继""天人合一""和而不同"的思想不无关系。因此,尊重和顺应地理的特点和习性,也是在尊重和保护我们自己的文化和生命。

媒介是维系它的社会与地理的反映,自然也是人类认识和掌握社会与地理的中介。我们对地理乃至对民族国家的判断和认识,从来都是依赖媒介(文学的、新闻的、图像的等)的描述。我们所有的地理观念,更多的是媒介帮助我们建构起来的一个"虚拟的实体"和"想象的共同体"。作为这种"想象"的中介,大众媒介提供了一种共同阅读的"仪式"与过程,使千百万陌生人形成同为一族的印象,并在此基础上建构起一个"想象的地理"。媒介地理学关注和重视特定地域和空间产生的特定媒介形态与相同媒介形态中呈现出的不同地理样本,认同和理解生活在不同地域和空间中的人会有不同的传播特质或特色,以及对媒介内容可能会有不同的认识和理解。随着网络传播的兴起,传统的媒介地理又面临着全新的改变。

人类面对和理解的"意义地图"或"想象地理",实际上就是媒介所呈现出的"媒介地理"。大众媒介的出现和兴盛,不仅"改变了时间和空间上'近'与'远'之间关联的性质"②,而且大大改变了自然地理距离对人类事务的影响力,甚至也改变了大型的社会系统或制度之间以及人们直接的日常生活经验之间的区别。比如,网络的诞生和普及,就改变了人们对社会空间的理解。经由网络,很远的距离可以变得很近——不同地域、阶层、民族的人们可以同时在同一个平台上发言;很近的距离也可以变得很远——对网络的过度依赖,会导致日常生活经验的缺失和现实中亲密关系的匮乏。

传统的媒介空间已无法解释今天的网络传播所激发出来的媒介景观。当代媒介已经模糊了现实空间的边界,压缩并创造出了一个深不可测的世界,因为今日的"全球空间是流动的空间、电子空间,没有中心的空间,可以渗透疆界和边界的空间。在这个全球舞台上,诸经济和文化群落陷入互相直接的极度接触——与每一个'他者'的接触(这个'他者'不再仅仅'在那边'了,

① 吴国盛.现代化之忧思[M].北京:生活·读书·新知三联书店,1999:50.
② 吉登斯.社会的构成:结构化理论大纲[M].李康,李猛,译.北京:生活·读书·新知三联书店,1998:240.

而且还在内部)"①。新型的"媒介地理"促使现实边界模糊化、空间压缩化和人际分离化,于是传统自然疆界走向崩溃,物理空间趋于透明,人际关系越来越差。跨越时间和空间的大众传播媒介重构了国家、地区和文化群落的边界,传播领土的疆界与现实中民族国家地理领土的关系日益淡薄。大众传播在给人类带来极大方便的同时,也正在侵吞人类自身的清静、隐私、尊严和自由。原本为世界主宰的人,在传播科技的进攻面前有可能沦落为新型奴隶,成为媒介的作用对象和操纵对象。

媒介地理版图飞速变化的种种不确定性,导致或建构起了错综复杂的隐秘的权力关系和新的制度化形式,因为在一个高度组织化的社会中,掌握了媒介就等于掌握了权力,对媒介的争夺就是对权力的争夺。在新型的传播结构中,本来处于弱势的受众具有了某种地位、优势和能量,从而可以利用现成的大众媒介特别是网络媒介来进行有目的的改变、征服、反击,甚至于严重偏离轨道的传播,或者设计、创造出使人难以进入和解读的路径和文本,以动态的游击战术来抵抗动态的集团战略,以虚拟世界的移动性来挑战现实世界的呆板性。这会迫使权力系统改变原有的统治结构和控制方式,即有可能从由上而下的直线型管理向上下互动的网络型管理转变,由集中式的权力控制向分散式的权力控制转变。

当然,也有可能出于种种原因,使人走向以更加严密的方式来进行特殊的社会控制。2001年,"9·11"事件发生之后,美国政府出于反恐战略的需要,采取了深入生活各角落的电子监控、电子记录、电话监听等措施。情报系统有权侵入和监控公民的邮件通信,并通过技术手段全面监控和强制删除网络中威胁美国国家利益的信息。但是随着反恐形势的好转,这种做法受到越来越多有识之士的批评和社会大众的强烈抗议。2009年9月,美国政府设立了负责互联网安全的监管,这让美国民众担心政府会以维护互联网安全为由干预和监管私人系统。如今,在世界各国所有城市的购物中心和繁华地段,经营者和管理者都公开地通过闭路电视来对视野之内的所有人进行监视,却并没有考虑法律上的合法性,也就是这是否得到被监视者的允许。

媒介地理版图飞速变化的不确定性还将直接影响和改变人类的生存方式和工作形态。当下,信息和知识正成为推动人类社会进步和发展的动力,

---

① 莫利,罗宾斯.认同的空间——全球媒介、电子世界景观与文化边界[M].司艳,译.南京:南京大学出版社,2001:156.

正成为当代社会最重要的工作和生活内容。媒介地理学意义上的数字化生存和网络化生存,说明人与人之间的竞争已不局限于出生地域、成长环境、身体素质和知识水平,还表现在传播技术、传播能力和工作环境上。环境影响人,环境塑造人。置于特定地域的传播技术差异或数字差异,必然导致信息差异和知识差异,而信息差异和知识差异必然导致生产差异和创造差异,生产差异和创造差异又必然导致收入差异和生存差异。可以预测,在信息传播社会和知识经济时代,一个人传播技术的高低和传播能力的大小,基本会与其经济状况的好坏、社会地位的高低成正比。

第二节　媒介:天地人一体与延伸

天地人同源同体,天地人共进共演。《周易·说卦》中写道:"是以立天之道,曰阴与阳;立地之道,曰柔与刚;立人之道,曰仁与义。兼三才而两之,故易六画而成卦。""天地人三才互动,三对两种因素互构,共同形成相互依存、相互作用、相互影响的生态、世态、心态复合有机系统。""天地交而万物通也,上下交而其志同也。"(《周易·泰》)"天地不交而万物不通也,上下不交而天下无邦也。"(《周易·否》)汉代董仲舒说:"天地人万物之本也。天生之,地养之,人成之……三者相为手足,合以成体,不可一无也。"(《春秋繁露·立元神第十九》)天地交合,万物通泰。天地不交,万物否闭。天地有"元亨利贞"之德,因而天地相交产生生命万物,并使生命万物通泰发展,自由生长。同样,人与人之间的交往,也应学习天地之"元亨利贞",上下相交,实现心志之同。"人非天地不生,天地非人不灵。"(何承天《达性论》)没有天地,人就不会产生;没有人,天地也不会充满灵气。天性养成人情,地性养育人性。魏源《默觚》认为:"天地人一源耳。天之所以为天,地之所以为地,人之所以为人,固同。"同样,天地化育人与媒介,而媒介也反映、再现和反化天地人,它们实为四者一体。人和媒介只有遵循和顺应天地之性和自然规律,才能顺势而为、与时俱进,不被时代的潮流所抛弃。

研究证明,媒介所在地的地理形势、空间格局、经济状况和人口统计数字,包括媒介的规模以及媒介与媒介之间的距离等,都影响着媒介的生存与发展。在世界范围内,大众传播媒介正在发生根本性的变化,城市媒介正在异军突起,突破和抢占社会媒介的势力范围;市民媒介、草根媒介、网络媒介也渗透进大众媒介的传统领地,并以产业联姻、媒介融合、传播平台等各种手段淡化传统边界、模糊行业界限,争取自己的发展空间。媒介数量的多少不仅受实际地理面积和区位的影响,而且受受众人数和经济状况的影响。大众媒介总是集中在人口稠密的大、中、小城市,除非战争时期,没有哪家媒介愿意搬到交通不便、人烟稀少的山区。就像美国的日报产业主要集中在东部和中部城市一样①,中国的媒介产业也主要集中在东部和中部城市。中国的媒介地理版图形势正好与中国的自然地理版图形势相反,前者是东高西低,后者是西高东低。这种媒介地理版图的形势说明,东部高速发展的经济、众多的优秀人才和众多的受众,客观上为媒介提供了丰富的资源。

媒介在城市的地理集中(geographical concentration)会产生巨大的能量。如果城市在一定区域内集群形成城市带,那将会在媒介生产和文化传播方面产生无比巨大的能量,从而对整个区域甚至于全国和全世界的文化建设起到促进作用。在今天,城市既是一个国家或地区的政治、经济中心,也"作为面对面基础上观念与信息的交流中心"②。特别是到了晚期资本主义时代,城市的变化更是同媒介的变化步调一致。城市被赋予的三种意义,即消费、金融业和具有象征意义的经济,也使媒介如虎添翼。在中国,对媒介实行的是相同的政策和管理制度,但在北京、上海、广东、江苏、浙江、天津等省(区、市),媒介的经济效益要远远高于边远地区。

"这种后工业时代的象征性经济,包括旅游、娱乐、文化、体育、传媒、时尚工业以及一系列融合在一起的支撑这些活动的服务……大都市里每个地方的地位很大程度上是由崇尚快乐原则的消费主义变体决定的,即满足和喜悦的流行的可能性。"它们合谋并联手"成为城市物质和社会生活的主要经济动力"。③ 那些人们熟知的沉淀了传统、历史与艺术的著名城市,拥有给人强烈印象与集体认同的著名建筑物,其空间形式已被网状结构的布局和富丽堂皇的现代建筑所替代,传统的地理空间因堆满了大众媒介的符号、影像、装潢与仿真而被设计进了一个"无地空间"(no-place space),失去了原有的文化意味和自我本真。因此,媒介既受制于地理特性,也影响着地理特性。

不同的地理环境养成性情不同的人。地理环境在很大程度上决定了当地的历史文化、社会经济发展水平,也决定了人们不同的地域性格和消费习

① 皮卡德,布罗迪.美国报纸产业[M].周黎明,译.北京:中国人民大学出版社,2004:15-18.
② 诺克斯,平奇.城市社会地理学导论[M].柴彦威,张景秋,等译.北京:商务印书馆,2005:44.
③ 荷兰根特城市研究小组.城市状态:当代大都市的空间、社区和本质[M].敬东,译.北京:中国水利水电出版社,2005:107.

惯。地理特征促使一个地区的居民形成独特的心理素质和性格特点。例如，山西是黄土文化的代表之一。山西远离海洋，靠近黄河，海洋的开放文化对山西人的影响微乎其微，山西人受黄土文化和中国传统思想影响很大，因此他们具有憨厚朴实、相对守旧的性格特点。广东则是海洋文化的代表地区。海洋文化是开放的文化。在靠近海洋的地区生活，广东人与其他国家和地区进行海上航行交流的机会很多，受外来文化的影响也多。这样广东人就形成了易于包容和接受外来文化、新鲜事物的心理特征。山东的地理位置比较特殊，它受到海洋文化和黄河文化的双重影响；同时它处于南方和北方的过渡地带，所以山东人具有南方人和北方人的双重性格特点，一方面精明能干，另一方面豪爽冲动。[①] 可见，地理环境确实在很大程度上影响了当地人的性格。

2005 年，时任星空传媒集团香港部门主管安杰拉·弗鲁奥（Anjelica Ferruzzo）在以上海和广州年轻人为对象的调查中，发现不同城市的人们对商品的喜好有很大差异。他说，上海的年轻人非常喜欢功能先进的电子产品，而广州的年轻人则"酷得很实际"。麦肯锡公司曾在 2005 年对中国 30 个城市的 6000 户家庭进行调查，发现不仅不同城市中的不同人群喜好不同，而且不同城市购买力的分布非常不均。"中国的高消费者基本上生活在所谓的一级城市。""就现在而言，事实证明外国品牌不太容易打入中国的小城市。"可见，不论是物质产品还是精神产品的生产者和传播者，"要想在中国取得成功，必须考虑各方面广泛存在的中国各地区之间的差异，包括语言、性情、收入、文化、气候、饮食、人口统计数据和历史"。[②]

第三节　媒介地理学的学术追求

媒介地理学的研究视野引导我们关注一个曾被长期忽视的学术领域和审视窗口，有助于我们质疑科学和叙事等正统再现模式，打破其僵硬的权威与单一的论证方式，通过崭新的阅读与书写模型来校正不断偏移和分歧日深的学术架构。媒介地理学告诉我们，地理有其不可否认的影响因素和能量释放；原本分明的边界那一边也并非都是具有敌意或不可交流的狭隘的族群；疆界、边陲不再只是荒凉、偏远和距离，无远弗届的交流和对话使界线变得可

① 王国荣. 地域如何影响人的性格[N]. 北京科技报，2005-03-02(B02).
② 拉居. 中国地区差异之大让外商挠头[N]. 参考消息，2006-01-22(8).

以忽略不计;信息社会中的媒介已被置于社会的核心,成了社会的神经和大脑,显示了社会是如何在地理层面上建构起来的。

但是,过分夸大媒介地理的作用,过分亲近狭小地理空间的做法,并不是对媒介地理学本意的准确解读,也不是其应有之义。它虽然有可能表现以地方为基础的市民文化,但在收获芝麻的同时却可能丢掉西瓜,与主流媒介日益脱节,最终将面临被广大受众抛弃的局面。

媒介地理学研究不应该从它的历史、文化、地理和经济矩阵中分离出来。同时,不管学者们最终关注的焦点是什么,对于媒介地理学的研究都需要唯物辩证、整体互动观念和交叉学科方法。对此,我们必须有清醒的认识和正确的理解,要有正确的学术坚守和明确的学术追求。

第一,媒介地理学要坚持以人类、媒介与社会、地理之间的互动关系为研究对象,以人文主义为向导。人文主义的社会价值取向倾向于对人的个性的关怀,注重强调维护人性尊严,提倡宽容,反对暴力,主张自由平等和自我价值体现。这既有别于以往的人地关系研究的定位,也不同于正在发展的人和社会关系的研究转向;既不是曾经有过的环境决定的导向,也不是仍然居于主流的科学主义的导向。这是依据唯物辩证和整体互动的观念提出来的一种全新的学术理念和研究构架,也是应对当前媒介的城市集聚现象和出现的各种社会问题、城市问题时所必须采取的研究策略。

当然,我们并不同意个别西方学者提出的将媒介变成"圆形监狱"(panopticon)中"看守人"的观点。圆形监狱是由英国哲学家杰里米·边沁(Jeremy Bentham)于1785年提出的。按照边沁的设计,圆形监狱由一个中央塔楼和四周环形的囚室组成,环形监狱的中心,是一个瞭望塔,所有囚室对着中央监视塔,每一个囚室有一前一后两扇窗户,一扇朝着中央塔楼,一扇背对着中央塔楼,作为通光之用。这样的设计使得处在中央塔楼的监视者可以便利地观察到囚室里罪犯的一举一动,对犯人了如指掌。同时,监视塔有百叶窗,囚徒不知是否被监视以及何时被监视,因此囚徒不敢轻举妄动,感觉到自己始终处在被监视的状态,时时刻刻迫使自己循规蹈矩。媒介在传播中的主要功能应该锁定在雷达功能、控制功能、教育功能、娱乐功能等几个方面,而不是将社会大众当作囚犯一样对其日夜看守。

第二,中国学者和媒介必须将地理因素置于某种特殊位置,明确其在信息社会和媒介时代的特殊角色,使其成为媒介经济中不可或缺的因素。地理环境既存放、呵护着媒介,又影响、制约着媒介。要知道,人的物质生活和精神生活都依存于自然界,人与自然物质变换的持续进行,是人类得以生存和发展的必要条件。人与自然的关系受制于人与人的关系,解决人与自然的矛盾,协调二者的发展关系,需要调整和变革人们的社会关系。

正是在这些方面,媒介地理学完全可以通过一系列研究方法(主要有数量方法、行为方法、结构主义方法和后结构主义方法等),对城市媒介的形成和当下的地理分布及其发展走向做出合理的解释和科学的预测,对媒介在城市中的运营机制与成长模式做出客观的描述和深入的分析,对媒介在美化地理、塑造城市、引导社会以及它同各种因素有机互动、良性循环等方面提出可操作性建议和意见。它还要努力消除那种导致人或媒介只关心自己行为的制度因素,构建一种兼顾人与人、人与媒介、媒介与媒介以及当代人与后代人利益的体系。

第三,要在媒介地理学的层面上和中国视野的战略高度界定和论述本地社会、本地文化和本地媒介,确保在认同地域文化的同时也认同中华文化,在坚守本地媒介特色的同时也尊重和吸纳外地媒介甚至全球媒介的特色和优点,在坚持中国视野的同时也具有亚洲视野和全球视野。

"和而不同"的思想原则,不仅信息传播和媒介运营要坚守,传播学者也要牢记。孔子说,"君子'和而不同',小人'同而不和'","不同"是作为做人的根本原则而提出的。春秋时期,齐国的大臣晏婴曾举烹饪和奏乐为例,论述"和"与"同"的问题。他说,比如做汤,要有鱼、肉,还要有酱油、醋、盐等,按一定分量配合,用一定量的水和一定的火候加以烹制,才能做出美味的汤。又如奏乐,有多种乐器的组合搭配,再有声音的高低强弱、节奏的快慢缓急的配合协调,才能有美妙的音乐。相反,"若以水济水,谁能食之?若琴瑟之专一,谁能听之?"(《左传·昭公·昭公二十年》)只是不断向锅里加水,而没有别的,那就永远只是水;如果只是一种乐器,一个音调,那就只能是噪音,不能成为音乐。这个例子说明,宇宙万物存在于"和"的状态中,而"不同"却是事物组成和发展的最根本条件。

第四,我国的媒体一定要明确社会责任,坚守社会道义。在当前的市场经济条件下,大众媒体采取商业化运作模式以求得自身发展,一定程度上有利于传媒行业的良性循环。媒体为了迎合公众的消费需求,在经济利益的驱动下,传播的内容越来越具有浅薄化、刺激化、煽情化的倾向,媒介中盛行娱乐主义、消费主义。但是,大众传播媒介必须牢记自己的性质,承担一定的社会责任和义务。

第五,大众传播媒介还要避免地方主义和部落主义,避免地域歧视和族群歧视,力争成为经济发展与社会进步的有活力的推进器。语言是人类最古老的纪念碑,涉及地理、历史、文化和传统,更关系到民族和国家的认同、形象和尊严。汉语是中华民族的黏合剂,是祖国统一的混凝土,也是中华文化版图的象征。大众媒介一定要处理好国家与国家、国家与地方、地方与地方之间由于地理因素而产生的各种复杂的互动关系,千万不要看不起外地文化、异族文化,更不要用地域文化去拒绝中华文化,用中华文化去抵抗外国文化,唯我独大、唯我独尊的做法最终将使中华民族文化失去生机与活力。这是我们每一个人都不愿意看到的。

　　总之,我们在承认进行媒介地理学研究的正当性、合理性和科学性的同时,还必须坚持用唯物辩证法和科学发展观来分析和研究理论上和实践中遇到的各种错综复杂的问题和现象,将国家和人民的利益放在首位。

第四章

空间：媒介传播环境中的材料与景观

传播与媒介研究长期忽视空间的概念,媒介地理学的出现无疑把空间研究提升到了一个重要位置。当下媒介地理学所关注的空间,在邻里、城市、区域、国家等所有媒介尺度上,都不是简单的观念,而是各种现象的综合体;也不只是自然的、地理的一般性存在,还是社会的和媒介的复杂性建构。空间(space)是地理学的基本材料,对于媒介地理学而言,空间是媒介传播环境中的材料和景观。在媒介社会中,媒介已被置于社会的核心,成为社会的神经和大脑,它显示了社会在媒介地理层面上建构起来的过程。总之,地理是广义上的概念,包括纯粹的物理空间,如实用空间、自然空间,也涵盖与社会文化因素交织的社会空间,如情境空间、文化空间。[①]

较早对空间予以关注的是哲学家康德,他指出,地理学和历史学填充了我们的四周:地理学所讲的是空间,历史学所讲的是时间。[②] 但是,正如 C. D. 布劳德(C. D. Broad)所言:"欲将自然科学上所习用的空间、时间、物质,当作彼此独立的东西来讨论,是根本不可能的事;因为我们知道,它们本性上是紧密地打成一片的。"[③]由"时空平衡"发展到"偏向空间",是 20 世纪后半叶最为引人注目的地理学研究的动态之一。人们对于历史和时间、社会关系和结构的关注,转移到了空间上来。从城市建筑、设计和构造,到城市外观和色彩,都受到了空间理念的影响。文化研究、媒介传播与地理学的相互渗透与交叉,使得人们的城市空间体验从稳定静态向多元流动的特征转变。人类空间的形成不仅受到自然与外界的硬环境的影响,还受到地位阶层、种族文化、风俗习惯等社会因素的影响,从而产生不同的聚集空间。

① 邵培仁,林群. 时间、空间、社会化——传播情感地理学研究的三个维度[J]. 中国传媒报告,2011 (1):17-29.
② 转引自:哈维. 地理学中的解释[M]. 高泳源,刘立华,蔡运龙,译. 北京:商务印书馆,1996:89.
③ 布劳德.时间空间与运动[M]. 秦仲实,译. 上海:商务印书馆,1935:1.

第一节 空间作为语境假定物

空间不仅是自然的、地理的,还是社会的、心理的。正如格奥尔格·西美尔(Georg Simmel)所言,几乎所有人都有一种空间感,表现为彼此之间的地理距离或者心理距离。人们之间的相互作用,会被认为是空间的填充。[①] 空间是多义的,它不是一个简单的观念,而是种种政治现象、经济现象、文化现象、媒介现象和心理现象的综合。空间是有形的,却在人们的体验、传播、重构中不断发生变形,甚至城市空间也不断被拆离与重组,这都与外界条件、人们的生活和社会关系以及人自身的变化密切相关。

一、空间是物质的也是意识的

爱德华·W.苏贾(Edward W. Soja)指出:空间是一种语境假定物。从唯物主义的视野来看,一般意义上的空间都表示了物质的客观形式。[②] 无论是哲学的、理论的,抑或是经验的空间分析,都无法避免以物质的形态来描述空间的样貌。这种物质的空间观在许多方面影响了人们对空间的判断。比如,当人们用"社会的""政治的"或"经济的"等词时,往往会与人类行为的意义相联系,但"空间的"这一术语,则会唤起一种物质的或几何的意象。因此,苏贾认为,空间在其本身也许是原本就有的,但空间的组织和意义却是社会变化、社会转型和社会经验的产物。[③]

从艾萨克·牛顿(Isaac Newton)的空间观来看,他所代表的古典空间理论认为,空间就像容器(container)。与时间一样,空间是一种物理事实,不受人们感知方式的影响,其结构也是固定不变的。这种固定结构给每一个事物一个特定的地点,这就赋予了万事万物固定不变的空间特性。古典的空间和时间一起构成了事物活动的背景。牛顿于1867年在其出版的《自然哲学的数学原理》(*Mathematical Principles of Natural Philosophy*)中指出:绝对的

---

① 西美尔.社会学——关于社会化形式的研究[M].林荣远,译.北京:华夏出版社,2002:461.
② 苏贾.后现代地理学——重申批判社会理论中的空间[M].王文斌,译.北京:商务印书馆,2004:120-121.
③ 苏贾.后现代地理学——重申批判社会理论中的空间[M].王文斌,译.北京:商务印书馆,2004:121.

空间,其自身本性与一切外在事物无关,它处处均匀,永不迁移。① 他将空间作为事物运动的一种绝对的不变参照系。牛顿的绝对空间理论在很长时间里占据了主导地位,影响了人们看待世界的视角以及认知结果。后来,阿尔伯特·爱因斯坦(Albert Einstein)提出的相对论则打破了人们将空间作为静止的背景这一看法。空间并非均衡的、连续的,因为事物之间的关系是多种多样的,而这些关系的连接方式也并没有固定的形态。事物在相互关系中,组成了各异的空间格局。牛顿的绝对时空观念在此遭到了否定。

就"空间"术语的距离层面而言,人类学家爱德华·霍尔(Edward Hall)将其分为亲密空间、个人空间、社交空间和公共空间四种形态。他认为,亲密空间是指知己之间进行私人交谈的距离(0.5 米左右);个人空间是指个人对空间和距离的不同使用,其个人距离(0.5 米到 1.2 米左右的区域)主要适用于家人和朋友的交流;社交空间是同事之间对空间和距离的不同使用和认知,这种距离(1.2 米到 3.7 米左右的区域)一般用于比较正式的交谈;公共空间是公众人物与会话者之间对空间和距离的使用和认知,其公共距离(大于 3.7 米的区域)大多用于非常正式的讨论,比如上课和演讲。②

按照地理学的描述,空间是一种物质的固定形态,同时也是各种地理景观的投射。空间往往由于对空白的填充而具有不同的形态。例如,城市的"中心区域",可能是在特定的经济理性作用下形成的,而当这种环境条件不存在的时候,人们就必须用另外的方式来观察既有的空间。因此,空间的意义随时会发生变化,会受到人们的经验、外在条件等的影响。

二、空间关系学

人们都生活在无形的空间范围圈内,从而构成了他们各自的领地。每个人的领地大小不一,一般而言,较大的空间与领地给人开阔、舒适、安全的情感体验;相反,人们则会感觉紧张、局促、不安。③ 对于个人空间使用的研究,学界称其为"空间关系学"(proxemics)。"空间关系学研究人们在交谈中如何

---

① 转引自:关洪. 空间——从相对论到 M 理论的历史[M]. 北京:清华大学出版社,2004:7-8.
② 霍尔. 无声的语言[M]. 刘建荣,译. 上海:上海人民出版社,1991.
③ 邵培仁,林群. 时间、空间、社会化——传播情感地理学研究的三个维度[J]. 中国传媒报告,2011(1):17-29.

使用空间以及对他人空间使用的感知。"①我们知道,每一个人都生活在一个无形的空间范围圈内,这个范围圈构成了其领地。每个人的领地大小是由诸多因素决定的。首先,它是依据每个人所属的文化来确定的。"语言随文化的不同而不同;同样道理,非言语行为也随文化的不同而不同。"②拉丁美洲人、阿拉伯人和日本人谈话时喜欢靠得很近,而英国人和澳大利亚人则喜欢有一个宽敞的空间。因此,不可用此文化中的距离感去评价彼文化中的传播情境,否则易造成错误的传播。其次,空间大小还与每个人的个性有关。大多数脾气暴躁、不太友善的人往往占有较大的空间。再次,空间的大小和距离的远近与传播情境也有密切的关系。③ 大量研究还表明,人们和他们所喜欢的人交谈要比和他们不喜欢的人交谈靠得近,朋友要比点头之交靠得近,熟人要比陌生人靠得近,性格内向者要比性格外向者保持稍大的距离。在交谈时,两个女人要比两个男人靠得近。

我们每个人都应尊重别人的领域或空间,但现实生活中总有人以"并非有意""表示亲近""侵入"和"污染"等形式侵犯他人的领域。至于"侵犯"的原因,有的是表示亲密,有的是求爱,有的是怀有敌意,有的是准备"占有",被侵犯者若不能接纳,就可能做出撤离、隔离或者反击的举动。所以,"侵犯"他人的领域或空间,若不受欢迎,必然既影响互动行为,亦影响交流效果。④

三、空间话语是变化和流动的

因为空间本身的属性具有多样性,所以当我们论及空间时,往往会有不同的视角和话语内容。需要注意的是,空间并不是一个孤立的存在,而是与多种环境和因素相连的,并在不同条件下表现出不同的特征。如果我们将空间视为固定的、可以量化的、绝对的实体,而一味将其形式化,则无法还原空间的多样性和变化性,以及世界的本真意义。空间不是封闭的,而是通融的和开放的境地。地理边界的渗透、损坏和拆分,不仅会引起空间以及场景的改变,还会使语境、意义和情感产生变化。

在媒介地理学中,我们应当注重媒介居所在城市空间格局内的位置和坐

① 韦斯特,特纳.传播理论导引:分析与应用[M]. 2版. 刘海龙,译.北京:中国人民大学出版社,2007:151.
② 李特约翰.人类传播理论[M]. 7版. 史安斌,译.北京:清华大学出版社,2004:84.
③ 霍尔.无声的语言[M].刘建荣,译.上海:上海人民出版社,1991:194-199.
④ 邵培仁.传播学导论[M].杭州:浙江大学出版社,1997:221.

标,从空间的概念、符号以及意义等方面出发,将媒介流动的本质呈现出来。同时,还需考虑媒体人在整个城市人群中以及城市的环境中所起的作用,以及媒体人的活动、媒介环境、城市空间等因素对于媒介文化的定位和生态空间的形成所具有的重要意义。

如何通过媒介描述、审视地理空间,如何突破和超越地理空间,在现今新型的传媒技术时代如何进行地理空间的划分与重建,这些都是社会文化领域内的重要问题。除了环境为人们提供的现实印象之外,在头脑中形成的关于空间的种种思考和观念也将影响人们对空间的解读。以城市空间为例,芝加哥学派创始人之一欧内斯特·伯吉斯(Ernest Burgess)便注意到城市的不同功能区域的划分,并于 1925 年从人文生态学角度提出了同心环模式(concentric ring model)。他认为,城市中心是商业汇聚地,城市中心及其辐射圈可以被看成由若干同心圆环所组成的物质空间,每一个圆环又被分成若干区域。在不同的空间区域内存在着不同功能的融合和交替,而不同空间与地点又会组成不同的画面与景观。人们的城市感知,则取决于感觉中的元素和与其相关的时间、空间组合。①

20 世纪 80 年代,受到社会政治、经济和文化的影响,地理学的研究出现了"文化转向"。阶级、种族、性别、民族、信仰等方面的差异逐渐受到了地理学的重视,现代主义、女性主义、社会身份等则丰富了地理学的研究对象。社会权力、人际层次等,都影响着城市空间以及景观意义的形成。既有的空间秩序被发现,又再次被颠覆。所谓"中心"与"边缘"的界定,会随时因为经济格局的变动、传播手段的发展以及社会集群的重组等而不断地发生变化。流动性与差异性,成为媒介地理学中不可忽视的特质。文化背景、社会差别、文本与话语、景观的隐喻与阐释等,加上媒介的中间作用,使得城市空间的组成更为纷繁复杂。媒介的飞速发展正逐渐模糊国界、族界乃至地理空间的边界。因此,媒介的发展正在改变传统意义上的地理,并为我们建构着一个全新的地理空间。② 作为地理学的基本构成要素,空间话语和秩序的建立,总是一个变动的过程,从而需要我们用动态的视角去进行空间的解读与思考。

① Park, R., Burgess, E. W. & McKenzie, R, D. *The City*[M]. Chicago: University of Chicago Press, 1925.
② 邵培仁,潘祥辉. 论媒介地理学的发展历程与学科建构[J]. 徐州师范大学学报(哲学社会科学版),2006(1):131-136.

第二节 不同空间的特点与景观

空间是有具体数量规定的认识对象,是有长、宽、高三维规定的空间体,是物质世界的具体存在和表现形式,也是存在于具体事物和社会活动之中的相对抽象的事物或元实体。英国人文地理学家多琳·梅西(Doreen Massey)曾经以地质学为隐喻来分析历史和空间。她认为,如果历史学是时间之学,那么地理学就是空间之学,而她在地理学里头做的"空间"不是代表"外太空",或是"原子空间"(atomic space);这里的"空间",指的是人们生活于这个世界的一个面向。当代人文地理学一般将空间分为四个不同层次:第一空间、第二空间、第三空间和第四空间。空间的四个层次彼此不同,却又有着密切的联系。至于空间向度,一方面可将其视为具体的物质形式,是可以被标记、被观测、被解释的;另一方面,它又是精神层面的建构,是对社会、生活和文化等意义的阐释,往往具有观念形态的特征。而这些物质的或经验的空间,都有着各自的外在表现与特征。分别了解这些不同形式的空间,将有助于我们深入掌握城市空间的结构,进而掌握其在各种环境和视野中呈现的不同特点和景观。

(一)第一空间:可感知的有形世界

法国哲学家亨利·列斐伏尔(Henri Lefebvre)在其著作《空间的生产》(*The Production of Space*)中对这种物质空间进行了详细的描述。[①]列斐伏尔对空间的关注,其视角是广泛的,探寻的深度也是前人所不能比拟的。他将历史性、社会性和空间性置于对社会空间的观察与分析当中。空间不仅是物质的存在,还是形式的存在,是社会关系的容器。空间具有物质属性,但它绝不是与人类社会实践不相关的孤立存在,因为空间还具有精神属性,包括国家、社会以及日常生活,还有经济、政治等意义。但是,这些属于精神层面的空间形态和社会意义,并不能取代其作为地域空间的物质性。它的认知对象便是那些可以采用实验和观察等手段直接进行把握的空间形态。缘于物质的地理环境而建造起来的空间系统都属于这个范畴。城市,作为其中重要的组成部分,更是可以通过具体的指标来进行衡量的。

毫无疑问,第一空间偏重于物质性和客观性。自然与人的关系、环境地

---

① Lefebvre, H. *The Production of Space*[M]. London: Wiley-Blackwell, 1992.

理学等,都是在第一空间中呈现的物质内容。如果将其当作经验文本,则通常在两个层面上进行解读:一是通过外在的感知对空间进行具体而准确的描绘;二是从社会和心理角度进行分析,以阐释更为复杂的内部空间。例如,对于城市,一方面可以从街道、建筑、道路等外部形态去进行规划,另一方面则需要探究其城市人群所形成的复杂关系。

第一空间是可以被划分为不同的物质区域来进行识别的。即便是以文化为核心而结成的空间系统,也能够通过民族以及地理景观的差异而呈现出具有差别的外部形态。文化的多样性被随意地添加到了地理的差异之中。实际上,环境和自然并不是绝对的孤立因素,而是整个文化系统的组成部分。空间中的各个部分都是一个整体,由于各部分的相互作用才形成了发展的推动因素。不可否认,物质的手段可以对第一空间中的某些环节进行客观和准确的测量,比如空间的范围及环境构成。但人的存在使得这类空间显得并不单纯,而且不可避免地带上了文化的印记。所以,对于空间的认识,就必须突破纯粹理性和机械的测量手段,从而注重文化的影响,并使用多角度的评价与解读。

(二)第二空间:变动不居的意象世界

相对于真实的、有形的第一空间,第二空间的认知则是对第一空间所塑造的客观性质的反动。简单说来,就是用艺术对抗科学,用精神对抗物质,用主体对抗客体。① 可感知的、客观的空间要素在第二空间中已经不再重要,话语的构建则成为第二空间形成的关键。想象地理学中的观念被投射到经验和主观的世界。对于第二空间的阐释便带有了更多反思性的、个人化的特征。而哲学、艺术以及部分的文学领域正是以这种第二空间为主要表现对象的意象与构想的世界,包含了无尽的想象空间,同时也为媒介提供了可以表现的文本。

第二空间的本质被认为是相对的、抽象的,不容易被客观的测量手段所把握。而且,其中不可避免的主观性也是引发争议的原因所在。由于意象世界在现实空间中无法找到直接的对应物,因此对其所进行的描述往往被认为是建立在想象的基础之上的,但这些根据想象而建构的空间也是一种现实的可能状态。正是因为它所展示的仅仅是可能性,无须用现实的手段去衡量和触摸,于是它给人们开拓了无比广阔的景象。比如,对于心理状态的展示,文

① 陆扬. 空间理论和文学空间[J]. 外国文学研究,2004(4):31-37.

学作品中的意识流创作手法,将那些在现实中无法触及的纯粹精神状态的内容用文字等媒介加以展现。而艺术创作中的音乐则更是能够凭借音符的交错来创造各种流动的景观与意象。

乌托邦作为第二空间的极佳例子,呈现的便是这样一个想象的世界。它是人类对于遥不可及的理想状态的一种构想和描绘,也是第二空间中最完美的极致形态。虽然并非仅仅出于对空间的空幻搬弄,但它至少并不真实在场,也就是说人们对于乌托邦的构想,或许是建立在现实的基础之上,但是它毕竟在现实生活中没有一个实实在在的场所。它无法占据真实的空间,却又不断地引发人们的遐想和追求。所以,在文学、哲学等领域,人们都对乌托邦这个想象中的世界无限神往,大众媒介也给予了充分描述和大肆渲染。无论人类距离这个假想的空间有多遥远,借助于媒介,这个假想的空间总有着强大的吸引力,让人们站在自己的立场,或者是批判,或者是执着于维护这个虚无的假想空间。米歇尔·德塞都(Michel de Certeau)认为,当今的城市实际上就是中世纪甚至更早时期人们对城市未来的想象,虚构的城市图景变成了现实。① 迪士尼乐园、恐龙谷则是当代动漫作品中乌托邦的实体呈现。因此,即使在现代社会,乌托邦仍然具有勃勃的生机,正如奥斯卡·王尔德(Oscar Wilde)所说:"一张没有乌托邦的世界地图,是让人不屑一顾的。"(A map of the world that does not include Utopia is not worth even glancing at.)②

现代传媒技术的发达,使得第二空间能以更加多姿多彩的景象呈现出来,原先存在于文字和图画中的乌托邦,可以借助更多的媒体手段让人们有更直观的体会。于是,在当今的地形图中,诉诸观念和想象的第二空间也有了多样的物质承载方式。尤其是在影视作品里,我们可以直观地体验到那些原本存在于幻想中的世界。随着这些承载方式的变换与随意的组合,空间的意义也不断得到拓展。当然,对于第二空间这一依赖于想象和观念而存在的形态,人们总是希望能够寻找到真实的和物质的表征,所以,第一空间与第二空间之间的界限并非一目了然。它们之间边界的模糊性成为人们津津乐道的话题。不同于物质空间的精神世界由于其意义的无限与变幻不定而具有吸引力,人们对第二空间的解释往往又希望借助于物质的表征形式加以具象和定型,这便使得两种空间的交叉在所难免。

---

① 德塞都. 走在城市里[M]//罗钢,刘象愚. 文化研究读本. 北京:中国社会科学出版社,2000:319.
② Wilde,O. *The Soul of Man Under Socialism*[M]. London:Porcupine Press,1948.

(三)第三空间:物质与经验的交错地带

"第三空间"的概念是由苏贾提出的。在《第三空间:去往洛杉矶和其他真实与想象地方的旅程》(*Third Space*:*Journeys to Los Angeles and Other*)一书中,他阐释了自己对第三空间的理解。他认为,空间不仅是可以被标示、被测量的物质存在,同时还具有精神属性。之所以用第三空间的概念,是为了重新给第一空间和第二空间估价,并将物质和精神的维度都包括在内,又超越了前两种空间而呈现出开放的视角,开启一种新的空间思考模式。

第三空间是对前两者的解构与重构,其重新注入的一种空间可能性已经打破了人们的固有认知。它并不仅仅意味着否定与批判,更重要的是,在质疑的同时,它也重构了空间的意义。主体与客体、真实与想象、可知与不可知、抽象与具象等都交织在第三空间中。第三空间可谓包罗万象,其本身与我们观察第三空间的视角和立场,都具有充分的开放性。而且,任何关于空间的投射或者叙述,都经过了中间环节或者媒介的作用,这使得媒介在第三空间中尤为重要。因此,在讨论空间的过程中,媒介的特质及其自身形成的空间也成为第三空间的重要组成部分。基于语言、文字、图像或者声音的媒介表现样式,可以构筑起彼此不同的空间文本。每一种不同的媒介,都能确立各异的观照世界的方式,都拥有各自的独特视域和解读群体,并勾勒出令人信服的地理图景。城市中的文化、性别、政治、种族、权力等,经过媒介的渗透和作用,能让人们获得各种各样的空间体验。随着大众传播媒介的强力扩张,新闻事件的画面变得与事件本身同样重要,甚至更加重要,印证了"传播即存在"的真理。当今我们生活的世界中,到处充斥着屏幕,它不仅深入家庭,而且遍及商场、机场、公交站台、电梯、广场、写字楼等公共场所,手机、移动视听器等更是侵入了极为私密的生活空间。这些屏幕连续不断地生产出各异的地理图像,从而改变了我们对图像空间的想法。媒介构筑的第三空间环绕在我们周围,必然争相分散我们的注意力。沃尔特·本杰明(Walter Benjamin)和西美尔指出,图像无休止地倾泻,使人们形成了一副精神甲壳,以免遭到这种持续的轰炸。一种正在城市中出现的甲壳,作为新的和被研究的社会风尚(如犬儒主义和厌倦享乐的态度),建造了某种程序化的注意力。①

---

① 转引自:霍洛韦,赖斯,瓦伦丁.当代地理学要义——概念、思维与方法[M].黄润华,孙颖,译.北京:商务印书馆,2008:82.

然而,网络、移动电视、手机等媒介的发展为新的图像移动提供了机会,在一定程度上削弱了这种社会风尚。

用以反映城市的媒介本身也呈现出一种空间状态。它有着自身的叙述方式和存在规则。作为物质与精神兼具的第三空间,在其表现的文本中,媒介作为载体也具有文化意义。即使是在同一时间呈现,只要通过媒介的记述,便有了先后的次序,以及上下左右的位置。无论是用语言,还是用视觉符号,都无一例外地按照固有的程式对空间进行描述和再现。当然,任何一种媒介都无法精确反映开放性的第三空间,因为媒介不能置身物外,完全以客观的姿态去再现空间的真实样貌,其本身的意识不可避免地会投射到其所反映的对象上。

其实,对于第三空间的理论和认知的坚守,就在于其彻底的开放性。这个蕴含了无尽想象的空间,任何希望将其用具体的文本进行阐释的努力,都会让你失望。空间是物质与精神的交错地带,作为表现工具的媒介也无法摆脱其主观的叙述。人们能够运用不同媒介手段进行思考和交谈,这个过程本身就会建立起不同的心理空间,无形中能制造更为广阔的想象余地。所以,对于空间的描述,不存在全知的视角和表现方式,再精心的观测都无法获得全景式的体验,任何媒介在展现空间景观的同时,都将成为空间的一部分。

(四)第四空间:地方的空间

所谓地方的空间,可以理解为借助某种过程,空间被处理为表露感情潜力和其他具体潜力的方式。从人本主义的观点来看,地方在某种程度上比空间更加"真实",人们可以确定某些地方比其他地方更"人性化"。对地方进行研究的学者大都认同,地方是由一些事物的特殊韵律组成的,这些韵律证实并接纳了某些空间的存在。在日常生活中,人们可以利用说话、手势、语气及其他非语言符号开发他们已经控制的一些相互作用的小片地区,这一过程可被称为"地方的空间意识"。地方不仅提供各种各样的资源,而且还提供记忆与行为的暗示。在某种意义上,地方就是相互作用的一部分。

同时,地方涉及具体化问题。当我们想起某个地方时,想起的不仅是我们所能看到的情景,还包括触觉、味觉、嗅觉等各种感觉所形成的混合物,但我们很难设想身体可感知范围以外的地方。如果将身体视为一个复杂的存在,那么它与其他事物相互碰撞并演化出可分割的"地方观点",就是爱与恨、同情与厌恶、嫉妒与绝望、希望与失望等感情结合在一起的混合物。在产生情感的过程中,地方是一个至关重要的因素,因为它可以通过改变所造成的情感联系而改变碰撞的姿态。例如,某些地方能够以某种方式使我们恢复知觉,而另一些地方则恰恰相反。正是因为地方的这种表现力,近年来城市旅游越来越重视室外文艺表演(如印象西湖、印象丽江),而通过表演可以加深对地方的理解与记忆,进而创建新的地方。

第三节　空间感的转变与解读

在日常生活中,人们的直接生存体验,是通过空间感和对场景不同程度的参与来实现的。空间感是人对物体进行空间定位和距离测量的过程,而这些过程从来都是不确定的,它们依赖于感知者的状况。同时,对空间的解读,往往取决于观察和描述的方式。^① 城市空间中的区域划分,让人们能够辨别和使用不同的交流手段。城市中的空间多种多样,并与不同的路径交织,形成一个个地点的集合。媒介的介入,尤其是电子媒介的作用,使得人类的空间感由实境转向虚境,由亲身体验转向媒介体验。所以,媒介技术在成为社会发展的重要因素之外,也影响着人们对时间、空间的建构与认知。许多研究者关注这些新媒介所统治的世界,例如,让·鲍德里亚(Jean Baudrillard)认为,意义是由诸如电视节目中的意象流(flow of images)所创造的。世界的大部分变成了一种虚构的领域。在这个世界中,我们是对媒体形象而不是真实的人或地点做出反应。^②

一、地球村的空间隐喻——麦克卢汉的空间观

在麦克卢汉之前,加拿大学者哈罗德·英尼斯(Harold Innis)关注媒介技术的时间或空间偏倚。而麦克卢汉对空间的研究,则继承了英尼斯的思考。电子媒介作用下的地理空间被麦克卢汉比作“地球村”。作为一种地理上的描述,“地球村”一词极为形象地展示出电子媒介所建构的空间状态,这同时也是麦克卢汉对媒介影响的空间想象。距离正失去意义。两个城市间的空间距离会因交通发达节省时间而“缩短”,出现空间的“时空压缩”和“时空收敛”,从而再度回到村落的地理格局。在物质的地理空间之中,出于距离的远近、自然条件的限制等原因,地理上的差异围绕着时间和空间而呈现出多样

---

① 卡瓦拉罗.文化理论关键词[M].张卫东,张生,赵顺宏,译.南京:江苏人民出版社,2006:177.
② 吉登斯.社会学[M].4版.赵旭东,齐心,王兵,等译.北京:北京大学出版社,2003:640.

的状态。在游弋不定的洪荒时代,人们通过徒步迁徙跨越地域的边界,对周围世界的感知往往凭借亲身体验和实地考察,从而获得直观的空间认知,对这个时候的人而言,直觉与观感决定了其对外界的理解程度。

在麦克卢汉看来,媒介改变了人们的感知方式。虽然"媒介即讯息"的论调已经不再新鲜,但在地理学的领域被再次强调,仍然具有重要的意义。作为人的延伸的各种媒介,使得人的触角伸向了更为广阔的外部世界。眼睛不能看见、耳朵不能听见和手不能触碰的地方,都借由各种各样的媒介得以展现。在电子媒介出现之后,信息瞬间便传播到千里之外,事件的发生与传播已共时化和同步化。新的媒介样式促使"地球村"的形成,全球时空已经缩小,人类再次成为共处同一社区的"村民"。原先依赖于地域差异和文化差异而建立起来的一个个地理空间,变得不再边界分明。地球村,正是对于当前媒介与社会交织所构成的传播格局的生动再现。一个大型的村落,最大限度地将个人空间与社会空间、乡村与城市、民族与国家的间隔清除,突破了现实的物质条件限制,经由电子媒介的触角,建构起经脉复杂的庞大空间。时空的差别被新媒介的意义所掩盖,人通过技术变迁而获得感官的延伸,在地球村的广阔空间中重新审视外部世界,并影响到真实世界、虚拟现实和赛博空间的感知与认识的深度和广度。

二、消失的地域:梅罗维茨的空间观

约书亚·梅罗维茨(Joshua Meyrowitz)认为,媒介对于空间的作用能够改变人的行为表现和角色扮演。电子媒介绕过以前传播的种种限制,传播变量中的空间、时间和物理障碍,变得日益重要,并且越来越多地介入了空间结构所划分的场景。[①] 在以往的人际交流中,行为的发生地与进行交流的空间往往是重合或者相同的,电子媒介则打破了物质的空间和社会场景之间的固有关系。新的空间被电子媒介所创造,新的交流方式也随之形成,归属感和隔离感不断地形成与消除。

电子媒介影响下的场景与空间格局的变化,同样是一种基于地理状态的设想。传统的地域边界被电子媒介无情地打破,原先需要遵守的情景规则被颠覆,其造成的结果可能是人们获得了前所未有的广阔交流空间,但也可能

---

① 梅罗维茨.消失的地域:电子媒介对社会行为的影响[M].肖志军,译.北京:清华大学出版社,2002:7.

是在新的传播环境之下无法准确找到自身的位置。"消失的地域"这一描述指的是,在电子媒介的作用下地域差异和社会意义会逐渐消失,但新的意义也会逐渐形成。

从 E. 戈夫曼(E. Goffman)的媒介情境论中,梅罗维茨得到启发,并在电子媒介环境之下做了更深入、细致的分析。在前台、后台以及中台等行为空间中,信息系统往往被分隔,社会行为也在各自的情形中有着固定的模式,遵循着既有的规范。正是后台与前台空间的划分,才构成了种种的社会身份差异以及社会行为的层次。但电子媒介出现之后,面对面交流所依赖的地域场景突然消失,原有的空间隔离不复存在,于是习惯发生改变,角色扮演的界限也逐渐模糊。梅罗维茨最为关注的电子媒介是电视,电视将社会场景重新组合,形成了电子场景。公共空间的融合、后台空间的暴露等,都是电子媒介所带来的影响。电视是促成这些变化的最为有效的一种媒介。空间感的消失所带来的变化,可以表现在社会关系、权力关系、性别关系等方面。在新的"社会风景"中,无论何种身份的人,都能获得同样的信息资源,权威的地位被颠覆,群体之间的差异性也开始变得模糊。① 当然,梅罗维茨对于空间的想象,不仅表达了物质技术对物理空间的超越,更是对空间边界消失所产生的社会行为的一种媒介地理景象的描绘。

如果说地域在电视媒介作用下的空间感会发生变化,那么网络媒介的出现,则会进一步加速视听方式的改变和加剧媒介空间的重构,使得地球两端的人可以"边看边聊",原先的物理场所已不再像过去那么重要。虽然对于媒介与空间的论述,麦克卢汉和梅罗维茨的研究都难免带上技术决定论的色彩,但其中突显出来的关于媒介与社会空间的关系、人们对空间认知的解构与重塑却是无法忽视的。而他们未能涉及的网络媒体对空间与地域的作用,也在后现代社会中成为中心议题。新的媒介样式虽消除了空间的边界,但并未由此而形成空间的融合和同一,而是催生出更为复杂多样的空间形态。现实和虚拟的空间交织,即时的、碎片化的空间体验无处不在。

① 梅罗维茨.消失的地域:电子媒介对社会行为的影响[M].肖志军,译.北京:清华大学出版社,2002:121.

第四节 媒介与空间的互动与博弈

媒介空间既是社会的建构，同时又建构着社会。依据麦克卢汉的观点，房屋、道路、交通工具等都是媒介。它们共同构筑了各种空间、地点、景观，尤其是道路和交通工具，对于空间的构筑至关重要。而狭义的媒介——大众传播媒介则通过各种符号（如文字、声音、影像）来描述世界，并与人类的文化规范、价值观念、社会习俗等方面紧密关联，构筑出独特的媒介空间。空间与媒介总是相互作用、相互影响的。

一、空间中的媒介

对空间中的媒介较早做出经典论述的是英尼斯，他在《传播的偏向》（*The Bias of Communication*）一书中将媒介分为偏向时间的媒介和偏向空间的媒介。他认为，偏向空间的媒介除了纸张以外，还包括文字以及早期的纸莎草等。它们具有易于流通和传播但是难以保存的特征，因此便于对空间跨度的控制，有助于贸易的开展和政权的巩固，有利于形成中央集权但等级不森严的政治体制。英尼斯关于传播的偏向观点，对我们理解空间中的媒介有一定的启示意义。

媒介总是存在于空间中的，不同的空间造就不同的媒介。对媒介而言，它的空间想象力能够创造出丰富的景观，成为人们认知环境的窗口。正因为媒介的空间想象力对人们认知环境的重要作用，设法取得媒介话语权也成为群体争取空间的重要途径。

（一）媒介的空间想象力

作为地理学思想更远的延伸，空间想象力更深入地触及人们思考与再现世界的方式。在人类的认知过程中，政治、经济、文化、心理等因素将造成地理空间的多义性和复杂性。世界并非简单纯粹的物质存在，而是由各种流动的空间所组成的，体验、想象和记忆充斥其中。当代的社会关系，总是投射在想象的地理形态上。当我们的经验被报纸、杂志、电视或其他媒介所取代时，媒介所呈现的地理样貌会让我们思考一个问题：它是真实的吗？因为我们发现，经由媒介的阐释，世界会脱离其纯粹的物质层面，而具有更为多样的文化地理。实际上，在观察世界的时候，地理学的想象力使我们跨越了边界的限制，影响了我们对世界的认知。一些无法在物质地理中被观察到的东西，也利用了地理的描述方式呈现在人们的面前。

我们在描述地方及其文化时,经常会用到"空间""景观"等词,实际上,它们是地理学上的概念,但也不仅如此,因为在人们进行社会研究的过程中,"空间""景观"等地理术语脱离了单纯的物质含义,而与社会关系相连,生产出了更多更复杂的意义。此外,不同的媒介运用声音、图像或者文字,构造出多样的地理空间和区域,展现的是关于文化和意义的地图。地理学在景观的展现过程中,已经不再仅仅纠缠于物质的、自然的环境地理,而是深入精神与经验的层面,媒介在这个过程中成为一个重要的中介。

周围环境中关于地理的隐喻是无处不在的。我们的日常生活与消费活动,都是在地理空间中完成的。而这个过程一方面依赖于物质地理区域,另一方面就是借助于由文化、社会关系以及各种媒介所建立起来的不同层次的空间而进行的。以城市为例,城市格局与城市版图有着"中心"与"边缘"的区分和规划,这不仅仅是针对地图上可见的建筑设施、交通状况而言的,而且是与文化及媒介的作用密切相关的,因为媒介在一定程度上改变了"中心"和"边缘"的定义。城市中的人群,也依据各自的特征与身份归属,形成各种群体,并通过对某些城市区域的占领与设计,以及媒介的消费,建立起具有鲜明外在标志的文化空间。

地理学想象力的引入,在某种程度上为我们思考地域文化提供了新的切入点。面对丰富的地域社会文化,我们可以通过空间等地理要素进行分析,以此勾画出立体的城市景观。需要强调的一点是,对于地理的想象,并非建立在纯粹虚幻的空间意识之上,而是与真实的地理紧密相连的。无论是城市与乡村、城市的"地上"与"地下"、主流人群与"他者"群体,还是城市中的政治与性别空间,都显示出地理与社会文化的复杂交织。空间、地点、景观等地理要素逐渐成为我们洞察城市以及社会的重要维度。

我们运用地理的想象建构不同的城市空间,来解释其中的社会关系与文化面貌。而对于用以承载这些内容的媒介来说,地理的想象力也同样重要。例如,电影的观看地点是电影院,它既是一个公共空间,为人们搭建可共享电影资源的场所,同时又是一个私人空间,进入电影院的观众,都不希望在观影过程中被他人干扰;电视媒介的消费地点则主要被家居环境所围绕,而且对于遥控器的掌控和节目的选择,又体现出家庭权力与性别关系的地图;而网络媒介,似乎宣告了传统地理的消亡,但实际上它却建构起新的空间形式。媒介消费是多种复杂经验的重叠,因为进行媒介消费的空间与媒介中呈现出来的地理样式,以及自然的、物质的地理空间交错,会对我们解读环境的过程产生潜移默化的影响。因此,地理的想象力是无处不在的,它充斥于世界的每一个角落,作用于我们观察事物的视角。

(二)媒介:争取空间的途径

生活在城市中的人群,往往会用行走的方式来进行城市体验。他们的身体随着城市"文本"的"厚薄"而起落。但德塞都指出,他们虽然行走于城市并书写着这个文本,却读不懂它。每个人身上都有着他人身体与意识的投射。①所以,地域并非一个空洞的概念或者简单的物质实体。其中充斥着看不见的空间,对这些空间的占有展现为人们的社会权力和能力的博弈过程。

在地理学的文化转向中,社会空间与自然空间一样受到人们的关注,于是各类社会群体所拥有的社会文化空间就成了地理学的研究对象。从社会地理分布来看,不仅有着主流文化的空间,还有一些人群或者空间是边缘化的、被压抑的,或者受到主流社会的排斥。当然,无论是主流文化群体,还是亚文化群体,都有属于自己的一套价值观念和趣味标准。它们不仅属于社会学、人类学、政治学的研究范围,也同样在媒介地理中占据着重要的位置,因为正是通过各种媒介,这些文化偏好才充分体现了出来。

社会群体的特征和文化需求通过各种媒介文本予以表现,并引导着人们对这些群体的认知与判断。由于媒介的社会作用,主流或者他者空间得到充分呈现,或者彼此能够参与到空间的争夺中。某些群体一旦争取到媒体的发言权,就会无形中扩大其社会空间的范围。媒介本身的分类方式和传播方式,也与社会群体的划分密切相关。某些媒介本身存在的目的就是为少数群体代言,争取他们的文化与社会权力。而与主流文化相契合的媒介,则在压制边缘文化的过程中,巩固其强势的地位。强势人群占有了巨大的社会空间,而弱势人群的社会空间则小得可怜。

从社会发展的历程来看,媒介在对社会空间的划分过程中所起到的作用是显而易见的。曾经分界明显的私人空间、公共空间在媒介的作用下彼此渗透,社会空间格局发生改变。而且在城市的背景之下,文化的分类较为繁杂。一些城市文化本身只在小众范围和空间里流行,例如,歌剧、舞剧等就是以独特的物质地理空间为据点,进行文化散播与趣味培养的。但当媒介介入其中时,原本的文化空间中就出现了许多异质的成分,因为媒介尤其是大众媒介

---

① 德塞都.走在城市里[M]//罗钢,刘象愚.文化研究读本.北京:中国社会科学出版社,2000:318.

将传播对象扩大,突破了原有的地域与文化边界,使得某些精英文化的社会空间发生变化,并得以扩张或消解。正如爵士乐不再只是黑人的特权或者黑人文化的象征,而是进而成为整个美国都市文化的一部分,更多的文化空间归属与划分,经由媒介的作用而具有了新的意义。

城市空间并非静止、永恒的,媒介使之流动起来并充满活力。各种边界、领域的变化,塑造了流动的城市景观,也导致城市空间内部话语权的转移与更新。如果不借助媒介的多样化再现,社会群体空间的样貌就将永远是一种刻板印象。因此,媒介是被贬抑为他者的人们争取自我空间、改写城市地理的一种途径。

媒介使得时间和空间观念发生变化,使地方不会再因物质距离而显得遥远和陌生。通过媒介来认识世界,无疑是一种有效且简便的方法,人们对世界的认知不由自主地会受到媒介的左右和包围。通过地图、照片和影像资料,我们可能认为自己对环境已了然于胸。不过,强调媒介的认知作用并不是要把它断言为人们进行时空感知的唯一方法。当真真实实地置身于环境之中时,我们也许会发现周围的景象与之前经由媒体而进行的想象不尽相同。或许,当人们发现,媒介文本已不能满足自己了解某一地区的需求时,便会回归到本雅明的方式,做一个游荡于地区之中的漫步者,亲眼去观察地区与人群。

二、媒介中的空间

对于媒介中的空间而言,最重要的是信息流动的模式。传播媒介中承载的信息,正是人们用以定义现实社会中地理空间的重要线索。因此,我们可以不依赖建筑或围墙来圈定人们的空间位置,而是从媒介的信息中建构社会空间,并规范社会行为和交往准则。大众媒介为我们带来了对社会空间的体验,虽然这种体验并非完全与现实相符,但它毕竟制造了与现实相近的图景,为人们提供了种种观察和理解现实的途径。

(一)何为媒介空间

"媒介空间"这一概念最初是由英国学者约翰·哈特雷(John Hartley)提出的。不少学者认为,"媒介空间"的思想来源于"符号空间"。"符号空间"的概念来源于德国哲学家恩斯特·卡西尔(Ernst Cassire)的文化符号学。卡西尔指出,人类创造的符号是"人类的意义世界的一部分""符号的功能并不局限于特殊的状况,而是一个普遍适用的原理,这个原理包含了人类思想的全部领域"。①

文化符号学认为,"符号空间"具有生命性的传承机能及其功能,即它本身包含着可供全人类持有、普遍传播的符号文本,以及所有在文本中记忆的一切事物的历史和文化传统。因而,在人类文化传播中,"符号空间"具有潜在的再生性或再生能力。哈特雷由此认识到,"媒介空间"存在于"符号空间",因为媒介传播本质上就是符号传播。他认为:"媒介的整个宇宙——既是实际的,又是虚幻的,存在于所有媒介形式(包括纸媒、电子媒体等)中、所有的种类(新闻、电影、戏剧、音乐作品)中、所有的欣赏趣味层次(艺术欣赏、纯粹娱乐)中、所有的语言形式和所有的国家中。"②因此,处于传播状态的各种媒介犹如一个个生命体,其外在形式中都生存着向外普遍联系的生命空间。媒介传播信息的空间,正是生存于这样的"符号空间"的,而具有潜在生产能力的"媒介空间"里也正储藏着包含人类文化历史传统的符号文本。作为无限开放的符号空间,"媒介空间"能够为媒介产品的创作与传播提供"所有的国家"的"所有媒介形式""所有种类""所有的欣赏趣味层次"和"所有的语言形式",从而给媒介符号的创造提供原创者的原型文本,构成跨地域、跨文化的借鉴与利用和传播。③

(二)"他者"群体的媒介空间

不同的群体在媒介空间中的生存状态截然不同。美国学者简·雅各布斯(Jane Jacobs)认为城市的"火光"只能照射一个有限的范围,致使城市的某些地方似乎"消失"了。这些不完整的视觉体验,影响了人们对世界结构与形式的感知。建构空间的媒介也是如此,在媒介未触及的地方,某些人群面目不清,某些景观残缺不全,或者远离人们的视线。但正是那些"消失"了的地方和面目不清的人群的存在,才使得处于"光亮"中的景观与人群具有了意义。在媒介版图中,哪些群体被"光亮"笼罩,哪些群体被排除在外,而成为主流人群的他者(the other),就与地理、文化等因素密切相关。

西方文化中,主流意识形态一再将自己与一个处于从属地位的他者相区分。有色人种、女性以及同性恋,就被编码为他者,因为他们偏离了白人、男性与异性恋的主流社会规范。这种划分已经得到了很大范围的认同,以至于

① 卡西尔.人论[M].甘阳,译.上海:上海译文出版社,1985:65.
② Hartley, J. *Uses of Television*[M]. London: Routledge Press, 1999: 218.
③ 黄洁.影视艺术的"媒介空间"及其"开发机缘"[J].新闻界,2006(6):99-100.

影响了人们潜在的族群认知观念。对于"我们"与"他们",人们往往会根据地域、空间的层次来划分界限。在被"他者化"的过程中,一种并不平等的关系建立起来。利奥·洛文塔尔(Leo Lowenthal)认为,空间具有极大的可塑性,我们关于世界的最基本属性以及我们所共享的见解,仅限于健全、健壮、敏锐的成年人。① 因此,城市中的人群在某种程度上依靠对他者的否定来定义自身的行为。在城市景观的构建过程中,总有一些群体作为他者,被有意无意地忽略或者误读。

1. 少数族群的媒介空间

少数族群在信息传播和接受的过程中处于弱势,总是脱离不了被刻板再现的命运。为了在异文化的空间中争取自己的话语权,他们需要建立与当地主流文化平等自由的对话空间。作为一种生存的策略,一些城市的少数族裔往往选择小范围聚居的方式,在城市这个异质共存的地理空间中,不同的种族一定程度上处于彼此隔离的状态。这种现象被称为"种族马赛克",它十分贴切地形容了城市中因不同民族与文化而形成的族群地理。生活在美国的意大利人、墨西哥人、西班牙人、中国人等,都有固定的社区,而且还会经常性地举办传统节日的庆典活动,以此作为昭示其群体向心力的仪式,他们各自的文化与传统特征组成了城市拼图。

实际上,少数族裔的接受心理往往与主流人群的想象不同。存在于大多数传播环境中的主流媒体的信息,反映的主要是占据主流的文化和价值观,于是少数族裔的生存总是处于边缘的状态。通常情况下,少数族裔在主流媒体中很难获得话语权。所以,他们的解读行为往往会违反主流媒体的意愿,从文本中选择出与自身生活和价值观相符的部分,而进行有选择的意义重构。最为明显的就是在白人文化占主导地位的媒介中对黑人形象的歧视或者成见。由于一直处于边缘地位,并且媒介无法正确地对其社会形象进行评价,少数族裔对主流文化的意义解读很可能是对抗性的。有色人种受众在接触主流媒体时,自然会带有反抗性的立场和动机,或者说与主流媒体以及人们预期的反应不尽相同。对于媒体文本的理解,必须考虑到不同受众的价值观和判断标准,消除基于文化差异的主流人群对边缘人群的偏见及成见,以增进不同民族与文化之间的融合与认同。

---

① Lowenthal, L. *Literature, Popular Culture and Society*[M]. Palo Alto: Pacific Books, 1961: 260.

2.女性的媒介空间

我们日常生活中的地理,实际上都蕴含着象征意义。性别地理学认为,更多的地理空间设置,都考虑到了男女性别的差异,并说明了不同的地理体验与性别之间的关联所产生的意义。这种长期被默认的社会性别差异和地理空间差异,在媒介消费的过程中,得到了充分的展现。在工业化的进程中,"生产"与"消费"成为两个不同的区域,被赋予了某种价值属性以及性别意义。"生产"一般与"公领域"、男性相关,具有积极和创造性的意味,而"消费"则被划入私领域的范畴,往往与女性相关。至于媒介的消费情况,性别也隐藏在其中,营造出不同的消费地理,影响着人们对信息的选择、理解与记忆。新闻、评论、体育、电视节目中的动作片等,被认为是属于男性的内容;而肥皂剧、美食、时尚等软性的信息,则被认为是以女性为诉求对象的。

大众媒介的商业性,不断通过信息内容的设置与分类,强化了这种性别关系和界限划分。传统对于社会性别的认知,成为媒介中的刻板形象。例如,"家庭"被看作可以依附的、安全而又受限制的地方,同时也是女性化的区域。于是那些以家庭琐事、婚姻生活为主要内容的肥皂剧,就被认定为女性的节目。相比之下,男性的世界与"家庭"相对,属于外部自由而广阔的空间,例如工作场所、竞技场、边疆地区,这些能够充分体现人的精神追求与个性的区域,无疑是男性化的。麦克卢汉在《机器新娘——工业人的民俗》中,便将西部片与肥皂剧这两种具有鲜明地理特征的电视节目类型做了明确的区分:西部片中生机勃勃的个人主义,成为男性的梦想;而肥皂剧是女人的世界,贴近家庭生活经验。用麦克卢汉的话来说,西部片与肥皂剧所显示的极端的分离是商业与社会、行动与感情、公务与家庭、男人与女人的分离。① 都市中的男性,往往自愿或被迫离开"家"而进入一个流动的空间,突破城市的边界去寻求自由,乡村与边疆世界便成为承载其情感的支点,勾画出象征着男性绝对权力和性别欲望的地理图景。女性的生活则以"家"为中心,安稳而缺少变化,所以,她们以肥皂剧作为情感的依托。

此外,对于性别空间的再现,我们还可以从一些电影中寻找到生动的样本,蒙太奇、流动的画面所组合而成的速度与节奏,展现了一个个特殊的时空结构。其中,一种边缘化的电影类型——公路电影,将公路两旁不断变化的

---

① 麦克卢汉.机器新娘——工业人的民俗[M]. 何道宽,译.北京:中国人民大学出版社,2004:295.

景观作为物质背景,打造出鲜明的性别地理图景。在公路电影中,城市是压抑的所在。作为现代文明的产物,城市代表着规范、高度程式化的生活空间;而家庭,则是一种束缚,是人所想要逃离的地方。所以,公路电影往往将公路这一场景打造成男性的世界,在公路上发生的事情,往往被认为是男性世界中的游戏。远离城市和家园,无论是逃亡、寻找还是漫无目的的游弋,男性都需要在公路旅程和荒漠、麦田里寻找自由或者梦想。女性在公路电影中是不常出现的,即使作为男性在公路上的旅伴,也多数处于从属地位。如果不借助媒介的多样化再现,女性与少数族群、同性恋等社会群体的空间样貌将永远是刻板印象,处于弱势的地位。

(三)媒介集群对空间的重构

集群意味着距离的缩短和消弭,而缩短和消弭距离则是社会创造利润、营造和谐的前提。在抽象层次上,世博会,大型会展和创意产业园区中的论坛、演讲、展览、交易等就是各国、各地文化和商品的大观园和集散地,它们不仅拉近了人与人之间有形和无形的空间距离,还拉近了心理与情感距离。

媒介集群是指在一定的时间内存在和坐落于特定区域或环境内的各种媒介实体所形成的集合体。在这一区域内,各种媒介之间由于媒介人员交流、信息互动、资源互换、自由竞争以及特定地域的历史文化、风俗习惯和政治经济生态的影响,形成了自己的地理优势、传播特色、媒介形态和特殊功能。① 单个的媒介样式能够在一定程度上反映外部世界,但如果多种媒介形成集群,那么它们对地理和空间的作用将更加明显。随着市场经济的发展和传播革命的开展,媒介产业倾向于在某一特定的区域内集群发展。当代的媒介生产地点一般是城市,而且呈现出小城市向大城市、一般城市向省会城市、内陆城市向沿海城市转移的趋势,甚至在长江三角洲和珠江三角洲已初步形成了密集的媒介城市带,从而形成媒介产业的空间聚集。媒介集群不仅是媒介产业发展过程中的一种模式,更是不可忽视的媒介地理现象。

当城市加速发展后,媒介渗透到商业、文化、娱乐、工业中,形成大规模的多元化经营。由于借助了其他产业的力量,媒介本身的发展得到了有力的支撑,增强了对社会景观的形塑作用。而且,大都市、城市带和城市群的出现是媒介集群形成的重要条件。中国的北京、上海、广州等地本身就拥有发达的

---

① 邵培仁.论中国媒介的地理集群与能量积聚[J].杭州师范学院学报(哲学社会科学版),2006(5):19-23,29.

媒介产业，还能够吸引大量全球化的媒介集团入驻。媒介集群以城市为立足点，不断追求更大的视听空间，原有的社会群体边界被打破，文化、商业战略成为新的媒介秩序建立的动力。

媒介形式与内容的多样化深深影响了城市及地区的经济文化格局。这些媒介集群将势力范围尽力扩散，并形成强烈的凝聚力，不断吸纳小型媒介的加入，在一定程度上重塑了媒介空间。媒介产业集群化的发展趋势，使得城市中的信息不断涌现，文化、艺术变得大众化和商业化，资源越来越集中到大型媒介集团手中。建立在媒介技术发展和产业化基础之上的媒介集群，对城市传统意义上的权力边界形成了挑战。按照媒介资源的强弱对比，城市景观也有了层次之分。西方经济发达、商业化程度高的大都市，传媒业也极为发达，这些大城市的文化状况、消费方式以及地理面貌具有代表性，并影响甚至改变着其他城市人们的生活方式。

媒介产品反映的往往是人们的价值观和信念，这些价值观处在信息传播流程的强势地位时，将控制传媒产业，并影响媒介对景观的反映和建构。建立在资本融合基础上的媒介集群与经济发达的城市相结合，不仅成为信息传播的重要渠道，还将对城市文化进行更为多样的描述；而其本身也将成为城市景观的重要组成部分。媒介集群不仅极大地强化了媒介的话语权，而且建构出种种生活方式和象征性空间，不断吸引人们进入这种由媒介文化建立起来的现实与想象交织的世界。

第五节　作为空间的媒介距离

距离是一种标量，一种不具方向、不会是负数的含量，也是最为复杂的空间概念。作为物质性距离，它是物与物在空间或时间上相隔的长度，显示出的是远近、长短的关系标量；作为精神性距离，它关涉思想、认识、印象、情感等，是人与人或物的对比，反映出的是远近、亲疏的关系含量。媒介距离是媒介地理学中的一个概念，涉及距离的物质与精神两个方面。经过研究和积累，现已逐步形成媒介距离理论。

一、媒介距离作为传播资源的思考与分析

距离存在于日常生活的方方面面，可以说无处不在、无时不在。人们最初对"距离"的认识是从空间开始的。在长期的社会实践中，不同地域的人们

形成不同的文化,为空间赋予了不同含义,列斐伏尔提出"空间是社会关系的产物"的论断,表明空间"距离"代表了一定的社会关系,并对人们的心理产生影响。人们往往根据双方的"距离"来决定传播内容和方式。① 正如麦克卢汉所言:"言语是我们决定人体距离的主要手段。人体距离不仅是物质的,而且是情绪的和文化的距离。"②

距离是指两种以上物体在空间或时间上相隔或间隔的长度,也可以指人在感情、认识等方面的差距。在数学层面,距离是定义在度量空间中的一种函数;在物理学层面,距离是由人、动物和交通工具所经过的路线的长度;在心理学中,距离被视为产生美感的必要条件;在社会学中,距离被用来衡量人与人之间的社会关系。西美尔③认为,距离是时间或空间上的相隔,是人与人以及人与物之间的一种关系,距离的实质在于它创造了一种主客关系。④

在传播学中,从口语传播、文字传播,到电子传播乃至网络传播,人类经历了传播的时间和空间距离不断扩大、社会和心理距离不断缩小的历程。文字和印刷媒介的出现是人类传播史上的巨大进步,打破了口语的近距离传播性,在空间上扩大了人类的传播距离;同时文字克服了声音符号的易逝性,能够将信息永久保存下来,在时间上加深了人类的传播距离。电子媒介的远距离实时传播,使观众与广播电视节目的心理距离更近。网络媒体实现了全球信息的同步传播,使世界紧密结合成一个"地球村"。传播对空间的快速跨越,事件的发生与被知晓几乎同步,无论身在何处,都有"天涯若比邻"的感觉,物理世界虽然没有实质性的变化,但由于人们心理距离和认知距离的缩短,人们对空间的感知更"近"了。同时,网络媒介强调多种感觉器官的刺激,人们进入了"集体读图"时代,这更加拉近了传播者和接受者之间的心理距离。⑤

1. 传播形态中的距离

在人际传播中,人们对距离最为敏感。霍尔认为,人与人之间的交往需要保持一定的空间距离,每一个人都生活在一个无形的空间范围圈内,从而构成了他的领地。每个人的领地大小都是由文化、个性、传播情境等诸多因

① 转引自:张景云.大众传播距离论——一种心理学视角[M]. 北京:新华出版社,2009:53.
② 麦克卢汉,秦格龙.麦克卢汉精粹[M]. 何道宽,译.南京:南京大学出版社,2000:424.
③ 西美尔在一些中文文献中被翻译为齐美尔。
④ 转引自:周晓红.现代社会心理学名著菁华[M]. 北京:社会科学文献出版社,2007:89-93.
⑤ 张景云.大众传播距离论——一种心理学视角[M]. 北京:新华出版社,2009:88-104.

素决定的。人们的个体空间需求大体上可分为四种距离:亲密距离,在 0.5 米以内,属于私下情境,多用于情侣,也可以用于父母与子女之间或知心朋友之间的交流;私人距离,一般为 0.5—1.2 米,一般的朋友交谈多采用这一距离;社交距离,大约为 1.2—3.7 米,人们在一般工作场合多采用这种距离交谈;公共距离,一般为 3.7—7.6 米,甚至更远一点,一般适用于演讲者与听众、陌生人之间的交谈及非正式的场合。①

与人际传播相比,大众传播中的距离问题要复杂得多。在大众传播理论中,对距离的研究主要是对受众接触媒介中的距离问题(如选择性接触理论)、传播效果中的距离问题(如知沟理论、议程设置理论、第三人效果理论)进行论述的。

2. 新闻报道中的距离

距离除了影响媒介对新闻事实的选择,还会影响媒介处理新闻事实的方式。在报道本地新闻和异地新闻时,媒介往往采用不同的处理方式。中国香港学者郭中实、杜耀明、黄煜等人在《距离的新闻涵义:香港报纸不同地域报导之比较》一文中,运用内容分析法研究地域距离对新闻生产的影响。他们以 14 份香港收费日报中的新闻报道为对象,探究不同报纸在处理远近不同的事件时如何对内容进行建构、筛选和取舍。研究表明,新闻事件发生的地点越远离本地,社区报纸倚靠官方诠释的机会越大,引述冲突观点的概率越高,并越倾向于把问题归结为制度、社会、机构。② 无论出于哪种社会制度以及属于哪类媒体,媒体都会对本地新闻和异地新闻采用不同的报道方式。

为了使报道内容能被受众所接受,电台节目主持人与听众间仍保持着适当的"心理距离"。对于某个问题应当抱着既是旁观者又是参与者的态度,这样才能准确地把握好自己与听众的关系,使自己的报道(或与听众交谈的话题)更易为听众所接受。如果主持人与听众间的"心理距离"太远,也就是他仅仅作为一个旁观者的话,他就不可能深入听众的真实生活中去,他对听众目前最为关注的问题视而不见,却对远离现实生活的问题大谈特谈。尽管他可能也为此付出了很大的劳动,但是由于已经错误地选择了出发点,他所说的问题就不可能吸引听众的注意力。此外,如果主持人为了缩小与听众间的

---

① 霍尔. 无声的语言[M]. 刘建荣,译. 上海:上海人民出版社,1991.
② 郭中实,杜耀明,黄煜,等. 距离的新闻涵义:香港报纸不同地域报导之比较[J]. 新闻学研究,2010 (104):195-235.

"心理距离",将自己完全置于听众生活的参与者地位,使自己与听众间的"心理距离"太近甚至消失,那么,他便犯了"将婴儿与脏水同时倒掉"的错误。总之,主持人在日常工作中,应经常调整自己的"位置",与听众保持适当的"心理距离",从而使自己主持的节目更能为听众所"喜闻乐听"。

在中国,新闻传播中的距离问题还体现为新闻宣传工作中的"三贴近"原则,即"贴近实际、贴近生活、贴近群众"。"三贴近"实际上就是要拉近新闻媒体与广大人民群众的距离,传播人们喜闻乐见的信息,是新时期对新闻"接近性"的阐释。

3. 新闻价值选择中的距离

在新闻生产过程中,距离因素体现了新闻价值的大小。最早注意到距离与新闻价值内在反比关系的是 G. K. 齐普夫(G. K. Zipf)。他在一篇有关影响信息流通主要因素的文章中提出,"对于受者来说,传播渠道中流通的信息,其价值会随着新闻发源地距离的增加而下降",这一命题通过一个乘法公式得到验证:P1×P2/D=新闻流通量,其中 P1=甲地人口数,P2=乙地人口数,D=两地距离。[①]

目前,学术界对新闻价值的评判标准还存在一定争议,但时效性和接近性作为新闻价值的两个标准得到了一致认可,而时效性和接近性都涉及了对距离的把握。

新闻价值的时效性是指媒介应当将新鲜的事实及时传播给受众,以满足受众的新闻需求。时效性是新闻的生命,如果新闻得不到及时传播,新闻就会变成旧闻,也就无人问津了。因此,时效性要求尽量缩小时间距离,用最快的速度把新近发生的、刚刚发生的以及正在发生的事实传递给受众。

新闻价值的接近性是指新闻报道内容与受众的接近程度。这种接近可以是地理上的、心理上的、社会关系上的,也可以是文化上的,距离越是接近,其新闻价值也就越大。一般而言,受众对与自己的地理、心理、文化上距离接近的新闻事实更感兴趣。在新闻报道中,记者一般会选择与目标受众地理距离较为接近的事实进行报道,这更易引起受众的注意。

从新闻价值的时效性、接近性,再到新闻报道的"三贴近"原则,新闻学理论中对距离概念的阐释无疑是研究大众传播中距离问题的理论渊源。

---

① Zipf, G. K. Some determinants of the circulation of information[J]. *The American Journal of Psychology*, 1946, 59(3): 401-421.

综观人类的传播史和新闻传播理论研究,媒介距离概念的提出是有其必然性的。一方面,随着传播技术的进步,"距离"问题成为大众传播中人们越来越关注的概念。但目前,大众媒介对距离的利用存在某些不足之处,缺乏学术理论的指导。另一方面,媒介距离概念的提出也是过去传播学、新闻学、社会学、心理学等各学科中关于"距离"概念研究成果的自然延伸,同时也为各学科开辟出一片新的研究领域。

二、媒介距离的传播特质

在大众传播中,距离是普遍存在的。所谓媒介距离,是指在传播过程中以文本为中心,在传播内容、事实、传播者和受众之间所构成的不同距离的总称。对大众传播实践来说,媒介距离不仅是一种影响媒介传播效果的因素,而且也是传播者可以充分利用的资源。正如法国著名哲学家保罗·利科尔(Paul Ricoeur)所指出的:"在我看来,文本更像主体间相互交流的一种特殊情形:它是交流中间距的范型。同样,它展示着人类经验的历史真实性的根本特征,即在距离中并通过距离交流。"①大众传播正是依赖距离才产生并存在与发展的。

(一)媒介距离的矛盾性

距离的矛盾性也称"距离的二律背反"(the antinomy of distance)。提出这一概念的瑞士心理学家爱德华·布洛(Edward Bullough)认为,"距离"的作用包含两个方面:"它具有一种否定的、阻止性的方面——切除事物的实际方面和我们对它们的实际态度,以及一种肯定的方面——在这种阻止性的距离行动基础上提炼我们的经验。"②朱光潜对布洛的理论解释道:在美感经验中,我们一方面要从实际生活中跳出来,另一方面又不能脱尽实际生活;一方面要忘我,另一方面又要拿我的经验来印证作品,这不显然是一种矛盾吗?事实上确有这种矛盾,这就是布洛所说的"距离的二律背反"。③

媒介距离的矛盾性,是指传播者、受众与媒介内容之间保持既出又入、不远不近、恰到好处的适度距离,才能实现良好的传播效果。如果媒介距离太近,传播者可能会"熟视无睹",无法从"陌生"的角度看待新闻事件,从而会忽

---

① 利科尔.解释学与人文科学[M].陶远华,袁耀东,冯俊,等译.石家庄:河北人民出版社,1987:134.
② Bullough, E. *Aesthetics: Lecture and Essays*[M]. London: Bowes & Bowes, 1957:95.
③ 朱光潜.文艺心理学[M].上海:复旦大学出版社,2009:14.

略有价值的信息。距离太近,也会遭遇来自本地的传播干扰和阻碍,影响新闻报道和舆论监督,从而导致媒介内容的正常生产和传播。彼地新闻媒体对发生在此地新闻事件进行监督批评性报道的所谓异地监督,虽然在一定程度上规避了由于空间距离太近而产生的利益风险,但本地媒体对发生在本地的事件的集体"失声",无疑又会威胁到本地媒体的公信力和权威性。

媒介距离太近对受众来说也是不利的。媒介所传播内容与受众的空间距离越近,受众对事件的信息掌握得越全面,就越容易对事件形成自己的判断。当媒介所报道的内容与其所掌握的信息发生冲突时,受众的"选择性接触"(selective exposure)机制就会启动,即受众更愿意选择接触那些与自己的既有立场和态度一致或接近的内容,而对于对立或冲突的内容则有一种回避的倾向。① 这时,媒体就无法达到良好的传播效果。

如果媒介距离过远,就无法看清细节、局部和个体特征,自然也无法实现良好的传播效果。对传播者来说,媒介距离过远就会影响其对媒介内容的生产。对于距离遥远的地方,媒体很难及时将记者派往事件现场;为节约成本起见,媒体也通常会使用国内外一些较大通讯社的稿件。同时,记者对距离遥远的地方的制度、习俗、文化、历史、语言等大都缺乏全面的认识,有些甚至带有偏见或排斥心理,因而容易在报道事件时产生偏差和误解。

(二)媒介距离的差异性

"一千个人眼中有一千个哈姆雷特。"媒介距离的差异性就是指不同的传播者和受众群对相同的事物会产生不同的媒介距离和认知结果。

媒介距离的差异性主要是由受众或传播者个人所属群体的差异导致的。受众或传播者接触媒介内容的行为虽然是个体性的,但这种活动通常受到其所属群体的影响。群体属性的不同意味着受众或传播者所处的时代、社会环境、文化环境、社会地位、价值观和信念、对事物的立场和看法、心理特点等都有很大的差异,而这种差异性导致了他们对媒介内容需求、接触、反应的不同,即媒介距离的差异。受众在接触媒介信息时并非不加选择地全盘接受,而是倾向于选择那些与自己的立场观点一致的信息。影响受众选择性接触的因素除了个人偏好外,群体的价值和规范也起着重要作用。

受众群体的媒介距离差异性不仅影响了受众对媒介内容的接触和反应,

---

① Lazarsfeld, P. F., Berelson, B. & Gaudent, H. *The People's Choice*[M]. New York: Columbia University Press, 1984: 89.

还影响了受众对媒介类型的选择。例如，面对电视剧中的生离死别，许多女性观众会感同身受，潸然泪下，而男性观众则不以为然；青少年习惯于通过网络获取信息，而老年人更喜欢读报纸看电视。

媒介距离的差异性为大众媒介创造丰富的内容提供了动力，为媒介找准受众定位创造了条件。

（三）媒介距离的可变性

当我们将传播者和受众视为群体时，我们看到了媒介距离的差异性；而当我们将受众视为一个个独立的个体时，不同的人或不同的对象在保持媒介距离方面是有区别的。媒介距离的可变性是指，相同的受众或传播者在不同条件下产生的媒介距离是不同的。

媒介距离的可变性既可以因个人保持媒介距离的能力的大小而变化，也会根据对象的特性而变化。受众或传播者的兴趣、爱好、个性、价值观等因素并非一成不变，而是处于不断的变化发展之中；此外，每个人所处的社会环境、人生阶段，所经历的遭遇和所受的教育也会不断变化。处在不同阶段的人们即使面对相同的传播内容时，也会产生不同的心理距离。一个身处象牙塔中的大学生很难体会电视剧《杜拉拉升职记》中的"办公室政治"，而当其迈出校园走上工作岗位，才能深刻理解，甚至《杜拉拉升职记》有可能成为其职场生涯的"教科书"。受众群体会随着社会环境或群体内部各种因素的影响，发生群体价值和规范的变化，导致受众群体的媒介距离产生变化。辛弃疾的《丑奴儿·书博山道中壁》形象地描绘了这种感觉："少年不识愁滋味，爱上层楼。爱上层楼，为赋新词强说愁。而今识尽愁滋味，欲说还休。欲说还休，却道天凉好个秋。"

媒介距离的矛盾性、差异性、可变性并非相互割裂的，而是相互联系、相互影响的。在某一特定时刻，当媒介距离的矛盾性、差异性、可变性处于适当程度，使主体保持在一个适度的媒介距离时，就能达到最佳传播效果。

二、基于内容的媒介距离的层次

就媒介距离的内涵而言，我们认为媒介距离主要包含以下几个层次：传播内容与事实的距离、传播者与传播内容的距离，以及受众与传播内容的距离。

（一）传播内容与事实的距离

大众媒介组织制作的传播内容与真实世界是存在一定距离的，它是经过传播者、媒体和管理机构的过滤、加工和把关过的现实，只能从不同角度和层面逼近真实，不可能完全再现或反映真实世界。沃尔特·李普曼（Walter Lippmann）的"拟态环境"（pseudo-environment）理论和鲍德里亚的"仿真与拟像"（simulacrum and simulation）理论，就充分说明了大众媒介所传播的内容与现实世界存在着巨大的差异。

李普曼认为，现代人由于实际活动范围和时间经历的有限性，不可能对与其有关的整个外部环境和众多事物都保持经验性接触，只能通过媒介机构提供的信息来感知超出亲身经历以外的事物。而媒介机构所提供的环境与现实世界存在差异，它并不是现实环境的"镜子"式的再现，而是传播媒介通过对象征性事件或信息进行选择和加工、重新加以结构化以后向人们提示的环境，即"拟态环境"。[①]

鲍德里亚将现代社会中媒介所传播的内容称为"仿真"和"拟像"，认为这是用"虚构的"或模仿的事物代替"真实"事物的过程，也就是用电子或数字化的影像、符号或景观替代"真实生活"和在真实世界中的客体的过程，于是整个世界形成"仿真流变"，到处漂浮着丧失了意义的能指。[②]

传播内容与事实之间存在差异的原因有许多，比如语言符号是有限的而现实是无限的，语言符号是抽象的而现实是具体的，其实最主要的原因是传播者与传播内容之间存在着理解与表现的距离。

（二）传播者与传播内容的距离

大众媒介所传播的内容是由许许多多媒介从业者创造和生产出来的，媒介从业者在内容的制作过程中，面临着自身与事实之间的距离，从而导致传播内容与事实的距离；而在传播内容制作出来以后，又存在着传播者自身与文本之间的距离。

首先，传播者出于其自身的学识经验、地域差异、文化差异等原因，对事实的认知和理解存在偏差，而这种偏差会融入传播者制作媒介内容的各个环节。同时，大众媒介制作内容时还要经过编辑、主编、导演等"把关人"的加工甚至改编，这些不同的传播者在媒介内容生产的各个环节中都会与文本产生疏离，这就不可避免地导致了传播内容与事实之间的距离。

其次，传播内容制作出来进入传播过程之后，文本就脱离传播者具有了

---

① Lippmann, W. *Public Opinion*［M］. New York：Macmillan, 1985：15.

② 转引自：贝斯特，科尔纳. 后现代转向［M］. 陈刚，等译. 南京：南京大学出版社，2002：127.

相对独立性,而传播者也就与文本之间从此存在一定的距离。从某种意义上来说,媒介从业者创造媒介内容的过程与艺术家创作的过程非常相似。一方面,他们必须直接把自己最切身的感受融入作品中;另一方面,他们在创造过程中又不能完全沉溺在自己的情感世界中,必须把内心的感受客观化,与自己的情感保持一定的距离。E. 戈夫曼(E. Goffman)的戏剧理论告诉我们,人们在日常生活中的"前台"和"后台"的表演是不一样的,对于媒介从业人员来说,他的职业角色往往被认为是"前台",而生活角色是"后台",媒介从业人员应该把握好前后台之间角色转换的度。① "从这个意义上说,传播就像'演戏',而演戏就是演员的自我表现。"演戏就必须遵守演戏的规则:一为逻辑,亦即"通不通"的问题;二为语法,亦即"对不对"的问题;三为修辞,亦即"好不好"的问题;四为情境,亦即"行不行"的问题。② 对此,法国心理学家 H. 德拉库瓦(H. Delacroix)说得好:"感受和表现完全是两件事。纯粹的情感,刚从实际生活出炉的赤热的情感,在表现于符号、语言、声音或形象之先,都须经过一番返照。"③传播者特别是记者在制作媒介内容时除了要遵守传播规则,其传播的情感也应该有别于日常生活中的情感,即他必须与媒介内容保持必要的情感距离。

(三)受众与传播内容的距离

受众与媒介内容之间也存在地理、社会文化、心理等方面的差异,因而受众在接受媒介内容时也必然存在着各种各样的偏差。受众的选择性注意、选择性理解、选择性记忆的接受理论表明:面对相同的媒介内容,不同的受众会有不同的认知和反应,有时人们甚至会对同一条新闻进行逆向的对抗性解读,完全背离传播者的本义或意愿,使传播效果适得其反。

受众如要更好地理解传播内容,一方面要从实际经验中跳出来,不能完全依赖生活经验;另一方面又不能脱离实际,需要以自己的生活经验来印证媒介内容。如果受众对传播中的内容非常陌生,便很难理解;但是,如果媒介内容过度生活化,与受众的生活太贴近,又会因缺乏新鲜感而造成信息接收的疏离。因此,让受众与传播内容之间保持适度的距离,是实现良好传播效果的关键。美国学者韦恩·C. 布斯(Wayne C. Booth)曾在《小说修辞学》

---

① 戈夫曼. 日常生活中的自我呈现[M]. 黄爱华,冯钢,译. 杭州:浙江人民出版社,1989.
② 邵培仁. 传播观念断想[J]. 杭州大学学报(哲学社会科学版),1997(4):132.
③ 转引自:朱光潜. 文艺心理学[M]. 上海:复旦大学出版社,2009:19.

（*The Rhetoric of Fiction*）中提出叙述距离的概念，他说："任何文学作品——不论作家创作作品时是否想到了读者——事实上都是根据各种不同的兴趣层次，对读者介入或超脱进行控制的精心设计的系统。"①也就是说，有效控制叙述主体（隐含作者、叙述者和人物）之间的距离，对读者实现有效的距离控制，读者与小说之间的审美距离才能形成，读者才能最大限度地接受文本。②

三、不同媒介距离的特点及成因

媒介距离存在于大众传播活动的各个环节，存在于传播内容、事实、传播者和受众等多个层面，是建构传播关系的基础。按照媒介距离涉及的不同层面，可以将其分为：时空距离、社会距离（社会关系距离）和心理距离。媒介距离的这三个层面也不是完全脱离的，时空距离、社会距离和心理距离三者相互影响，共同建构出媒介距离。正确认识和把握这三种距离，是形成和谐传播关系、实现理想传播效果的重要条件。

（一）时空距离

时空距离即大众媒介的传播者及其传播内容与受众之间在时间和空间上的地理距离，不同的时空距离会使受众产生不同的心理反应。

在媒介地理学中，时间和空间是两个基本概念。现代社会大众传播媒介的发展，使得人们的时间和空间观念发生了改变，地方不会再因物质距离而显得遥远和陌生，但与此同时也会带来新的课题：传播者与受众的空间距离和时间距离在传播活动中变得越来越重要。从报道新闻到播出节目，既无空间距离，也无时间距离，原本存在于二者间的不同地域的空间距离和采、编、播、录、放全过程的时间距离都被压缩到近乎零的极限。

时间距离是指大众媒介的传播者和受众对所传播的信息在时间上存在的差异程度。其中包括传播者发布信息与受众接受信息、事件发生与受众接受之间的时间差等。事件发生、传播者发布信息、受众接受信息这三种时间往往是不一致的，这三者间的时间差距也是影响传播效果的重要因素。作为整个社会大环境的组成部分之一，大众媒介必须与所处的社会政治、经济、文化环境相适应。任何国家的大众媒介都要受到本国政治、法制和行政的管理，一些违背当时社会制度、文化、法律规定的内容会受到禁止。这就涉及新

① Booth, W. C. *The Rhetoric of Fiction*[M]. Chicago：Chicago University Press, 1961.
② 转引自：白春香. 叙述距离辨[J]. 外国文学, 2010(3)：102-109.

闻传播中的"时宜性"问题。

时宜性是指新闻报道的最佳时机。人们所处的社会地位不同,看问题的角度不同,因此对局部和整体、眼前和长远、主观和客观等方面的认知不一致,在决定新闻事实的取舍和发表时机时会存在一些矛盾。影响大众传播中时间距离的因素主要有媒介所处的社会大环境、传播者的专业素质、受众的心理承受能力等。

除了媒介所处的社会大环境之外,传播者的专业素质是影响时间距离的另一个因素。具体来说,就是要求记者和编辑对新闻事件具有极强的新闻敏感性,碰到好的报道时机就立即采写,立即发稿;还要求他们对当前的社会状况有一个正确的认识。1963 年 11 月 22 日,肯尼迪总统乘车去做演讲,车队通过达拉斯时,突然发出一阵枪声。同车的合众社的记者梅里曼·史密斯迅速抓起电话,拨通合众社电话,口头报道了总统被刺的消息。由此,在时间距离上,史密斯成为报道肯尼迪总统遇刺的第一人。

受众的审美趣味和心理承受能力同样影响媒介的时间距离。在不同的社会时段,受众的审美趣味和心理承受能力往往不尽相同。我们经常看到,在此阶段不被观众接受的内容在彼阶段却广受欢迎。比如,电影《闪灵》《无耻混蛋》《这个杀手不太冷》《美国往事》等电影在刚推出时,由于电影观念超前或拍摄手法太过前卫,观众市场反应冷淡,有的甚至被人称为"烂片",但经过一段时间的沉淀,在适当时机再次登上银幕时又突然受到观众的热捧,有的还成为经典电影。

空间距离是指传播者和受众对所传播的信息在地理空间上存在的差异程度。远距离现场直播所带给受众的这种"新闻与事实无距离"的境界是新闻传播的最高境界,即真实性的境界。大众传播的空间距离与传播技术的进步密切相关。在口语传播时代,人类只能依靠口语来传播信息,而口语依靠人的发声系统,因此人们只能在很近的距离内传递和交流信息。随着生产力的发展,文字的出现为人类传播中空间距离的拉大创造了条件。文字具有可保留性,能够把信息传递到遥远的地方,这就打破了口语传播的距离限制,扩展了人类交流的空间。到了印刷传播时代,印刷媒体的可复制性使得人类能够传播的信息量不断增大,传播面不断扩大,传播距离越来越远。电子媒介为人类带来了时空距离上的突破,它的出现使远隔万里不再成为障碍,全世界连接成了一个"地球村",同时受众和传播者与所传播的信息之间的空间距离也越来越远。2008 年 8 月 8 日,全球约有 40 亿人次的观众通过各种途径观看北京奥运会开幕式电视直播。这些观众遍布全世界的每一个角落,正是先进的传播技术实现了"同一个世界,同一个梦想"。

媒介时间和空间不仅仅是地理意义上的距离,也是文化和心理上的距离。在传播中空间距离产生的原因有很多,比如技术原因、文化差异、经济原因。从本质上来说,社会生产力的发展尤其是传播技术的进步是造成空间距离的根本原因。要达到良好的传播效果,必须使媒介时间和空间的距离适当适度、恰到好处。

(二)社会距离

美国学者理察德·M.派乐福(Richard M. Perloff)认为,社会距离是一种复合变量,它包含人们感受到的相似感、相近感、认同感。[①] 通常,人们将社会成员中由经济、政治地位造成的社会距离,称为"垂直距离";由交往疏密造成的社会距离,称为"水平距离"。罗伯特·E.帕克(Robert E. Park)认为,水平距离是一种扩张和缩小的态度,而垂直距离是具有地位差别的优越感和自卑感,是一种个人的主观感受。[②]

在传播活动中,社会距离是指由生理、职业、受教育程度、种族、文化、社会地位等因素影响造成的大众媒介传播者及其传播内容与受众之间存在的关系亲疏程度。传播者和受众社会距离的差异会带来不同的传播效果。处于不同社会文化环境中的传播者和受众,会由于种族、民族、语言、文化等因素而产生信息传播中的一些阻碍,使受众在理解传播内容时会发生偏差甚至误解,从而无法达到最佳传播效果。

首先,教育程度的差异会引发媒介社会距离。不仅受教育程度对大众媒介的传播内容也有很大影响,而且受教育程度不同的受众在媒介选择方面有明显的偏好。有调查显示,大学以上学历的观众更偏好看中央台电视剧,其收视率明显超过省级卫视。此外,在受媒介影响的程度方面,受教育程度不同的受众之间也会存在明显的差异。一般而言,受教育程度越低越容易受到媒介宣传的影响,受教育程度越高越不容易受其影响。

不同职业的受众由于接触的专业知识不同,在接受大众传播媒介上一些专业性较强的报道时会产生不同的结果。例如,大众媒介的科技报道专业性

---

① Perloff, R. M. The third person effect: A critical review and synthesis[J]. *Media Psychology*, 1999, 1(4): 353-378.

② Park, R. E. & Burgess, E. W. *Introduction to the Science of Sociology: Including an Index to Basic Sociological Concepts*[M]. Chicago: The University of Chicago Press, 1969.

很强,经常使用一些生僻难懂的术语,导致科技报道成了一种"内行不爱看,外行看不懂"的文本。对农节目的主要内容是向农民传播科学。如何让专家的科学成为人民的科学? 就需要让科学走进农民的真实生活,真诚地为农民服务。作为一种直接服务于农民生产和生活的节目形态,对农节目需要一种低位进入的姿态,要从农村最常见、最普遍、最急需解决的小问题入手。①

其次,语言的差异是人类无法直播传播交流从而形成媒介距离的重要因素。从人类诞生之日起,语言就是人类传播的重要符号,到了电子媒介占统治地位的时代,语言成为大众媒介上使用最频繁的符号。语言是人类最古老的纪念碑,是我们的历史、文化和精神的最佳载体,是人类进行交际与传播的根据,是我们认识世界、反映世界和改造世界的有力武器。不同的语言包含着不同的社会文化内涵,《圣经》中记载的"巴别塔"的故事充分说明了语言对于交流和传播的重要性。

再次,社会文化差异造成的媒介距离也是常见的。以中国的"春运"为例,中国传统文化中对农历春节的重视以及对全家团圆的愿望,使每年春节都会出现上亿人回家探亲的壮观场面。机场、火车站、汽车站里人山人海,高速公路也是汽车连接成行。人们利用各种交通工具,赶在大年三十之前回家团圆。"春运"也成为每年年末各家媒体关注和报道的重点。中国人对春运报道习以为常,还会通过媒体相关报道安排"春运"期间的购票、出行。而处于不同社会文化环境中的外国人很难理解中国大众媒体上"春运"报道中所包含的那种对家、对团圆的祈盼之情。英国《金融时报》(*Financial Times*)等西方媒体则将中国的"春运"称为"世界上规模最大的人类迁徙,如史诗一般的人口迁徙"。

最后,种族是影响跨文化传播中的媒介距离的要素。媒体对不同种族的态度通过媒介内容传播给受众,从而使受众对其产生某种刻板印象。尤其是在种族单一的国家,受众很少能直接接触到其他种族人群,他们对其他种族的印象几乎完全来自媒介的描绘。在 20 世纪漫长的电影发展历程中,美国黑人一直被塑造成五种刻板形象:汤姆、浣熊黑人、悲剧混血儿、老奶妈和野蛮黑人。② 在 D. W. 格里菲斯(D. W. Griffith)的作品《一个国家的诞生》(*The Birth of a Nation*)中,黑人被描述成野蛮的、喜欢惹是生非和攻击他人的形象。

---

① 吴志斌,姜照君. 如何缩短对农节目与农民之间的"距离"[J]. 新闻世界,2010(2):36-37.
② 张聪. 试论美国电影中的五种黑人刻板形象[J]. 中国校外教育,2008(1):102,36.

即使身处同一种文化环境中,由于不同阶层在职业、受教育程度、社会地位等方面的差异,某些阶层的受众也会无法理解媒介中的传播内容。随着大众传播媒介技术手段的进步,社会经济地位的差距导致受众的"知沟"越来越大,社会分化现象也越来越明显。新的传播技术所带来的信息变革并非对所有人都是均等的,不同受众由于职业、受教育水平、社会地位、经济能力等方面的社会距离,利用新媒介获取新知的能力是不同的。在信息的获取和利用方面,社会弱势群体、受教育程度较低者和社会地位较低者与社会上受教育程度较高人群的差异变得越来越大。

(三)心理距离

埃德蒙·伯克(Ednuend Berk)在《关于崇高与美的观念的根源的哲学探讨》("A Philosophical Erquiry into the Origin of Our Ideas of the Sublime and Beautiful")一文中指出,如果一种危险离我们太近,那么它就只可能引起我们的恐惧而产生不了崇高感,因此我们必须和实际的崇高对象相隔一定的"距离",必须在心理状态上能有一种将具有威胁的东西抛开的能力。[①] 布洛的"心理距离说"认为,距离是"介于审美主体与审美对象之间的一种心理状态",主体只有抛开实用目的,割断利害关系,在他和他喜爱的对象之间"插入"一种心理距离,才能够在审美过程中产生相应的审美体验。布洛同时认为,这种心理状态的"插入"具有自我矛盾性,主体与对象之间离得太远或者太近,都会引起"距离感"的消失。[②]

作为一种介于审美主体和审美客体之间的心理上的距离,心理距离是通过把客体及其吸引力与人自身分离开来而取得的,或是通过主体抛开时间需要和目的而取得的。[③] 在大众传播理论中,作为媒介距离的一个组成部分,心理距离是指介于传播者、受众及传播内容之间的心理上的差异,它包括认知距离、情感距离和意向距离。

认知距离是指传播者和受众对传播内容在理解与看法上的差异程度。认知活动是对客观事物本身存在的反映,不同的受众对相同的媒介内容会有不同的认知。除了双方的受教育程度、文化背景、个性差异等因素外,大众传播认知距离的产生,从本质上看,是大众传播者的组织化、规模化与受众接受

① 转引自:朱狄.当代西方美学[M].武汉:武汉大学出版社,2007:267-270.
② 布洛.作为艺术因素和审美原则的"心理距离说"[M]//中国社会科学院哲学研究所美学研究室.美学译文(2).北京:中国社会科学出版社,1982:92-107.
③ Bullough, E. *Aesthetics*: *Lectures and Essays*[M]. London: Bowes & Bowes, 1957: 96.

的个性化和自主化之间的矛盾造成的①,是客观因素和主观因素共同作用的结果。

形成认知距离的客观因素是事实本身。面对新闻事实,传播者和受众往往有着不同的见解。传播者按照新闻价值选择信息,制作媒介产品;而受众则根据自己的需要对信息进行选择和理解。这样,同一个新闻事实对不同的受众来说意义和价值就不同了。

形成认知距离的主观因素是传播者和受众自身经验、生活方式、文化背景、个人需求、性格和心理结构的不同。各种各样主客观因素的综合作用会造成不同的认知距离:现实世界丰富性与传播符号有限性的矛盾,新闻事实复杂性与新闻报道简约性的矛盾,媒体信息的巨量与受众接收信息的微量的矛盾,媒体多通道与受众单通道的矛盾,传者观念与受众观念的矛盾,等等。

情感距离是指传播者和受众对传播内容在情绪和情感上的差异程度。情绪和情感不同于认知,认知是反映事物的客观属性及其联系的,而情绪与情感反映的则是个体主观意识与客观事物之间的某种关系,即使是同样的客观事物,在不同的人身上也会表现出不同的情绪和情感。

但情感的产生与认知需要的满足与否紧密相连。墨子云:"利,所得而喜也;害,所得而恶也。"(《墨子·经上》)这就把情感与需要的满足与否联系起来了。大众传播中产生情感距离的主要原因是大众媒介能否满足受众的需求和愿望,一旦媒介满足了受众的需求,就能拉近与受众的情感距离。使用与满足理论认为,受众对媒介产品的消费是有目的的,旨在满足某些个人的、经验化的需求。选择性接受理论认为,受众在接受媒介信息时,总是更倾向于选择那些与自己既有立场、态度一致或接近的内容。② 在现实中,受众喜欢接受那些与自己既有立场态度一致的媒介内容,这样可以避免出现认知不协调的情况,从而产生愉悦的情感。

受众接触媒体时都是带有需求的,但不同受众的需求各不相同。某一个大众媒体不可能满足所有受众的需求,这就需要媒介找准自己的目标受众,分析目标受众的需求,通过恰当的形式和步骤尽力满足,实现"分众"传播。

传受双方对信息的认知差异是产生情感距离的直接原因,此外,传受双方在信息传播的动机及目的方面的差异也是产生情感距离的原因,双方找不

---

① 张景云.大众传播距离论——一种心理学视角[M].北京:新华出版社,2009:55.
② 邵培仁.传播学[M].3版.北京:高等教育出版社,2015:308.

到共同的关注点,必然会产生情感的分歧。当然,传受双方在传播中的地位也是情感距离的决定因素。如果传播者高高在上,居高临下,则与受众的情感距离较大;当传播者与受众处于平等地位时,双方的情感距离最容易拉近。①

以往一般认为,尽量拉近与受众的情感距离是大众媒介吸引受众的有力手段,其实与受众保持适当的情感距离才是一个媒体可持续发展的必由之路。一味迎合受众、满足受众需求,以拉近情感距离,有时反而会陷入庸俗化、低俗化、媚俗化的泥潭,导致媒体积极的正向的传播功能逐渐弱化,最终伤害受众的利益。

与认知距离、情感距离不同,意向距离是指传播者和受众对传播内容在行为倾向上的差异程度。所谓意向,是指在某种情境下个人对某种对象的行为倾向,有了某种意向后才会付诸行动。受众在接触媒介内容的过程中,不仅形成认知和情感,还要采取行动,反作用于媒介。意向距离的产生是以认知距离为前提的,离开了认知距离,意向距离就不会产生;而情感距离既可以是意向距离的推动力,也可能是它的阻力。例如,受众接触某产品广告时,可能会产生喜爱的情感,继而促进购买的意向;也可能会产生讨厌的情感,影响购买的意向。

在传播活动中,意向距离对传播效果的实现既有积极影响,也有消极影响。但是,不管是积极影响还是消极影响,它们都不仅仅对媒介所传播的客观事实产生作用,还会对媒介本身产生影响。虚假新闻、虚假广告和媒体流言等,不仅会损害企业形象和新闻媒体的公信力,而且会扰乱公共秩序、影响社会稳定甚至国家形象。

在心理距离的三个层次中,认知距离、情感距离和意向距离是密切联系的。认知距离、情感距离决定了意向距离;同样,意向距离也能控制认知距离和情感距离。它们共同从不同层面、角度影响大众传播过程中的各项要素及其效果。

距离既是有形的、可以测量的,又是无形的、难以把握的。将媒介距离划分为时空距离、社会距离和心理距离,并不能解释所有的媒介距离现象。这与媒介距离的复杂构成及其生成原因有关,也同媒介全球化背景下不同的社会制度、历史文化和媒体性质等密切相关。媒介距离研究应以人本主义为核

① 张景云.大众传播距离论——一种心理学视角[M].北京:新华出版社,2009:57-60.

心，既从社会、心理的角度进行专业研究，也从历史、文化的角度进行跨文化研究，以进一步验证不同距离形式对媒介的影响。同时，要结合我国国情及现阶段的社会文化特点，依据媒介地理学理论，进行调查研究和实证分析，针对不同社会阶层、东西部地区，特别是城乡、体脑、贫富的区别进行更加细化的研究，进而根据媒介距离的特点和具体情况提出改进传播效果、消除数字鸿沟的方案。

三、媒介距离的适度性及其策略

在传播活动中，当各种距离变量互动互助并处于恰到好处的适度状态时，信息传播中的共享、愉悦和共鸣的情感就产生了，从而也达到了最佳的传播效果。这就要求将媒介距离保持在不远不近、不长不短、恰到好处的适宜状态。亚瑟·叔本华（Arthur Schopenhauer）在其著名的"豪猪取暖"的寓言中指出，社会个体间需要保持相互容忍而适度的"身体距离"，否则，彼此间就会制造伤害和疼痛。[①] 朱光潜认为，距离太远了，结果是不可了解；距离太近了，结果又不免让实用的动机压倒美感，不即不离是艺术的一个最好的理想。[②] 所谓"不即不离"，就是适中适度、适可而止、恰到好处。在媒介传播中，适度是人与人、人与媒介和社会相互作用而产生最佳效果的重要原则。

（一）把握适度的时空距离

一般而言，新闻事件发生地与受众在地理空间上的距离越近，受众越容易对传播内容感兴趣，传播者越容易取得理想的传播效果。接近性是新闻价值的标准之一，是指媒体所报道的新闻与受众在某些方面的相似性，包括地理、空间等方面的接近，也包括经验、心理、情感、年龄、职业、道德、风俗习惯等方面的接近。最明显的是地理、空间上的接近性，这对受众的影响也比较大。空间距离越接近，受众与新闻事件之间的地理差异越小，受众就越容易理解事件的来龙去脉。更重要的是，新闻事件与空间距离的接近性会给受众带来与切身利益相关的信息。

空间距离不仅是传播者控制传播效果的一种手段，而且是传播者参与竞争的有力武器。在美国，地方性媒体要比全国性媒体发达得多，地方性报纸一直作为美国传媒的主导力量而存在。像《纽约时报》（*The New York*

① 叔本华. 叔本华美学随笔[M]. 韦启昌，译. 上海：上海人民出版社，2004.
② 朱光潜. 文艺心理学[M]. 上海：复旦大学出版社，2009.

Times)、《华盛顿邮报》(*The Washington Post*)、《洛杉矶时报》(*Los Angeles Times*)等地方性媒体,在全球金融危机和新媒体的冲击下,关闭了在美国和全世界的许多分支机构,将报道的重点集中在当地新闻,此举被认为是地方报业应对金融风暴和新媒体冲击的明智决策。

当然,并不是空间距离越近越好,最佳的距离是适度,让内容适当"陌生化"。凡事皆有度,偏颇和失度是不明智的。"不识庐山真面目,只缘身在此山中。"太近的距离有时不仅会影响传播者对事实的感知和传播,而且会影响受众对媒介内容的理解与接受。以方言报道当地新闻,的确能吸引当地受众,但大量的浅层性、表象性、日常性和重复性的当地新闻,也会让人产生疲劳感,更让受到排拒的外地受众首先逃避。这也正是地方民生新闻常遭诟病的一个原因。

如果说空间是块状的、横向的,那么时间就是线性的、纵向的。在新闻传播中,"接近性"原则是对空间距离的要求,而"时效性"和"时宜性"原则便是对时间距离的要求。要把握好信息传播的时间距离,就要处理好时间的早与晚、快与慢、长与短的距离关系。时效性是指事实发生与新闻报道之间的时间距离,以及新闻面世以后产生的社会效果的时间差距。失去时效,新闻就成旧闻。新闻报道越具有时效性,就越易突显新闻价值、引起受众关注。因此,时效性要求记者迅速及时地把新近发生的事件报道出去,最大限度地缩短新闻事实的发生与报道之间的时间差距。

广播电视多采用录播制式,由于广播电视节目制作与受众接受之间存在较大时间距离,因此广播电视节目在现场感和参与性上有所降低。其实广播电视是最能够发挥同步记录功能的媒介,采用直播制式显然是广播电视节目提高时效性和竞争力的必由之路。目前,世界上许多较为著名的广播电视台的许多新闻节目已采用现场直播的形式。新媒体的加入,更使得事件的发生与新闻的播报慢慢实现了零距离传播。

但是,事件发生与新闻播报、信息播报与信息接收之间的时距有时也非越短越好。在一些突发性新闻事件中,记者如果没有搞清情况而急于发布新闻,有时反而会造成恶劣的社会影响。因此,时效性一定要以新闻的真实性、客观性和公正性为基础。

(二)把握适度的社会距离

社会距离是媒介地理学中一个比较复杂的概念,它是指存在于人与人间的非物理的或形而上的距离,也是指由人与人间的社会等级或文化差别所构成的亲近或疏远、好感或反感的程度。

在信息传播中,亲近、有好感的社会距离有助于形成亲密的人际关系和集体意识,有助于形成水乳交融、团结友好的团队氛围和传受关系。不过"事君数,斯辱矣;朋友数,斯疏矣"(《论语·里仁》)。不论是领导还是朋友,交往过于密集,容易招致厌烦、羞辱、疏远和反感。所以,"君子之交淡若水,小人之交甘若醴"(《庄子·外篇·山木》)。人的交往要适度适量,亲而不疏,淡而不浓。传播与接受两者保持在适当的社会距离之内,也就是关系建立在道义与理智的基础上,才能不被感情和其他因素控制或搅扰。如今,人们在公众场合设立"一米线"、标"保持距离""未满十八岁者禁止阅听"等警语,均是警示当事人要保持适当的社会距离。

社会距离的适度性涉及传播者和受众的生理、职业、受教育程度、种族、文化、社会地位等各种因素,不仅有心理的、文化的、种族的、地域的考量,还有语言上的讲究。麦克卢汉说:"言语是我们决定人体距离的主要手段。人体距离不仅是物质的,而且是情绪的和文化的距离。我们对听不懂自己母语的人说话时,不由自主地提高了嗓门。"①语言是文化的基石,文化是语言的枝干。语言记忆、传播文化,文化影响、制约语言。学习语言必须了解文化,理解文化需要掌握语言。两者互动互助,共进共演。

当一种语言不仅在本国而且在他国获得同广大受众近距离甚至无距离的时空位置时,那么它也就获得了传播和文化的优势地位,若进一步发展则极易形成语言霸权和文化霸权,因为语言不仅是思维的方式,还是自觉的文化形式和意识形态。当今世界的大众传播领域,最明显的语言符号霸权莫过于英语在世界版图上的扩张,以及由此带来的英语文化对其他文化的入侵与挤压。

因此,在大众传播中要把握适度的社会距离。就语言和文化来说,一方面要充分拉近与报道对象的文化距离和专业距离,另一方面要充分考虑受众的文化背景和接受能力,注意语言和文化的融合,尽量用通俗易懂的语言拉近与受众的距离,做到深入浅出、通俗易懂。特别是在跨文化传播中,一定要注重不同国家和地区之间的文化差异性,注意缩小社会距离,使传播内容能够跨越文化差异而得到广泛传播。如果在传播过程中忽视与受众之间的文化差异,就可能在信息接收中产生偏差甚至误解,造成严重后果。所以,只有

---

① 麦克卢汉,秦格龙. 麦克卢汉精粹[M]. 何道宽,译. 南京:南京大学出版社,2000:424.

把握适度的社会距离,才能取得良好的传播效果。

(三)把握适度的心理距离

传播心理学研究表明,适度的心理距离所产生的传播效果和人格感召力比"亲密无间"强得多。也就是说,要取得最佳的传播、接受效果,营造和谐的沟通氛围,传播者、受众同创造的或欣赏的对象——媒介内容之间必须保持一种适度的心理距离,亦即同对象保持一种不即不离、不远不近的恰到好处的心理距离,注意把握好"间歇、等距、含蓄、差别"这四种心理距离的分寸关系。

心理距离是影响传播效果的要素之一,传播中的时空距离以及各种要素形成的社会关系距离最终都将作用于人的心理活动。空间距离的接近能影响心理距离的接近,但也不是绝对的。"有些新闻虽然发生在遥远的地方,但由于新闻发生地与传播地存在着某种特殊关系,也能使新闻价值增高……由于存在着这种特殊关系,两个地方的人民就存在着彼此了解的愿望,空间距离就不再成为接受新闻的心理障碍,反而成为人们需要新闻的一个心理条件。"①

总体上讲,只要注意时空和社会关系上的接近性,即可拉近传播者和受众的心理距离。除此之外,还要注意四点:首先,在对新闻事件的认知上,传播者要努力克服与受众在认知内容和结构上的差异。在新闻报道中,记者通过深入采访、挖掘和思考,得出对新闻事件的认知;而读者一般只能根据记者的报道了解事件的真相,两者与新闻事件的距离相差甚远。这就要求记者在采访和报道中对新闻事件保持一个合适的距离,一方面以受众的角度观察事件,另一方面以客观的态度将自己的思考融入报道中。

其次,在对待新闻事件的情感上,传播者一定要设身处地,推己及人,将心比心,换位思考,不要摆出"不食人间烟火"的架势,也不要发表"站着说话不腰疼"的高论,要尽量拉近与受众的情感距离。"己所不欲,勿施于人。"(《论语·颜渊篇》)这是人文情怀的最低标准。"万物如己。人一定要以自己作为参照物来对待遇到的人和事。"②传播者与受众对新闻事件的认知本来就存在差异,而这种差异性很可能导致两者形成不同的情感。

再次,传播者要尽量考虑受众的态度,减少受众行为与预期效果之间的差距。新闻记者的职业要求他们以专业态度对待新闻事件,当面临新闻事件时,记者的职业性思维使得他们最先思考事件的新闻价值在哪里,这往往与

① 郑兴东,沈史明,陈仁风,等.报纸编辑学[M].北京:中国人民大学出版社,1982:35.
② 邵培仁,潘戎戎.追求和坚守传播学研究中的人文情怀[J].当代传播,2019(5):1.

普通人的思维方式不同,很可能带来记者与受众的冲突。某电视台记者为了反映窨井盖屡屡被盗无人管理的问题,在大雨中蹲守几个小时拍摄到骑自行车的人摔伤的画面。报道虽然促成了相关部门对窨井盖的处理,但是也引起了观众的强烈不满。观众纷纷指责记者明明知道没有窨井盖的地方极易发生事故,却不设立警示牌,任由骑车人接连发生摔伤事件。这一结果是记者意想不到的。

相对于记者因专业主义精神而与受众产生的距离,媒体所表现出来的"集体冷漠"更值得警惕。在这个泛娱乐化传播的时代,媒体为了吸引受众眼球,对某些报道对象所表现出的"名为关注、实则冷漠"的态度令受众寒心。在2007年甘肃女子杨丽娟疯狂追逐歌星刘德华,并最终导致杨父自杀的事件中,媒体扮演了极不光彩的角色,受到人们的批判。媒体的这种对"眼球效应"的追逐以及对生命的漠视,引起了受众极大的反感。香港中文大学新闻与传播学院副教授冯应谦在接受采访时表示:杨丽娟事件,传媒要负上一定责任。杨丽娟一家若无资助,可能早已"知难而退"。一些媒体利用金钱的协助,延续其追星的愿望,令事件可以继续发展,此举涉及"造新闻",有违新闻道德,属不可接受的行为。① 媒体应当对此类事件进行反思:恶意炒作虽然能在短时间内提高媒体的发行量或收视率,但也使受众对此类媒体心生厌恶,甚至产生抵制行为。

总之,不同媒介具有不同的传播特性,并由此带来不同的媒介距离感。媒介距离在大众传播中可以说是一种客观存在,没有距离就没有传播。大众媒介需要做的是把握适度的媒介距离,以达到良好的传播效果。当然,除了考虑媒介的类型,传播者还需要根据具体的媒介类型、传播情境和目标受众使用不同的适度距离策略。

---

① 杜燕.“杨丽娟事件”发展至今 传媒要负一定责任[EB/OL].(2007-04-06)[2021-05-20].
https://www.chinanews.com/ga/mptx/news/2007/04-06/909711.shtml.

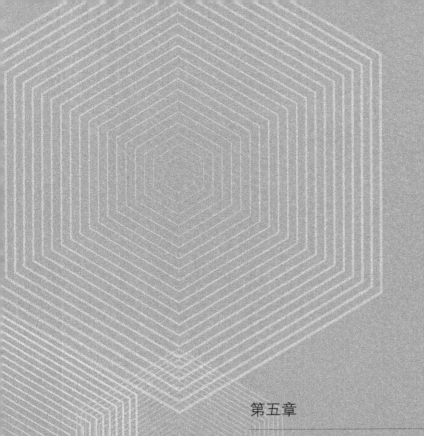

第五章

时间：媒介地理系统的变化与流动

　　如果说空间(space)是一颗颗珍珠,那么时间(time)就是能将它们串联在一起的红线;如果说空间是一块块的碎片,那么时间就是能将它们拼凑在一起的黏合剂。时间与空间紧密相连,共同"构成宇宙的基本物理维度"。"社会时间与社会空间作为'时空'而永恒地联系在一起。"①任何学术研究只要未理性地对待时间,就会被人们认为是轻视时间维度或缺乏历史纵深感。

　　"人类回应历史、参与历史、创造历史的前提是对于历史的自觉,这种自觉首先表现为科学的时间意识。"②在物理学研究中,爱因斯坦的相对论认为:"时间"是"空间"的第四维存在,即线性时间也具有非线性的特点。在地理学研究中,时间是一个非常重要的概念。随着社会的发展,人们关于时间的观念也在发生着转变。正如哈维在《后现代的状况》(*The Condition of Postmodernity: An Enquiry into the Origins of Cultural Change*)一书中所言:"不同的社会培养不同的时间观念。"③在时间观念变迁的历史进程中,媒介的发展占据了不可忽视的重要地位。"以数字化技术为先导,大众传播媒介从根本上改变着人们的生产方式、生活方式和思维方式。"④在信息社会的背景下,以钟表为表现形式的时间观念受到越来越多的挑战,塑造新型时间观念的任务已经历史性地落在了以电子媒介为首的大众传播媒介身上。

第一节　时间与媒介时间的概念及性质

　　"时间是世界的一个剖面,通过对时间的纵向考察,我们就能够发现人类

---

① 霍洛韦,赖斯,瓦伦丁. 当代地理学要义——概念、思维与方法[M]. 黄润华,孙颖,译. 北京:商务印书馆,2008:121.
② 刘岸挺."今"与"新"——论李大钊的时间意识[J]. 阅江学刊,2010(2):107.
③ 哈维. 后现代的状况——对文化变迁之缘起的探究[M]. 阎嘉,译. 北京:商务印书馆,2003:242.
④ 邵培仁. 媒介管理学[M]. 北京:高等教育出版社,2002:35.

心理、社会结构、历史发展和人类文明的变迁历程。"①"时间是伟大的发明者，真理是时间的产儿，不是权威的产儿。"②"时是伟大的创造者，时亦是伟大的破坏者。历史的楼台，是他的创造的工程。历史的废墟，是他的破坏的遗迹。世界的生灭成毁，人间的成败兴衰，都是时的幻身游戏……时的问题，真是不可思议。"③"时间之所以不可思议，正是因为与之相关的论述东鳞西爪，无法统一。"④

一、时间：概念及其性质

《现代汉语词典》对"时间"有三种解释。一是物质运动中的一种存在方式，由过去、现在、将来构成的连绵不断的系统，是物质的运动、变化的持续性、顺序性的表现。二是有起点和终点的一段时间。三是时间里的某一点。⑤这是人们对于时间比较普遍的认知。在人文地理学中，对时间有着两种不同的看法。一种看法是将时间视为一种地理维度，认为时间是能够精确测量的东西；另一种是将时间视为社会变化，其重点在于"时间的内容"。利科认为，时间具有三个层次：一是"内时性"（within-timeness），指的是日常生活的时间再现，事件于其间发生，在叙述上体现为编年体的形式；二是"历史性"（historicality），除了直接指涉一组事件，还喻指一种时间性的结构，它是生与死之间的延伸，强调过去的影响力；三是"深度时间性"（deep-temporality），被当作最可信的时间经验，将来、过去和现在都将融入这种非实体化的多元时间统一体中。⑥

《淮南子·齐俗训》曰："往古来今谓之宙，四方上下谓之宇。""空间具有可视性，土地、山陵、墙垣、坛场、宫室都可以构筑起一定范围的空间。时间却没有触感，人们只能通过天文、气象、人物生死、代际更新等媒介，来体会时间的推移。""时间与空间是人类活动的基本框架。"⑦如果说春夏秋冬四季、十二

① 邵培仁. 媒介时间的拐点：迎接时间突破空间的革命[J]. 现代视听，2020(2)：85.
② 李大钊. 李大钊全集：第4卷[M]. 石家庄：河北教育出版社，1999：179.
③ 李大钊. 李大钊全集：第3卷[M]. 石家庄：河北教育出版社，1999：360.
④ 转引自：奥斯本. 时间的政治——现代性与先锋[M]. 王志宏，译. 北京：商务印书馆，2004：52.
⑤ 中国社会科学院语言研究所词典编辑室. 现代汉语词典[M]. 7版. 北京：商务印书馆，2016：1184.
⑥ Ricoeur, P. *Time and Narrative*[M]. McLaughlin, K. & Pellauer, D. (trans.). Chicago: University of Chicago Press, 1986：61-62.
⑦ 转引自：薛梦潇. 早期中国的月令与"政治时间"[M]. 上海：上海古籍出版社，2018：2.

个月二十四节气是自然时间,儿童节、青年节、愚人节等表示的是社会时间,那么那些被赋予了政治意义和愿望的节日(如国庆节、建军节、中国国耻日、国际大屠杀纪念日)就是政治时间。自然时间是天文地理的客观存在,而社会时间和政治时间则是人为再造的活动秩序。

随着信息社会的来临,社会科学家对于时间的认知正在悄然发生着改变。英国社会学家约翰·厄里(John Urry)以不太确信的口吻提出"即时性时间"的看法,"据称钟点时间在一定程度上正被所谓'即时性时间'所取代",这基本上接近了时间变化的本质[①];英国社会学家齐格蒙特·鲍曼(Zygmunt Bauman)则在《流动的现代性》(*Liquid Modernity*)一书中提出了"软件时间"的看法,"一旦人们能够以电子信号的速度跨越空间距离,时间再也不是'获得某种东西的迂回曲折','软件时间'的'接近瞬时'预示着'空间的贬值'"[②];美国休闲学家托马斯·古德尔(Thomas L. Goodale)等则提到"计算机时间","计算机标志着一个新的时间定向,计算机的速度是十亿每秒,远远超出人的感知极限,在此之前,速度从未超出人的意识范围"[③]。

二、媒介研究中的时间

"人类虽然本能地具有时间意识,时间现象似乎是不言自明的事实,但是要从时间现象中来把握时间本身,却不是人类一开始就能做到的,它必须依赖于人与自然关系的充分发展和人自身思维能力的提高。"[④]理解媒介时间,最终的目的正如超现实主义画家萨尔瓦多·达利(Salvador Dali)在其传世名作《记忆的永恒》中展现的三只柔软、弯曲、正在熔化的时钟那样——超越时间,获得自由。

在媒介的研究历史中,时间(time)作为一种变量被许多学者多次提及过。英尼斯的媒介偏向理论、麦克卢汉的地球村学说、新闻叙事实践理论等都体现了媒介与时间的内在脉络。作为一种物质实体,媒介总是以某种形态存在于一定的时间和空间中,并显示出其独特的性质。书籍、报纸、杂志等媒介是

① 厄里.关于时间与空间的社会学[M]//特纳.社会理论指南.李康,译.上海:上海人民出版社,2003:522.
② 鲍曼.流动的现代性[M].欧阳景根,译.上海:上海三联书店,2002:185.
③ 古德尔,戈比.人类思想史中的休闲[M].成素梅,马惠娣,季斌,等译.昆明:云南人民出版社,2000:148.
④ 杨河.时间概念史研究[M].北京:北京大学出版社,1998:9.

占有空间的媒介,广播、电话、电报、手机等是占有时间的媒介,而电影、电视、电脑等是时空兼具的媒介。英尼斯在《帝国与传播》(*Empire and Communications*)及《传播的偏向》等著作中指出,传播媒介具有偏向性。所谓偏向就是"传播的形式可能会对传播的内容产生影响"。英尼斯认为,任何媒介都具有时间的偏向或空间的偏向。偏向时间的媒介是指"易于长期保存但却难于运输"的。在权力结构的关系中,偏向时间的媒介有助于树立权威,从而有利于形成等级森严的社会体制。显然,英尼斯所研究的"时间"是针对媒介的时间跨度而言的,根据他的观点,现代的电视、广播应该都属于"偏向时间"的媒介。

麦克卢汉在他所著的《谷登堡星汉璀璨:印刷文明的诞生》(*The Gutenberg Galaxy*)一书中提出了"地球村"的概念,"新型电子条件下的相互依存性,把世界重新塑造成为一个地球村的形象"①。之后,这一概念成了一个广泛使用的名词,实际上麦克卢汉认为,媒介具有的超越时间和空间的力量,在改变着人类信息接收方式的同时,也跨越了地域和时间的局限,使人类更加相互依赖和彼此了解。麦克卢汉强调了电子媒介对于人类信息流通时间周期和地域限制的突破作用。

涉及新闻的叙事理论认为,叙事作品的功能之一就是将事件的时间扭曲后嵌入故事的时间,制造新的时间架构。换句话说,在新闻传播中,时间是重新安排并具有相对独立的叙事能力的,安排时间的先后、多少不仅可以体现时间的重要与否,而且可以反映新闻事件的紧迫性和重要性。广播电视电影媒介和新媒体视频媒介中的内容信息包括广告都是以时间来计算和编排的,因此,在这里时间还体现了金钱、权力、价值观和意识形态,立体地表现了时间的叙述力量。

时间是人类日常生活行为中最基本的参考量之一,正是由于时间的"无声无息",传播学研究者们很少专门从媒介的角度去审视时间。即便如此,在许多有关媒介的研究中,我们仍然能够或多或少看到一些有关时间的思想闪光点。

---

① 转引自:莱文森. 数字麦克卢汉——信息化新纪元指南[M]. 何道宽,译. 北京:社会科学文献出版社,2001:95.

第二节　媒介推进时间观念的变革与创新

在时间观念的演变史上，人类曾经先后经历了三次时间革命，即自然时间的革命、钟表时间的革命、媒介时间的革命，现在也许正在面临受众时间的革命。当下，在信息主导的新型社会形态里，媒介重新建构了人类的时间观念。时间观念的媒介化导致人类对时间的分配也逐渐趋向媒介化，人们会按照媒介时间来安排生活。

一、时间观念的变革

在第四次时间革命的前夜，一种以时间颠覆时间、以时间突破空间的智能时代的智能时间革命即将到来。在这一过程中，记载时间的介质越来越先进，测量时间的精度越来越准确，但人也越来越为时间所捆绑，变得不再自由了。

(一)自然时间和农业文明

自然时间是以天文规律(日月星辰的运转)、季节流转(春夏秋冬的交替)、植物生长(花草树木的枯荣)等自然现象为参照标准的时间体系。在各种事物的运动变化中，在长期的劳作实践中，这些规律性的自然现象作为传播媒介开始进入人们的观念世界，为人们时间观念的形成奠定了原始的基础，人们慢慢地体会到了自然时间的客观存在。因此，自然时间是农业文明的产物，带有农业社会缓慢变迁、稳定平衡的若干特征。

日晷、圭表是中国人最早创制出的利用阳光下影子移动的规律，测定二十四节气和回归年长度的天文仪器。作为农耕文明重要标识的农历二十四节气(太阳从黄经零度起，沿黄经每运行15度所经历的时日称为"一个节气"。每年运行360度，共经历24个节气，每月2个)，就是人类在自然时间革命中形成的重要成果。农耕社会创造的日晷、圭表、沙漏和历法等简易计时工具和方法，成了当时人们对于时间的最基础的理解方式。

(二)钟表时间和工业文明

钟表时间是以事物运动(日晷、水钟和沙漏)和物体摆动(机械钟摆)的等时性规律为控制标准的时间体系，以抽象的时间单位(时、分、秒)定时。随着钟表在机械技术上获得突破，钟表从最初的奢侈品成为大众消费品。从时间标准的混乱到19世纪末期标准时区的确立，钟表时间终于逐渐普及，并占据了社会系统的重要位置,成为推进工业文明的强大力量。

钟表时间既是人类对时间的认识与把握的进步,也是工业文明和社会进步的产物。当人类劳作进入集体化、规模化和流水作业的阶段,当工业生产越来越标准化、科学化和精细化,过去那种粗疏的自然节气与简陋的计时工具已经很难满足社会的需要。于是,比较准确的钟表计时方法的出现解决了这一难题。随着钟表在全社会的普及,它不再仅仅是一项简单的机械技术,而是成为一种时间的符号甚至身份的象征。同时,这也引起了社会形态和日常生活的深刻变化。

过去,人们从自身的需求出发,借由历法来安排生产生活。那时,时间只是一种工具性的存在,个人具有较大的主动性和支配权。而在工业社会,作为人造时间的钟表时间,不但成为工业生产的组织者,还成为统治者,成为工业社会有条不紊的关键。人们已经不能像在自然时间时期那样根据天体规律、人体信号和个人兴趣喜好而自主地支配时间和分配时间,甚至也不能按照客观事物的情境和一帮人的需要而自由地安排时间和组织活动。标准时区和"首都时间"(如北京时间)的确立,一方面有效避免了时间管理中的无序和混乱,另一方面也彻底改变了自然时间的原有规律和秩序,让相距千里的人在相同时间和相同天象的情况下,得到"同时不同天,同天不同时"的空间景观和时间感受。①

拉尔夫·沃尔多·爱默生(Ralph Waldo Emerson)认为:"文明人制造了马车,但他的双脚却渐渐丧失了力量。""他有了一块精致的瑞士表,但他失去了通过太阳准确地辨别出时间的技能。他有了格林尼治的天文手册,当他需要什么信息的时候,他能准确地从中查到,但生活在喧嚣城市中的人连天上的星星都认不出来了。本是极生动的日历,对他来说只不过是一张张纸罢了。"②因此,发明可能成为某种阻碍,文明可能成为某种束缚。如何正确地使用越来越先进的计时工具,正是人类面临的重要难题。

(三)媒介时间与信息社会

19世纪以来,科学技术以及传播媒介的发展,如飞机、汽车、广播、电报等的出现,使得社会的时空特征呈现出与以往时代不同的许多新特点。特别是,近几十年来随着信息传播技术的进步与迅速普及,电视、手机、网络等新

① 邵培仁,黄庆. 媒介时间论:针对媒介时间观念的研究[J]. 当代传播,2009(3):21-24.
② 爱默生. 心灵的感悟[M]. 李磊,文小勇,译. 北京:当代世界出版社,2002:18.

兴电子媒介得到了广泛运用,不仅显示时间的钟表面临生存危机,而且同钟表时间有关的各种观念、体制和形态也都面临挑战和抉择。

1.计时工具的媒介化

媒介化既指媒介与传播的物质实体,也指媒介与传播过程中产生的各种社会现象,它甚至还可以将创新、科技、生产、内容、消费等内容纳入媒介地理学研究的视野。媒介是地球运转过程中人类社会活动的印迹和记载,是人类对时间的记忆和想象,也是人类对自己的认识和反思的载体和工具。随着传播媒介与时间器物的融合的加速,纯粹显示时间的钟表变得越来越少,取而代之的是兼容了显时、媒介、通讯、娱乐等各种功能的科技器物,小到手机、电话、笔记本电脑、收音机,大到电视机、台式电脑等,几乎所有的电子媒介都具有了计时的辅助功能,有的甚至比钟表的功能更全。例如,有些手机的秒表便可以精确到比秒更小的单位,还能显示日历表和不同时区的时间。随着这些新兴媒介在生活中运用的普及,它们逐步替代了钟表的角色。

2.媒介对人们日常生活时间的建构

电子媒介工业通过内容的组织、节目的编排和时间的提示等手段,不仅完成了时间参考标准的转化,塑造了以炫目性、瞬时性、碎片性、断裂性和当下性为特征的媒介时间,而且改变了人类传统的时间感知方式,进入了无历史感、无未来感、无实体感的虚拟化时间感知环境,并对人类的工作和生活进行了颠覆和重塑,实现了以媒介时间为参照系的人类日常生活和工作的新节奏、新次序和新结构。

首先,某个节目会取代精确的钟表时间,成为人们的时间参考标准。也就是说,一个节目长期在固定时段播出,这能够培养观众的收视习惯,它慢慢会形成人们日常生活的时间参照,使人们可以不用依赖钟表来掌握时间。举个例子,对于很多家庭来说,洗澡时间被安排在《新闻联播》结束以后,而晚饭时间被确定为某电视剧播出之前。实际上,在这样的家庭中,电视时间表已经取代了时钟时间,成为家庭内其他活动的时间参考标准。

其次,电子媒介通过电视剧、天气预报、广告、新闻等节目碎片的连贯性、周期性组合,以小时、天数和星期把一年建构起来,并为人们的生活提供连续性的时间坐标,这是一种更为长期、深刻的媒介影响。当我们透视一些人的日常生活时,从早上的新闻到中午的娱乐,再到晚上的电视剧或者电影,电子媒介按照生活的规律为这些人安排好了每日的时间进程,并几乎贯穿始终。

再次，对标志性媒介事件的营造也是媒介影响和改变观众时间观念的重要方式。实质上，媒介通过媒介事件完成了更长时段的时间参考标准的转移，媒介事件是某种意义上的日历、周历甚至年历。大众传播媒介将不平常的媒介事件人为平常化，创造周期性的引人注目的事件，从而完成对日常生活时间的建构。针对北京奥运会和上海世博会的倒计时设置和会期安排，国外媒体就有所谓"北京时间"和"上海时间"之说。就"倒计时"这一动词性短语来说，它一方面十分准确、清楚、科学地描述了重大社会事件发生时间的逼近，有种时间的紧迫感；另一方面也是指我们同事件发生地的距离已经越来越短，有种空间的靠近感。如今，"倒计时"已被普遍采用，而且超越了使用范围，成为一个适用性极强、适用范围极广的兼具时间和空间特点的词语。央视《春节联欢晚会》已成为中国传统节日——春节的标志之一。对于很多人来说，春晚节目和年夜饭就是除夕的全部。而在平时，各种体育比赛和节日（如植树节、端午节、五一国际劳动节、六一儿童节、中秋节、国庆节）等都会掀起收视的热潮，时间就在这些接连不断发生的看似散乱实质富有规律的事件中被串联起来。① 着重于社会现象描述的阿尔文·托夫勒（Alvin Toffler）在其《未来的震荡》（Future Shock）一书中描述了传播媒介这一隐蔽的功能："在美国，对大多数城市居民来说，春天的到来不是以草木突然萌发的嫩芽为标志——在曼哈顿很少见到绿色，而是以棒球赛季的开始为标志。"②

最后，手机、网络等新兴媒介的出现和普及，不仅极大地压缩了空间和距离，将世界变成地球村、休闲屋，更是以其互动性、个人性、即时性的传播特点颠覆了人们对时间形态的传统认识，造成了时间呈现和时间刻度的当下性、即刻性、零碎性的偏离，从此时间便缺乏了久远感、厚重感和积淀感；新的时间观不仅进一步解构和重塑了人类日常生活和工作的时间程序，改变了人们对历史文化和社会传统的认知和解释，也影响着他们的当下行为和未来方向。有专家惊呼："时间自在地流逝，而人则在疲于奔命的生活节奏中创造了时间的威权，并使自己成为时间的奴隶。"③

的确，不同的时代有不同的计时工具（圭表、日晷、沙漏、钟表、广播电视时间、软件时间、手机时间等）及其变革，也有不同的应对时间的观念。如果

---

① 卞冬磊，张稀颖. 媒介时间的来临——对传播媒介塑造的时间观念之起源、形成与特征的研究[J]. 新闻与传播研究，2006（1）：32-44，95.
② 托夫勒. 未来的震荡[M]. 任小明，译. 成都：四川人民出版社，1985：440.
③ 吴国盛. 现代化之忧思[M]. 北京：生活·读书·新知三联书店，1999：127.

说农业时代要有"顺应农时"的"顺时"观念,工业时代要有"遵守工时"的"守时"观念,信息时代要有"随时随地"的"随时"观念,那么进入智能传播时代后,可能只需有"机干人看"的"脱时"观念。

"时间实际上是人的积极存在,它不仅是人的生命的尺度,而且是人的发展的空间。"①在时间演化的过程中,人也经历了"从奴隶到将军"的漫长旅程。当时间一步步突破空间的限制甚至控制时,人类也逐步由受天地束缚、受机器约束的窘境过渡到人机互动协调,并即将进入智能机器代工的越来越自由、越来越舒畅的境域,时空变得越来越柔软和人性化,而生产效率却越来越高,生产质量还越来越好,"人的积极存在"得到了充分释放。

人是时间的主人,时间是人的奴仆。无论是神话传说夸父追日②、后羿射日③,历史传说驻景挥戈④,还是《超市夜未眠》影片中能使时间停止的主角本,这些传说和影片的主角都在证明,追赶时间、摆脱时间的束缚,并最终战胜时间、控制时间,是人类孜孜不倦的永恒追求。尽管自然时间是稳定的,由地球自转决定,人类无法改变,所谓时间不等人、历史不等人,但社会时间却是有弹性的,人是可以改善的,因而人可以同时间赛跑、与历史并进,并且苦干可以赢得时间、压缩时间,而巧干特别是"机器换人"的智能生产则能赢得和压缩更多的时间。懒怠的人只会拖延时间、浪费时间和生命。⑤

由此可见,以新媒介和广播影视等为主力军的电子媒介,正以排山倒海之势,攻城略地,销蚀空间的差异,荡平山河的阻隔,迅速地将人类带向一个与传统的文化旨趣和经典的时间模式相反的方向,迈向让人既兴奋不已又担惊受怕的不明朗的未来时空。

① 马克思,恩格斯. 马克思恩格斯全集(第47卷)[M]. 中共中央马克思、恩格斯、列宁、斯大林著作编译局,译. 北京:人民出版社,1972:522.
② 《山海经·大荒北经》载:"夸父与日逐走,入日;渴,欲得饮,饮于河、渭;河、渭不足,北饮大泽。未至,道渴而死。弃其杖,化为邓林。"
③ 《淮南子·本经训》载:"帝俊赐羿彤弓素矰,以扶下国,羿是始去恤下地之百艰。逮至尧之时,十日并出。焦禾稼,杀草木,而民无所食。猰貐、凿齿、九婴、大风、封豨、修蛇皆为民害。尧乃使羿诛凿齿于畴华之野,杀九婴于凶水之上,缴大风于青邱之泽,上射十日,而下杀猰貐,断修蛇于洞庭,擒封豨于桑林。万民皆喜,置尧以为天子。"
④ 李白《日出行》:"鲁阳何德,驻景挥戈。逆道违天,矫诬实多。"传说周武王率领诸侯讨伐殷纣王,旌旗飘扬,杀声四起,战斗非常激烈,周武王的部下鲁阳公愈战愈勇,敌人望风披靡,眼看天色已晚,鲁阳公举起长戈向日挥舞,吼声如雷,太阳又倒退三个星座,恢复了光明,终于全歼了敌军。
⑤ 邵培仁. 媒介时间的拐点:迎接时间突破空间的革命[J]. 现代视听,2020(2):85.

二、时间安排的媒介化

媒介不仅建构了人们对时间的观念，重塑了人们对历史、当下和未来的感知，更进一步影响着人们对时间的安排。例如，电视节目进行时间安排的初衷是适应人们的工作和生活，但结果却是人们按照电视节目的时间制订计划。总的来说，在当今社会，个人的媒介消费时间越来越长，而且呈现出从对现实时间的消费转向对虚拟时间的消费的态势。

(一)媒介消费时间的变化

"社会时间是现实的、正在生存的平均的人正在或者已经经历过的时间"①，也包括历史时间、过去时间中正在生存的平均的人没有经历过的事件过程，可以分为社会生活时间和社会工作时间。传承与延续是其常态，断裂与破碎是其异态。个人时间是指千变万化的个人规模的事件在社会时间中占有的时间单位，是社会时间的细胞和组成部分。

在个人时间中，用于消费媒介的时间正呈现出逐步上升的趋势。在日本，1975年日本广播协会(NHK)广播舆论调查所为了弄清闲暇在国民每日生活时间中所占的比重，曾进行过一次广泛调查。结果表明，日本人的闲暇时间在每日生活时间中约占1/4，在闲暇时间内接触大众传播媒介的时间又占整个闲暇时间的73%，而用来看电视的时间最多，听广播和阅读的时间最少。这既反映了人们的社会时间与个人时间、日常闲暇时间与工作时间已逐步持平的事实，又说明了大众媒介在个人时间和闲暇生活中占有越来越重要的位置。

乔治·康斯托克对美国人的闲暇生活情况分析道："看电视据称是比包括吃饭在内的其他活动次要的事情。但电视却占去了全部闲暇时间的整整1/3……甚至各种社交性的活动，包括在家里、在外面同他人谈话，都不能同电视在自由时间中所占的统治地位相比拟；这种社交性活动只占闲暇时间的1/4。阅读、学习和使用其他大众媒介的时间只占15%。到别的地方去和做别的事——远足、狩猎、看歌剧等等——只占闲暇时间的5%。电视成了美国自由支配的生活中的主要组成部分。"②

根据20多年前的调查，我国城镇居民的日平均闲暇时间为6小时25分。

---

① 刘德寰. 年龄论——社会空间中的社会时间[M]. 北京:中华工商联合出版社,2007:61.
② 转引自:施拉姆,波特. 传播学概论[M]. 陈亮,周立方,李启,译. 北京:新华出版社,1984:251.

而闲暇时间中看电视所用时间是 3 小时 38 分,看电视占闲暇时间的 56.6%。① 如今,虽然离退休人员依然是观看电视的主要群体,而且时间更长,但是网络直播用户规模实现持续爆发式增长。《第 46 次中国互联网络发展状况统计报告》数据显示,截至 2020 年 6 月,中国网络视频(含短视频)用户规模达 8.88 亿,占网民整体的 94.5%。其中短视频用户规模为 8.18 亿,占网民整体的 87.0%。②

保罗·法斯(Paula Fass)说:"电视定时地出现在我们多数人面前,就像晚宴上的不速之客,像睡魔,它常常是导师,而对许多人来说,又是天天相处的伙伴。它是一种习惯、一剂镇静药,当它让我们熟悉美国社会的事实和幻想时,又是一位社会调解员。"③可见,个人不仅占有越来越多的社会时间,还占有越来越多的媒介时间,特别是电视时间。

(二)虚拟时间的出现

在人类的现实时间之外,当代人特别是网络成瘾者还存在一种与现实生活并存的虚拟时间,即他们生活在一个既沉浸其中又超脱其外的社会结构里,过着一种既活着又不活着、既存在又不存在的特殊生活。外在的他们虽然也像一般人那样生活和工作着,然而,内在的他们因为沉浸在网络游戏、网络聊天、网络视屏等娱乐活动之中,已经深入某种与现实世界有着一定距离的、虚拟的特殊境界中。这些置身于虚拟时间中的人,对于现实时间中的一切期待、规范、要求甚至重要价值都有可能不予理睬,而对于那些非主流的次价值、为社会所反对的观念却充满热情。

在虚拟的世界中,虚拟时间不只是单纯的被重新建构的线性时间,还包含着重新建构在复合时间中的新闻事件、娱乐内容,以及在其间获得的传播科技、媒介内容和认知系统相互作用的意义与情趣。因此,对于网络时代的先行者来说,世界既不是自然的或物质的,也不是被事先确定和给予的,而是在人与机器的互动中由传播科技、媒介内容和认知系统共同组成的超级系统或想象空间。如何将真实时间与虚拟时间中的优质价值发挥到最大,将其劣质价值降低到最小,是我们必须面对的问题。

互联网中的博客、虚拟社区、网络视频等网络自媒体的跨时间与地理性

---

① 胡秀梅.电视休闲与休闲电视[J].争鸣与探讨,1998(12):13-14.

② 中国网信网.CNNIC发布第 46 次《中国互联网络发展状况统计报告》[EB/OL].(2007-09-29)[2021-04-13].http://www.cac.gov.cn/2020-09/29/c_1602939909285141.htm.

③ 转引自:邵培仁,陈建洲.传播社会学[M].南京:南京大学出版社,1994:293.

将真实世界中的时空压缩,让网民们在自我意识里摆脱了真实时空的约束,完全沉醉于网络所营造的这个虚拟世界,在这里它们不仅具有了更多的自主选择和控制的权利,而且也拥有了更多的能够操控的时间。真实生活的一切似乎都可以通过网络来完成,甚至上班都可以搬到家里,约会可以放在网上,所有的日常生活都和媒介深深地联系在一起。①

第三节 时间:影响媒介生产的关键指标

如果说报纸杂志的生产主要反映了人类对媒介空间的经营,那么广播影视的生产则主要体现了人类经营媒介时间的智慧。作为空间媒介,报纸杂志向读者和广告客户出售的是载有新闻、娱乐和广告信息的媒介空间;而作为时间媒介的广播影视,它向受众和广告商出售的则是载有新闻、娱乐和广告信息的媒介时间。

一、广播影视的生产与时间

中国传统文化的观念是,身体即天地。麦克卢汉说:媒介是人体的延伸。媒介的每一种延伸、技术的每一点进步,其背后都包含着身体的考量,体现了时间的立场。从电报到电话,再从广播、电影、电视到电脑、网络和手机,电子媒介的发展将人的身体的容忍度和信息传递的时效度逐渐推至极限。更重要的是,电子媒介的内容本身就是围绕着时间维度进行内容的生产、制作、编辑、传播、营销、推广和广告招揽与销售,都是以时间(时、分、秒)来思考、计量、划分、展现、定价和出售的。

在中国,广电媒介产业经营研究开始于 20 世纪 80 年代。从那时开始,中国的广播电视媒介产业才开始以世界上其他国家所没有的速度和广度迅猛发展,有关的广播电视产业理论研究也打破了传统的研究领域和研究方法,开拓了广播电视媒介产业经营研究的新天地。随着中国改革开放进程的不断加快,传播学界的媒介产业经营管理研究也在不断升温,既有系统、鲜明的学术性、理论性,又有针对性较强的中国媒介经营管理研究论著,取得了显著的科研实绩。媒介产业经营管理研究由此成为一个令人瞩目的研究门类,初步形成了较为科学的研究体系。

---

① 塔洛. 分割美国——广告与新媒介世界[M]. 洪兵,译. 北京:华夏出版社,2003:142.

而从时间的概念入手,则为广播影视产业经营管理研究引入了一个崭新的切入点和分析视角。对于电子媒介来说,时间既是它运营和传播的核心和要素,也是它经营管理的重要资源和关键环节。因此,电子媒介就是时间媒介。电子媒介中传播的全部内容都需要在时间维度上进行,时间是电子媒介所有内容得以存在的介质和空间。经营和管理好时间是电子媒介的头等大事,这决定了电子媒介的生死存亡。如果电子媒介公司没有经营和管理好时间,那么它必然是一家失败的企业。

　　实际上,针对媒介经营中的时间管理与研究,很多学者已经提出了许多有价值的观点和看法。我在《媒介经营管理学》[①]和《媒介管理学》[②]两书中,较早对时间在媒介运作中的经营管理进行过较为深入全面的探讨。《论电视的时间经营与销售》一文则更进一步,该文研究电子媒介的一个最重要捷径,就是它的时间经营与销售。受众作为广播电视媒介的消费者,支出时间与金钱来交换该项媒介产品即广播电视节目,媒介则把受众的时间卖给广告客户。时间是一项稀缺资源,广播电视媒介如何在资源有限的前提下,满足从受众到广告客户乃至全社会在信息与娱乐等方面的各种需求,便成为其最大限度盈利的市场起点和动力。对于媒介经营管理者来说,受众时间具有不可逆性、非均质性、可变性和商品性。对受众时间的争夺,就是对受众注意力的争夺;对媒介影响力的争夺,最终也是对媒介社会效益和经济效益的争夺。该文认为,对于受众时间的关注与重视,既是当代世界以人为本观念的体现,也是媒介经营管理中对最本质、最核心问题的理解与把握,这同时也反映了人类时间观念由低层向高层、由物质层面向精神层面跃升的基本规律。[③]

　　在此基础上,《论电视的时间经营与销售》一文提出了电视节目时间管理和编排应遵循的五个原则:(1)依据电视节目的覆盖范围;(2)依据受众的分布和组成情况;(3)依据受众的作息规律和收视心理、收视习惯、收视时间情况;(4)依据电视节目内容的不同领域的特点和重要性、新鲜性、接近性等价值要素;(5)依据本电视台的专业特点、专业特色和专业追求。该文还提出了电视节目时段选择的要领,如时段的选择要依循受众的"收视流向",要清楚每个时段的受众是些什么人,有多少,这些受众可以分别"卖"给谁,最佳时段

---

①　邵培仁,刘强. 媒介经营管理学[M]. 杭州:浙江大学出版社,1998.

②　邵培仁. 媒介管理学[M]. 北京:高等教育出版社,2002.

③　转引自:邵培仁. 媒介管理学[M]. 北京:高等教育出版社,2002.

应有最佳剧目相配合,等等。① 此外,该文还对时段与节目编排的策略提出了若干建议。

从时间的角度来研究电子媒介的经营管理,抓住了媒介经营管理中的核心问题,是符合电子媒介本身的特点和规律的。首先,这种研究思路体现了电子媒介的经营实质,把时间看作媒介与受众、媒介与广告客户沟通的关键。其中,节目时间、广告时间等的可创造性、商品性、生产成本与价格不对称性等因素构成了媒介产品"生产过程"的管理经营;而受众时间的不可逆性、非均质性、可变性和商品性等构成了媒介产品"销售过程"的经营管理。

其次,"媒介时间"思路下的媒介经营管理,充分利用了电子媒介改变人类时间观念的特性。这是以人为本的管理观念的具体体现,也是媒介经营管理中对本质和核心问题的理解与把握。目前,对于"媒介时间"的认识,很多电子媒介的经营者和研究者还停留在"媒介使用时间"的阶段,这种认识简单地把时间看作一种"计量单位"而不是电子媒介经营的内容和核心问题,显然是不恰当的。而针对"媒介时间"的电子媒介经营管理研究,还只是零星地出现,尤其缺乏系统的研究和更深入的定量研究。而这一切需要从重视"媒介时间"这一概念开始。

二、媒介生产中的时间管理

时间在电子媒介尤其是电视的生产经营中发挥着重要作用,电子媒介通过节目时间的编排、节目时段的选择等方式来实现对受众的更好的传播。粗看,时间似乎对电子媒介所传递的信息没有产生影响,但事实上,电子媒介和纸质媒介内容的生产、销售与传播,尤其是新闻内容的生产与传播,根本离不开时间考量与时间管理及其效率。媒介生产和传播中时间管理的关键指标是:时效性、时宜性、时代感。

(一)时效性

人们常说,"时效性是新闻的生命"。时效性是新闻最基本的特征之一,是新闻报道的一个重要核心,是新闻的生命力所在。在媒介竞争激烈的今天,新闻的时效性被各家媒体提到了非常重要的高度。新闻的时效性侧重表达传播时间、新闻事件与传播效果的关系,其中还要考虑传播环境的外在因素。从理论上来说,时效性是指事实发生与新闻报道发生之间的时间差(时

---

① 转引自:邵培仁. 媒介管理学[M]. 北京:高等教育出版社,2002:373-374.

距),以及新闻面世以后激起的社会效果的相关量,即新闻产生应有社会效果的时距限度。也就是说,新闻报道在什么时间范围内才会具有传播效果和社会影响力。时效性要求记者迅速及时地把新近发生的事实报道出去,最大限度地缩短新闻事实的发生与报道之间的时间差。时效性是新闻存活及构成新闻价值的重要条件,也是新闻的新鲜、珍贵之所在。新闻姓"新",只有"新"才能吸引受众,否则就变成了"明日黄花",无人问津了。

新闻的时效性与社会结构的变化和传播技术、通信手段的进步紧密相关。网络、手机等新媒体的兴起在新闻时效性方面对传统媒体形成了很大的压力,对时间限度的要求越来越苛刻,时效性变得原来越强了。网络新媒体在时效性方面的特殊优势,并不意味着传统媒体可能无所作为了。报纸、广播、电视等传统新闻媒体仍然自有优势、各具特点,完全可以在新闻来源、报道体裁、媒体平台竞争中最大限度地追求时效性。比如,传统媒体可以充分利用先进的传播技术(智能传播、精准传播、高清、高分辨率)来加强自身在时效性方面的竞争,可以利用记者分布广、新闻来源多、渠道可靠等专业化特点和设立新闻热线等联络方式增强新闻时效性,还可以通过加强媒介内部制度建设和机制优化来提高具有真实、客观、诚信品质的新闻传播的时效性。

时效性的竞争对媒介来说固然十分重要,但中国新闻媒体必须将社会责任和社会效益放在第一位,必须有利于国家利益、民族团结与社会和谐。

(二)时宜性

人们在生活中常讲"机不可失,时不再来",它同样也适用于信息传播和媒介管理,这就是对时宜性的把握。时宜性在新闻学中指的是新闻报道的最佳时机。最佳时机不仅要求新闻记者和编辑人员对新闻事件具有极强的敏感性,碰到好的报道时机,就立即采写,立即发稿,还要求记者和编辑对当前的社会状况有一个正确的认识。一篇报道要取得最佳的传播效果,除了要求时效性以外,选择适当的恰到好处的发表机会也是非常重要的。由于所处的社会地位不同,看问题的角度不同,对局部与整体、眼前与长远、主观与客观等方面的认知也不一致,因此人们在决定新闻事实的取舍和发表时机时就会存在一些矛盾。

报道同样一个事件、表达同样一个主题,在不同的时间进行报道会产生不同的效果。毛泽东同志曾经说过:"对具体问题要作具体分析,新闻的快慢问题也是这样。有的消息,我们就不是快登慢登的问题,而是干脆不登。"[1]例如,在案件报道中就要非常注重对时宜性的把握。对案件报道时间的把握,学界和业界大致有三种说法:一是立案说,指案件一经立案就可以报道。从理论上说,这种主张并没有什么错误,因为一旦启动司法程序,按照法治社会公开透明的原则,针对公民、法人开展的司法活动是要接受包括媒体在内的社会监督的。这时候进行客观的报道,并不必然损害司法独立。二是结案说,即案件办理完结以后,才允许采访报道。不少司法界人士都持这种主张,目的是防止"媒体审判"。三是文责自负说,就是案件从立案到结案,新闻机构可以在自认为适合的时间以自负其责的态度如实报道。[2] 无论哪种说法,都要求记者在案件报道时遵循时宜性原则。

凡事有其时,选对了时机,不仅可以趋吉避凶,还可以达到事半功倍的效果。选错了时机,原本是好事也会被歪曲成坏事。对新闻传播与媒介管理时宜性的把握,要看准当时媒介所处的政治、经济、文化气候以及受众心理承受能力,这样才能抓住时机及时出手,做到"不鸣则已,一鸣惊人"。否则,就像网上的一则笑话:"机会就像小偷,来时悄无声息,走时损失惨重。"

(三)时代感

在当今激烈的媒介竞争中,如果只依靠贴近性、趣味性、服务性,媒介已无法满足人们对信息的需求。我们处在一个瞬息万变的信息时代,知识的更新以前所未有的速度猛增,人们需要媒介来提供具有时代感的信息。媒介对时代感的把握,必须把握历史的脉络,站在时代的潮头,顺应社会的发展,引领时代的潮流。媒介对时代感的把握主要体现在三个方面:媒介内容的时代感、媒介形式的时代感以及媒介语言的时代感。

(1)内容的时代感。媒介内容的时代感表现在媒介始终要高扬时代的主旋律,反映时代的灵魂,歌颂时代的新风尚,抒写时代的最强音。在市场经济条件下,对时代感的弘扬最重要的是要着眼于国家中心工作的大局、着眼于时代精神的记录、着眼于当下人民群众的生活。

(2)形式的时代感。不管是报纸杂志还是广播、电视、网络,它们的形式都应当积极吸收当下传播元素、反映当下审美风尚、突出时代特征、保持鲜明的时代感。

---

[1]　毛泽东. 毛泽东新闻工作文选[M]. 北京:新华出版社,1983:193.
[2]　王松苗. 案件报道的时机与跟进[J]. 新闻战线,2004(3):45.

(3)语言的时代感。历史的车轮滚滚向前,每个历史阶段都有其时代特征、语言特色与反映特殊社会现象和事物的新句新词。作为时代的记录者,媒介应当以客观、公正、真实的态度来反映和记录每个时代的变革。媒介只有运用反映时代精神的最鲜活、最生动的语言,才能把这个时代中出现的新事物、新人物、新气象、新精神展现出来。

第四节　媒介时间:媒介与传播研究的新视角

媒介时间主要是指以广播电视的节目编排、时段选择和时间提示等时间符号为参照标准的时间体系,包括频道(频率)时间、节目时间、广告时间和接收时间。媒介时间作为人类新的时间观念,正是电子媒介技术和媒介内容共同作用的结果,它不仅仅代表人类计时和媒介技术的进步,也体现了电子媒介的内容和人类的生活与工作。

一、媒介时间的社会影响

对媒介时间进行研究的一个重要方向,是批判性地研究媒介时间对社会的影响,以及人对时间的感知和利用,即分析研究媒介对于人们时间观念和时间对于社会行为的影响、塑造过程及其路径。

媒介时间塑造人类新的时间观念,帮助人们更好地安排、经营和管理时间。同时,新的时间观念的建构,不仅会改变人的精神面貌和生活工作状态,而且会对政治、经济、文化等带来深刻的影响。"时间就是金钱""浪费时间就是浪费生命"。可以说,在信息社会里,谁拥有先进的富有竞争力的媒介时间观念,谁就能创造奇迹。因此,研究媒介时间及其对社会的影响,就构成了"媒介时间论"的一个重要研究板块。

实际上,媒介时间研究是带有批判学派性质的媒介研究,与电子媒介经营管理的行政学派的研究正好构成一个硬币的两面。媒介时间所涵盖的意义更为宽广,不仅是电子媒介中节目时间、广告时间的经营管理,还包括全部媒介的内容和符号建构起来的一系列日常生活的时间参照标准体系,以及由此产生的社会影响。那么,媒介对于人们时间观念的塑造有何特征,对社会发展和人类生活会产生哪些利与弊……? 一系列问题构成了媒介时间的批判研究。

时间意识是人类存在的根本特征,几乎所有的文化类型都是以一种特定的时间感为基础的。但是,随着科学的兴起和主体的张扬,怀疑主义瓦解了信仰的基础,线性时间失去了其终点,同时也意味着未来确定性的丧失,于是人们对时间的焦虑取代了对生命的感伤,生存变成了无方向性的时间箭矢。危机随即产生。"现在"成了大众躲避危机、消费欲望与进行"末世狂欢"的场所。媒介文化试图通过反时间来克服时间的危机,最终将人类推入时间的深渊。这种对时间危机问题的追问,从根本上讲,是追寻人类自由生存的过程,尽管最后的结局是如此无力又无奈。①

媒介时间的形成具有瞬时、零散和无序的特征。以电视和手机为代表的传播媒介通过技术和内容的双重作用形成对人类日常生活的普遍渗透。电子媒介的瞬时性加剧了人们对信息流动加速的心理感受,特别是在现场直播成为一种常态性报道手段后,瞬时传播对观众的心理冲击变得非常巨大。媒介时间带来的"瞬间时间"的感觉,加剧了人们对事物"即时满足"的需求。大众传播媒介内容的零散化特征,必然影响到人类的思维方式,造成人们整体知觉的退化,我们再也不能集中注意力关注持续性的事件,而是习惯于消化短小的、琐碎的、简单的文字,我们对时间不再有持续的、整体的感觉。同时,电子媒介重新安排事件的时序结构,形成"电子云"式的媒介时间模式,这种处理手法颠覆了我们日常生活中经历事件时的那种线性的、有序的时间感觉。媒介事件作用于人的精神世界,是向人格化的一种回归,它将钟表时间体系瓦解,使时间再次与人紧密相连。②

在电子媒介时代里,存在着一定的"时间缺憾",即电子媒介混淆了受众对于真实时间和虚拟时间的感知,造成对自身的异化;并且对电子媒介的过度使用使得人际沟通减少,造成了另一种层面上的沟通障碍。③ 此外,电视媒介在不同的技术发展阶段,也显现出人类"不同的时间感受"。媒介技术形态程度不等地表征着人类心灵深处的时间意识结构,在对这些深层意识结构进行的研究分析中,我们可以发现电视数字化进程的内在动力,即来自人类深层心理中试图把握与控制时间的欲望。④

张梦晗在博士学位论文中写道:"人们在媒介时间上的消耗越多,对于生

---

① 姚力,蒋云峰. 大众文化的时间困境[J]. 吉林大学社会科学学报,2002(2):76-81.

② 卞冬磊,张稀颖. 媒介时间的来临——对传播媒介塑造的时间观念之起源、形成与特征的研究[J]. 新闻与传播研究,2006(1):32-44,95.

③ 金琛. 电子传播媒介的社会时间[J]. 湖北广播电视大学学报,2008(2):67.

④ 梁国伟. 绽出在电视媒介形态中的时间意识[J]. 当代电影,2006(1):119-123.

活本体的关注就会越少。"可见,对媒介时间的关注和投入越多,越是容易忘记时间。时间作为劳动买卖的衡量物似乎是公平的,但工作的流动性和脱域性造成的"无时间计量之时间"却没有体现劳动的价值。电子媒介狡黠地提供了一种看似平等的共时性假象,其背后却是资本和技术根深蒂固的二元性。"真实和虚幻、过去与将来、在场及不在场混杂地弥漫在媒介时间之中,媒介时间正在经历的仿真性向其开放了一片未知的广阔世界。"①

近年来,世界银行在研究贫困问题时又提出了"时间贫穷"的概念。认为"时间贫穷"是穷人应对"经济贫穷"的结果。所谓时间贫穷,是指一些收入低下的劳动者没有时间做自己真正想做的事,他们为了生计常常需要延长工作时间来换取物质水平的保证和提高,从而导致他们非常缺乏让自己身心放松的休闲时间和媒介消费时间。长久以往,国内生产总值(GDP)可能上升了,但是人们的幸福指数却急剧下降;生活水准可能上去了,但是人们的"信息贫穷"和"知识贫穷"的程度反而加重了。更可怕的是,快节奏的生活和工作往往不仅会导致时间上更加"贫穷",而且会导致精神和物质上的"双重贫穷"。

国际营销大师比尔·奎恩(Bill Quain)为此写出了《建立你的时间资产:倍增财富,开创有闲人生的 5 大法则》(*Overcoming Time Poverty*)一书,试图告诉人们如何计算时间的价值,如何少工作而多获得,如何回避与远离那些占据你时间的荒谬的事和人,如何跳出"工作高速路"而在"你死我活"的激烈竞争中解放自己。简而言之,就是如何克服时间贫穷、建立时间资产、过上富裕生活。② 但是,我们感觉奎恩更多的是在给白领和富人们出谋划策,对穷人真正要解决的"经济贫穷"和"时间贫穷"甚至"知识贫穷"问题帮助不大。

媒介时间的批判研究立足于对媒介作为社会的一个重要组成部分的认知,把媒介置身于社会和历史发展的大环境中,并从时间观念塑造的维度去考量和分析。这种研究从宏观文化的角度,提出媒介时间建构日常生活结构、心理认知和社会影响等的观点。相较于针对媒介经营管理的行政性研究,批判研究更有根本性的质疑意味,具有更深远的意义。在这个信息时代和消费时代,"媒介时间"的社会影响研究是值得我们的传播学者长期关注的问题或思考的维度。

---

① 　张梦晗. 媒介时间论:信息社会经验下的媒介存在与多重时间[D]. 杭州:浙江大学,2015:196.
② 　奎恩. 建立你的时间资产:倍增财富,开创有闲人生的 5 大法则[M]. 路卫军,坤伟,译. 北京:中国青年出版社,2007.

二、媒介时间与新媒体

媒介时间的研究因电子媒介而起,以电子媒介时间为主要对象和重要标志,但它又是全媒介的和全社会的。我们看到,在 2008 年北京奥运会的洗礼之后,从广播电视到互联网,再到具有通信、上网、娱乐等丰富功能的手机,各种新兴媒介无处不在,不仅在奥运报道中发挥了重要的作用,而且不断地深入人们的生活中。可以预见,在电子媒介越来越多地占据我们的生活空间的同时,以互联网为基础的各种新兴媒介必然对我们的日常生活产生更为巨大的影响。不仅如此,相较于电视和广播,手机、网络等新兴媒介的互动性、个人性、即时性的传播特点,更加颠覆了人们对时间形态的传统认识,其对于日常生活中时间的建构作用将更加明显和直接。

例如手机,它融合了所有有利于加速信息传递的优点;在空间位置上,它的便利轻巧,使它可以伴随躯体和交通工具进行流动;在信息传输上,电子技术助它一臂之力。手机结合了以前所有媒介对载体的运用方法,在超越时间、加快信息流动上更胜一筹,在细微之间缩小了发送信息到接收信息之间的时间沟壑。毫无疑问,在手机越来越普及的同时,我们的时间观念必然会发生巨大的转变。

对于媒介时间的研究而言,新兴媒介的涌现让媒介时间研究所描述的图景得到越来越明显的体现,也出现了很多新情况,那么媒介时间的研究自然有更多的必要性。从媒介的社会影响研究来看,互联网和手机等新兴媒介的发展,使"媒介时间"更加炫目、瞬时、零散与无序,因此无论是对于人们日常生活的建构,还是对于人们的时间体验和心理认知来说,媒介时间的批判研究都会有更多的视角,无论是有利的,还是有弊的;而对于媒介的经营管理研究而言,无论是传统媒介,还是新兴媒介,都需要在融合的过程中,从时间这一维度来考虑媒介管理和整个媒介产业的发展,更多地提出有价值的符合自身特点的观点。

三、媒介地理学如何研究时间

时间作为物质运动的顺序和物质的存续方式,既包括事件出现的顺序和位置,也包括事件存在的刻度和时距,即个人知觉到的事件的顺序性、持续性、存在方式和时间距离。同时,它还包括世纪、时代、时期、年、季、月、日、时、分、秒和过去、现在、未来等各种不同的关于时间刻度的表述。每一种表述都有着十分丰富的文化历史内涵和人类生活语义。随着自然时间的人性化、社会化和媒介化进程的加快,人类也在持续不断地对时间观念进行拷问、质疑、思考和重新认识。

时间是一种文明,因为只有人类才具备时间观念;时间是一项社会制度,在社会的土壤中生成,随不同的社会形态而改变;时间是世界的一个截面,通过对时间文明的考察,我们就能够发现社会结构、人类心理的变迁历程。了解了时间的进程,就了解了社会的纵向变化,以及文明的一个侧面。从柏拉图、康德、黑格尔到尼采、海德格尔、弗洛伊德,都试图运用不同的历史视角去把握时间的主观性;而从毕达哥拉斯起,历经亚里士多德、开普勒、牛顿、莱布尼茨、爱因斯坦、霍金,都试图运用数学、天文学、物理学、生物科学作为工具去解析时间的自然性。

在《媒介理论前沿》一书中,我围绕媒介时间,分别从不同角度和层面对工作时间与学业时间、社会时间与个人时间、延伸性时间与压缩性时间、直线性时间与周期性时间、真实的时间与虚拟的时间等进行过分析和阐述,提出了一些新的观点,此处不再赘述。[①] 下面我们介绍和论述西方文化地理学者是如何对时间进行研究的,也许能给我们提供进一步研究的可行性路径。

(一)时空收敛

早在狭义相对论中,物理学就已经向人们揭示了时间膨胀和空间收敛的时空性质。如果时间有膨胀性,那么它就具有收敛性;相反,如果空间有收敛性,那么它也具有膨胀性。时空收敛(time-space convergence)是基于一个世纪内人们穿越相同距离所需时间的急剧减少、世界好像突然“变小了”的实际,由唐纳德·G.贾内尔(Donald G. Janelle)提出来的概念。他选用乘坐马车、火车、飞机在两个城市之间旅行所需时间的数据建构了一个时空收敛曲线图,从而表明从17世纪到20世纪,同样是穿越于爱丁堡和伦敦之间,旅行耗时如何从几周减少到几个小时。他还更精确地计算出1776—1966年两个城市之间的平均“收敛率”为每年29分钟。[②] 时空收敛论与麦克卢汉1967年在《理解媒介:人的延伸》(*Understanding Media:The Extensions of Man*)一书中首次提出的“地球村”概念,有异曲同工之妙。“地球村”是指随着广播、

① 邵培仁,等. 媒介理论前沿[M]. 杭州:浙江大学出版社,2009:106-110.

② Janelle, D. Spatial reorganization:A model and concept[J]. *Annals of the Association of American Geographers*,1969,59(3):348-364.

电视和其他电子媒介的出现，人与人之间的时空距离骤然缩短，整个世界紧缩成一个"村落"。将这两者结合起来进行分析研究，将会给人许多启迪。

（二）时空路径

托斯坦·哈格斯特朗（Torsten Hagersteand）曾在研究时间地理学时对时空路径（time-space paths）进行过充分阐述。他设计了一个模型图，时间（从早到晚）处于向上延伸的轴线上，空间（家、单位、剧院、餐厅等）处于横向交织的圆框中，通过这个三维图追踪个人执行每天的任务时，以家为中轴线（早上离开家，晚上回到家）的纵向和横向的时空路径①，可以得知他社会交往的复杂性和广阔性，进而也可以得知他的工作性质、社会声望和经济地位。如果一个人的时空路径局限于家庭与单位两点一线之间，而另一个人的时间路径则经过家庭、单位、酒店、会场、机场等众多场所，两人的工作性质和人生质量是不一样的。有些媒体机构根据播音员、主持人、记者、编辑、媒体领导的工作性质和时空路径的不同，分别给予不同的车费补贴，其道理也在这里。城市管理者根据市民的时空路径确定"交通高峰期"和节假日"人口集中带"，并进行科学管理和合理疏导，也是遵循了时空路径的活动规律。

（三）时空压缩

时空压缩（time-space compression）是哈维从"空间被时间湮灭"的想法中逐渐形成的一种论点。他认为，为了"占领空间"就必须产生"新的空间"，而"新的空间"又必然造成一种世界普遍"加速"的感觉，从而导致一种"压倒一切的压缩感"。因此，时空压缩就是"把空间与时间和经济必要性与文化表达两方面相连接"导致时空收敛压缩世界"空间屏障"的结果。② 在现代资本主义关系中，这个缩小着的世界是"创造性破坏"周期过程的一部分。

媒介时空压缩可以推进媒介时空扩展，而媒介时空扩展也需要借助时空压缩。广告语"给我一天，还你千年"，讲的就是将经济必要性和文化表达相连接形成媒介时空压缩后可以大幅拓展媒介时空。在媒介作品中，百年千年的历史与文化可以轻松地、经济地压缩在一部小说、一台戏曲、一部电影中，甚至数千年的历史经验和教训可以压缩在一篇论文或几句话当中。因此，恰当地运用媒介时空压缩，可以让一个人的信息、知识、思想和情感世代流传，

---

① 转引自：霍洛韦，赖斯，瓦伦丁. 当代地理学要义——概念、思维与方法[M]. 黄润华，孙颖，译. 北京：商务印书馆，2008：123.

② Harvey, D. *The Condition of Postmodernity*[M]. Oxford：Blackwell，1990.

也可以将几代人的人生历程聚焦于一刻。

（四）时空整合

根据时空整合的框架体系，伊曼纽尔·沃勒斯坦（Immanuel Wallerstein）从费尔南德·布劳德尔（Fernard Blaudel）的社会时间分类得到启发，提出了短暂时间、摹制时间和结构时间。所谓短暂时间，是指"通过事件、事迹、特定时刻和偶然事件来追溯变化的传统历史上的时间"①。沃勒斯坦确定了以事件发生直接场所的地缘政治空间作为空间的对应物，由此创造了短期地缘政治时空。1937 年 7 月 7 日的"七七事变"的对应物就是卢沟桥。摹制时间是指能够反映趋势和周期变化的具有意识形态特点的时空形态。美国东部时间 2001 年 9 月 11 日早晨 8:40 发生的"9·11"恐怖袭击事件，其对应物就是美国纽约世界贸易中心双塔地标性建筑，这说明世界范围内的恐怖主义开始蔓延。1949 年 4 月 23 日深夜，人民解放军攻下南京城，它标志着一个旧政权的覆灭和一个新时代的开始，其对应物是 4 月 27 日拍摄的"占领南京总统府"的照片及南京总统府的旧址。结构时间主要指支撑着社会的长期缓慢的日常活动的线性结构成分，如早中晚三餐。这三种时间形态犹如时空金字塔，从上到下，由少到多，由精到粗。短暂时间位于塔顶，其内核由偶然事件和重大事件组成；摹制时间位于塔腰，其内核由反映历史趋势和周期变化的事件或活动构成；结构时间位于塔底，日常生活和工作是它的主要构成部分。

此外，时空等待也是一个应该引起人们注意的问题。社会和媒介制度变迁既需要时间过程，也需要社会和媒介成员进行心理预热和知识更新。通常人们都习惯于在既有制度之下生活，因为他们拥有在既有制度下生活和工作的心理定式和行动知识，这使得他们能够有把握地、熟练地、快速地应对各种各样的现实问题。新的制度环境要求新的心理和知识，当计算机作为记者、编辑们必须掌握的劳动工具进入大众传播过程时，给出一定时间和空间对记者和编辑进行专门的计算机操作和使用培训是必需的。如果尚未经过教育培训过程，就把他们贸然推入计算机和网络传播系统的工作环境之中，那么他们将会无所适从，传播和媒介系统就会陷入失序和混乱之中。因此，在进行一项新的变革和新的制度设计时，必须充分考虑时空等待问题，而不可急于求成、操之过急。以为个人不需要任何时间过程就可以进入所有的知识结

---

① 转引自:霍洛韦,赖斯,瓦伦丁. 当代地理学要义——概念、思维与方法[M]. 黄润华,孙颖,译. 北京:商务印书馆,2008:124.

构和"真理"空间的想法是天真的。

互联网、社交媒体、大数据、云计算、人工智能等信息技术的飞速发展及其向社会各领域的强力渗透，不仅给人类带来了深刻的智能时间革命和全新的全球空间景观，而且给人类的工作和生活带来了巨大的冲击和改变。时间压缩，空间贬值，世界变成了地球村、休闲屋，工作和生活因其灵活的互动性、个人性、即时性而变得支离破碎和随意任性，时间更少了久远感、厚重感和历史感。在这个极速的智能社会里，传统的边界和空间正在消弭、坍塌，过去的时间观念也面临挑战和重构，原本不成问题的人类学也急需重新改写，跟不上智能时代潮流的弱势群体特别是缺乏基本智能传播素养的老人和穷人正在被漠视和无情抛弃。对此不能置之不理，必须抓紧研究、重新审视和制定一套所有人都认同和参与的时空友好和谐的规则。

但是，任何规则都必须体现人的价值、人性特点和人文情怀。"天道循环"，"日月有常，星辰有行"。虽然时间是客观的存在，但时间观念却是人类的创造，时间也是人类在使用和遵守的。因此，时间观念应该既有个人特点和群体特征，又有民族特色和国家性格。全球整齐划一、毫无差别的时间观念是不存在的，因为时间观念是一种文化基因，可以遗传和继承，也可以历练、培养和弘扬。争分夺秒、时不我待、与时俱进、只争朝夕、时间就是金钱，这些都体现了中国人、中华民族独具特色、历久弥新和持续养成中的时间观念。①

纵观人类时间观念革命的历程，我们发现：(1)结构时间是人类社会时间体系中的主体和常态，自然时间也是人类时间体系中的核心和根本，它们是其他时间体系建构的基础和前提。(2)记载时间的介质越来越先进，测量时间的精度越来越准确，但人却被时间绑架，成为时间的奴隶，变得越来越不自由。(3)人类时间的显示正在向具象的、流动的、视屏化方向发展。(4)人类的时间体系呈现出与农业社会、工业社会、信息社会相对应的等值的关系，并且是一种互动互助、共进共演的生态关系。(5)人类时间体系的未来建构已经呈现出充分关注人类身心特点与需求的趋势，体现了螺旋式上升的演化规律，当下，弹性工作制、目标考核制已渐进实行，居家办公、生产分散化已呈现趋势。(6)媒介生命力一方面在历史观念的支配下努力延续和拓展信息传播的时间长度和场域，以提高自身的文化影响的深度与广度；另一方面又在时

---

① 邵培仁. 媒介时间的拐点：迎接时间突破空间的革命[J]. 现代视听,2020(2):85.

效观念的逼迫下竭力收紧和压缩信息传播的时间线条和体量,以争取"先声夺人""先发制人"的传播优势。(7)时间是一种稀缺资源(一天 24 小时,一年 365 天),只要掌握了时间体系、时间安排和对时间的解释,也就掌握了社会生活和人的行为。(8)先进的富有竞争力的时间观念,健全完善的时间制度,能创造历史和奇迹。媒介的形态及其内容的革新,似乎要永远在这种复杂的矛盾关系中纠缠、博弈、发展和演化。

作为人类认识世界的第四维,时间特别是媒介时间的概念充满神奇和诱惑。主流传播学研究基本上是一种静态的理论研究,大多缺少媒介时间因素的介入与考量。传播学和媒介理论研究至今尚未令人满意地处理时间问题,政治学、社会学理论中虽然有时间概念,却缺乏准确性和精确度。目前,关于媒介时间的研究才刚刚开始。"媒介时间论"对于媒介经营管理的研究,还需要与媒介地理论、媒介空间论、媒介生态论、媒介演化论和经济学、管理学等理论相结合,寻找和建构真正符合媒介规律、推进媒介改革的路径和体系;"媒介时间论"对于社会影响的研究,可以和媒介霸权论、媒介人种论、媒介执政论与政治学、社会学、文化学等理论相互参照,更为全面地认知媒介和社会的关系;"媒介时间论"对于学科建设的研究,可以同时间史研究、计时科技的研究、媒介理论和传播理论的研究结合起来,积极探讨建构媒介时间学的理论体系与研究框架。

总之,媒介时间论期待学人的加入,呼唤学科的交叉,寻求思路的突破,企望体系的建构。

第六章

地方：媒介地理要素的社会建构与文化记忆

地方感是一种强烈的、通常是积极地将我们与世界联系起来的能力,但是,它也能够变成有害的和摧毁性的。[①] 社会意义和空间的建构,是与地方联系在一起的。正是地方与地方之间组合起来的意义,才让空间这一概念具有实质性的内容。人们关于空间的常识往往是由一些相关的概念所构成的,如市中心、市郊、街区,它们涉及具体的地方以及彼此相互作用而形成的景观。这些能够提供某种社会建构、文化记忆与价值认同的地方,在媒介地理中显得尤为重要。

第一节　地方是媒介地理学的核心概念

地方(place)是与媒介地理学中与空间、时间、景观、尺度并列的五个核心概念之一,也是最为复杂的地理概念。对于地方,我们很难下一个明确的定义。《辞海》对"地方"的解释是:"领域""处所"以及"我国中央以下各级行政区域的统称"。[②]《简明牛津词典》给出的"place"(地方)的含义有20多种。在西方地理学史上,地理学家使用"地方"的方式和情境是多种多样的,这一概念的产生和发展经历了几个阶段。

20世纪30年代,美国地理学家理查德·哈特向(Richard Hartshorne)首次提出将"地方"作为地理学研究的重点。他认为,地方对于地理学学科特点的建构具有重要作用,地方是使地理学成为独特学科的原因:地理学应当研究唯一性而非普遍性。"二战"中,一些地理学家由于地方研究浮于表面而对地方研究产生怀疑。同时,在"二战"后以专业化为规范的背景下,许多地理学家强烈感受到使地理学更为严谨精确的必要性。因此,"二战"结束后,作

① 汉森. 改变世界的十大地理思想[M]. 肖平,王方雄,李平,译. 北京:商务印书馆,2009.
② 夏征农,陈至立. 辞海:第六版彩图本[M]. 上海:上海辞书出版社,2009:435.

为人文地理基本概念的地方及其相关研究被"打入冷宫"。新一代的地理学家学习和运用数学和统计学方法，努力将地理学打造成为一门空间科学，地理学也不再寻找个性化和独特的东西，而试图像物理学那样发现相似性、规律性和普遍性。但是，这种数量化研究又将地方研究推向绝境，使其成为"没有人的地理学"。

直到 20 世纪 70 年代，索尔、F.鲁克曼（F. Lukerman）与段义孚等人本主义地理学家挑战传统观点，认为空间科学是"非人文的"，它忽视了人类生存中主观的、定性的、情感的方面。在他们看来，地方表示的是一种对世界的态度，强调主观体验而非空间科学的冰冷生硬的世界；人们不是生活在地理空间的框架中，而是生活在充满内涵的人的世界中。鲁克曼提出，地理是关于存在于各个地方的世界的知识，而地方是在一个与其他地方通过人流、物流产生关联的特定区位的自然和人文组合。他认为："地方研究是地理学的主题，因为地方意识是立即而显见的真实的一部分，而非精细复杂的论题；地方知识是个简单的经验事实。"①

人文地理学先驱爱德华·瑞尔夫（Edward Relph）对"地方"做出总结，并给出了"地方"的新定义："地方是通过对一系列因素的感知而形成的总体印象，这些因素包括环境设施、自然景色、风俗礼仪、日常习惯、对其他人的了解、个人经历、对家庭的关注以及对其他地方的了解。"②在经历了 20 世纪中期的暗淡之后，地方重新成为地理学的核心概念之一，人文地理学家不断丰富并扩展了地方的含义。

美国华裔地理学家段义孚的著作《空间与场所：经验的视角》（*Space and Place：The Perspective of Experience*）中论述了地方的含义。他认为："地方可以用很多方式定义，其中之一是，地方是任何能够引人注目的固定目标。注视一方全景时，视线只会驻留在我们感兴趣的点上，每次停顿都足以产生地方意象，在我们的视野中，暂时形成庞大的阴影。"③他主张将一座城市整体作为一个地方，认为"城市是一个地方，主要是意义的中心。它具有许多极为醒目的象征；更重要的是，城市本身就是一个象征。传统的城市象征化了超

① Lukerman, F. Geography as a formal intellectual discipline and the way in which it contributes to human knowledge[J]. *Canadian Geographer*, 1964(12)：168.
② 转引自：王志弘. 流动、空间与社会[M]. 台北：田园城市文化事业有限公司, 1998：144.
③ Tuan, Y. F. *Space and Place：The Perspective of Experience*[M]. Minneapolis：University of Minnesota Press, 1977：161.

验与人造的秩序,而与现世或地狱的自然之狂乱力量相对抗;其次,它是理想的人类社区之代表"①。段义孚的定义同他的学术风格是一致的,即不喜欢哲学层面的抽象论述,但擅长在具体叙述地理风貌的过程中诠释研究的对象。

瑞尔夫在其名著《地方与无地方性》(*Place and Placelessness*)中写道:"在我们的日常生活中,地方既非独立的经验,亦非可以用地点或外表的简单描述所能定义清楚的个体,而是在场景的明暗度、地景、仪典、日常生活、他人、个人经验、对家的操心挂念,以及与其他地方的关系中被感觉到。"②瑞尔夫认为,地方的本质是"并非来自其位置,也不是来自其服务的功能,亦非来自居住其中的社群,或是肤浅俗世的经验。地方的本质主要在于,将地方定义为人类存在之奥秘中心的、无自我意识的意向性(unselfconscious intentionality)。地方是被意向定义的对象,或是事物群体之脉络背景,它们自己可以成为意向的对象"③。

在当代人文地理学中,"地方"一般有三重含义:作为地方讲,它是地球表面的某一个点;作为地方意识讲,它是个体或群体对地方的主观感受,包括地方在个人和群体中的作用;作为场所讲,它是人们日常生活和交往的背景和场所。④ place(地方)通常也被译为"场所",通常指人们生活和工作的广阔的区域空间,也指人们展开自己日常生活的尺度想象;既是日常生活和面对面交往的客观舞台,又是人们产生和表达情感的主观场景;既有强烈的区域历史传统和地方化色彩,又有强烈的国家背景下的非地方化特征。每一个地方都是唯一的,但又具有与其他地方不同的特征。

总之,地方已经不再是从前的意趣和模样了。从媒介地理学的视角分析,地方既是人类从事某一行为的地方,也是由感知而形成的总体印象。它具有以下特征:(1)地方不是静止的,而是动态的,亦即地方是不断变化的过程;(2)地方不是封闭的,而是开放的,地区的分隔边界已经越来越不具有实质的意义;(3)地方不只是客观的存在,也是主观的感受和叙述;(4)地方不是单一的认同,而是独特的感受,对地方之间的联系与差异的承认与尊重显得

① Tuan. Y. F. *Space and Place: The Perspective of Experience* [M]. Minneapolis: University of Minnesota Press, 1977:161.
② 转引自:王志弘. 流动、空间与社会[M]. 台北:田园城市文化事业有限公司,1998:145.
③ 转引自:王志弘. 流动、空间与社会[M]. 台北:田园城市文化事业有限公司,1998:148.
④ 霍洛韦,赖斯,瓦伦丁. 当代地理学要义——概念、思维与方法[M]. 黄润华,孙颖,译. 北京:商务印书馆,2008:133.

非常重要;(5)地方的特殊性不具有专利权,它是可以克隆、复制和再生产的。整体全球化和传播全球化的大趋势并非意味着一种均质化、复合化过程而使各个地方日渐趋同。相反,全球化的挑战已经促使人们有所警觉,进行反思,认识到地方特色和个性差异与地方的相互依赖同等重要。地方完全可以成为相互联系、相互依存世界中的桥梁和纽带,也可以成为人流、物流、信息流的切换点和扩散地。①

地方媒介的意义既是地方本身所特有的"精气神",也是由人来赋予、强化、认知和接受的"信息场"。地方媒介是地方人、信息与地方性的互动过程,是地方人对于地方的空间历史、空间活动、空间认识和空间期待的特殊传播方式。地方媒介的意义与功能之间的互动互助、共进共演,创造了极富深意且埋藏于地方人意识深处的地方感。

相对于世界或全球来说,地方、国家其实都是某种意义上的本土。如果说地方媒介与国家媒介是一对相融协调、共进共演的合作关系,那么本土媒介与全球媒介就是一种有矛盾、有斗争的竞争关系。"繁霜尽是心头血,洒向千峰秋叶丹。"(戚继光《望阙台》)中国知识分子历来有浓厚的家国情怀。家国情怀是中华传统文化中最宝贵的精神财富,是国人最真挚的情感共识和最浓烈的精神底色。国与家紧密联系、休戚与共,家是缩小的国,国是放大的家,个人命运与民族存亡、国家兴衰息息相关。因此,个人、集体、地方无论如何都要服从和服务于国家,而国家也完全有权利、有条件和有能力统驭、协调个人、集体和地方。

其实,世界和全球传播不仅提供了一幅信息跨国流通、交易和传播的图景,而且提供了一种全新的全球性思维方式、生存体验和竞争意识,也为地方和国家媒介进入全球网络提供了丰富的想象和样本。随着世界由"互联网+"进入智能传播时代,数据和智能的结合正成为人类追逐梦想的强大引擎,成为科技创新的动力源泉和社会变革的坚实基础。全球媒介与国家媒介、地方媒介正在演变成为互动互助、互联互通、有机协调的传播整体。就像地方性特色最显著的纸质媒介无法拒绝全球性影响一样,那些全球性特征最为突出的网络媒体,也无法抛弃地方性所带来的影响。就像曼纽尔·卡斯特尔(Manuel Castells)所说,网络社会是由全球(global)与地方(local)两个相对体

---

① 邵培仁. 地方的体温:媒介地理要素的社会建构与文化记忆[J]. 徐州师范大学学报(哲学社会科学版),2010(5):143-148.

所组织起来的。^① 经济、技术、媒体与制度化权威当局的支配过程都被组织在全球网络之中，但是大家的每日工作、私人生活、文化认同和政治参与本质上则是地方的。因此，即使传播全球化，也不可能把地方的"历史"和"文化"全部抹去，政治、经济、文化方面的任何刺激都会在瞬间将其激活，使其反向演化并上升为全球传播和世界记忆。

第二节　全球化视野中的地方意义与维度

　　"全球化"（globalization）从诞生至今在学术界一直存在着争论和滥用的情况。正如吉登斯察觉到的那样，如今，全球化的概念因被用得过多而失去了一部分解释力。^② 即便如此，我们仍旧要问：如果全球化的概念从根本上改变了我们的地理思维，那么它是如何做到的？而我们现在的媒介地理学研究又进行到了何种程度？的确，大众媒体一方面受到全球化的影响，另一方面也影响了全球化浪潮的演进。但是，大众传播媒介中究竟有多少新的信息和娱乐资源是真正全球化的，而非仅仅是跨国的、国内的、区域的和地方的^③？

　　在媒介地理学的视野中，我们更加关注：在传播全球化、世界同质化的前提下，地方是否仍然能坚守其原有的个性、美德和特色？在世界已经成为一个"地球村"的背景下，地方是否仍然能作为秉持差异性的一个空间而存在？如果真像某些人所说的那样——全球化就意味着地方的末日，传播的地方性正在被"淡化和削弱"，媒介大同的社会即将出现，那么我们是听之任之，还是积极行动起来？这些问题，反映出我们对于地方含义的深入想象，同时也体现了当前媒介环境和社会背景的影响力。实际上，一个地方所拥有的历史往往与实践分不开，正是实践中形成的文化、语言促成了地方的意义；而地方又反过来对实践起作用，加固其政治结构、权力关系和社会秩序。

　　地方是一种主观与客观、特定空间与时间相融合的社会存在。它的意义是变化的和可强化的，也是可以重新设定和赋予的。约翰·斯伯林（John Sperling）等人在《大分裂：乡郊美国 v. s. 城市美国》（*Creat Divide：Retro vs.*

① 卡斯特尔. 21 世纪的都市社会学[M]. 刘益诚，译//许纪霖. 帝国、都市与现代性. 苏州：江苏人民出版社，2006：247.

② Rantanen，T. Giddens and the "G"-Word：An interview with Anthony Giddens[J]. *Global Media and Communication*，2005，1(1)：63-77.

③ Straubhaar，J. *World Television：From Global to Local*[M]. London：Sage，2007.

Metro America)一书中认为,当代政治正在与地方联姻。在美国,地方感也已经深深地嵌入和渗透进了政治文化甚至日常生活之中。以 2000 年和 2004 年美国大选为例,人们看到大选已经成功地将美国分裂为"两个美国",即不再是如往日那样以阶级划分的美国,而是以地域和文化来划分的美国:一个是支持共和党和保守主义的红色美国,主要分布在中西部的乡郊地区;一个是支持民主党和自由派的蓝色美国,大多分布在东西海岸和大湖地区的城市里。在这里,红色乡郊的美国不再是勇敢坚毅的贵族形象,而是狂热好战、粗鄙不堪、总是与低薪水和政府补贴联系在一起的落后形象;蓝色城市的美国也不是保守主义者描绘下的衰微形象,而是见多识广、富有创新精神、开明宽容的形象。①

对于地方的理解,约翰·阿格纽(John Agnew)在其著作《地方与政治》(*Place and Politics*)中将其分为三个维度:(1)地方,指从事某一行为的地方,比如城市。这一维度往往是具体的、能予以标示的对应物。地方是行为的发生地。(2)位置(location),指置于广义社会关系的地方,比如与国家政治或全球经济发展相关的城市位置。这一维度的地方可以用方位关系来使其具体化。(3)地方感(sense of place),指地方的主观维度。对于地方感的体验,往往与人们的主观思维、观察事物的角度、媒介的作用等密不可分。② 三个维度由实到虚、由具体到抽象、由客观到主观,层次分明,有很强的解释性。

对于地方,还可以从空间维度和时间维度加以设定和分析。从空间维度看,地方主要表现为地球表面某一个具体的或想象的地点或范围,这个地点或范围具有一定的不确定性,大到一座城市、一个国家,小到一幢媒介大楼、一个演播室。在一定的参照体系中,地方既具有自然的地理形貌,又具有社会的文化特征;既是物质的,又是精神的。同时,地方概念中存在着时间的维度。由于历史变迁和社会发展,千年前的西安与眼前的西安、二十年前的电视塔与现在的电视塔,不论是景观还是规模均在时间维度上发生了巨大变化。因此,当我们讨论和描述具有某种特征的地方(如报社、电台、电视台、剧院、影院)的时候,只有在特定的时间跨度中才具有意义。

每一个地方都具有不同的背景和环境,因而形成不同的意义。而且,人

---

① Sperling, J. *The Great Divide: Retro vs. Metro America*[M]. Los Angeles: Polipoint Press, 2004.

② 转引自:鲍尔德温,朗赫斯特,麦克拉肯,等. 文化研究导论[M]. 陶东风,和磊,王瑾,等译. 北京:高等教育出版社,2004:148.

们用以确定自身方位的方法,就包括行事、沟通等。处于地方中的人一般通过地方文化的体验来寻求自己的归属感,而地方文化总是与人们对地方的认知和理解结合在一起的。比如,公园、酒吧、茶馆、饭店等,不仅构成了人们生活的一部分,而且其本身的文化意义也成为地方的一种标志。在不同的地方,人们总能发现不同的语言(不同国家的语言和不同地方的方言)、区域划分、风俗人情以及生活习惯,而这些地方性特色或差异往往又是通过媒介来呈现和叙述的。同时,媒介本身也被打上了深刻的地方印记(如《中国日报》、浙江卫视)。因此,积极地反映地方、报道地方,帮助受众确定自己在空间中的位置以及认识这一空间中的历史、人文与现实,培养人们的地方感与归属感,既是媒介义不容辞的责任与使命,也是它赖以生存与发展的前提与基础。

"三十年河东,三十年河西"是一句民间谚语,意思是:从前黄河河道不固定,经常会改道(历史上无数次发生),某个地方原来是在河的东面,可若干年后黄河水流改道,这个地方却又在河的西面。比喻人事的盛衰兴替、变化无常,有时候会向反面转变。如今,作为地方的中国,在时间的维度中已经发生变化,并正在由事物的一面走向更加包容、更加积极的另一面。

今日,中国的全球化观念致力于同国际接轨、与世界对话、同全球共命运,致力于与世界各国、各国际组织和区域组织互动互助、共进共演。这种新全球化观念意味着中国更加具有包容性、发展性、层次性、策略性、弹性和张力,意味着需要用一种内外结合、上下互动、左右联通、多方呼应的统筹协调、包容互动、互利共赢的意识和原则来处理和应对世界变化和时局挑战。

在这种新全球化的理念下,一种更容易被世界各国和人民接受和认可的新全球化模式——"整体全球化"正呼之欲出。"整体全球化"就是以"构建人类命运共同体"为核心理念,以"共商、共建、共享"为基本原则,不论东西,无论南北,不分中外,古今联通,坚持走和平发展、共同繁荣之路,着力构建相互尊重、公平正义、合作共赢、整体互动的新型国际关系。在"共建人类命运共同体"和"整体全球化"的过程中,中国必须秉持共赢主义,采取"共商,共建,共享"的策略,这样做可能导致中国失去一些利益和中国性,但最终会得到更多的利益和中国性。[①] 这就像"宝塔糖策略"一样,如果让肚里有蛔虫的小朋友直接吃盐酸左旋咪唑,即驱蛔蒿(由菊科蛔蒿植物提取的驱蛔虫药),难度

---

① 邵培仁,陈江柳. 整体全球化:"一带一路"的话语范式与创新路径——基于新世界主义视角的再阐释[J]. 暨南学报(哲学社会科学版),2018(11):13-23.

往往较大,但将驱蛔蒿与砂糖、香料、香草片和水混合做成宝塔糖,小朋友就喜欢吃了。宝塔糖混合了其他成分,其实并未减少药量和药性,却让小朋友乐于接受,从而解决了治疗蛔虫的问题。显然,"整体全球化"模式和"宝塔糖策略"无疑为解决国际关系中非此即彼、非黑即白以及对立性、单一性、矛盾性、偏执性等问题,提供了一种灵活的、理性的、综合的思维面向。①

第三节　消失的地域与媒介地方感的形成

地方感(sense of place)是指一个地方的特殊性质,也指人们对这个地方的依恋与感受。前者强调这个地方的物理形式或历史特性,使它成为具有特殊意义或值得记忆的地方;后者则强调个人或整个社区借由亲身经验、记忆与想象而发展出来的对于地方的深刻依附,并赋予地方浓厚的象征意义。因此,形成地方感涉及客观与主观两方面。

一、形成地方感的依据

对地方感的研究可谓源远流长,最早可追溯到我国中国古代的住宅生态研究。《黄帝宅经》云:"人因宅而立,宅因人而存,人宅相扶,感通天地",主张天地人一体,人要与住宅和谐,人与天地和谐,人与自然和谐,人与宇宙和谐相处,共生共存。其更是将"宅"这一地方直接等同于人的身体:"宅以形势为身体,以泉水为血脉,以土地为皮肉,以草木为毛发,以屋舍为衣服,以门户为冠带。"这种"切身意见"和"身体比喻"可以被认为是地方感的一种生动体现。

《易经》云:"有天地然后有万物,有万物然后有男女,有男女然后有夫妇,有夫妇然后有父子。"《淮南子·本经训》也写道:"天地宇宙,一人之身也。"从宇宙、天地到家宅、身体,在中国古人的眼里,实乃同形同体同性的概念,甚至连国家也是身体的延伸。《易·系辞下》云:"君子安而不忘危,存而不忘亡,治而不忘乱,是以身安而国家可保也。"《孟子·离娄上》云:"人有恒言,皆曰天下国家,天下之本在国,国之本在家,家之本在身。"身体是感天地、应人事的原生场域,与家、国、天地、宇宙等尺度或地方有着本源的同一性。

西方的地方感研究起源于 20 世纪 50 年代的环境心理和感知研究。凯

---

① 邵培仁,沈珺. 新世界主义语境下国际传播新视维[J]. 新疆师范大学学报(哲学社会科学版),2018(2):96-104.

文·林奇(Kevin Lynch)是人与环境关系研究的先驱之一,其著作《城市意象》(*The Image of City*)从环境设计的视角为地方感的研究奠定了基础。城市是人性的折射,也是人性的外化。林奇认为:"城市,是人的城市,因为人是城市的营造者,有什么样的人,就有什么样的城市。"城市"是团体之间沟通符号的元素,也是集体记忆共同尊崇的目标……凡是内心里保存着一个良好的环境意向的人,一定会获得情绪上的安全感"。① 女娲造人②的神话传说更是一针见血地讲清了人类的来源与归宿——土地。城市则是人类建筑在土地之上的梦幻城堡,其中上演的各种剧本无一不与人的情感有关。

段义孚和瑞尔夫等学者从人与环境的关系、地方的本质等方面出发,对地方感展开了深入的研究。段义孚把恋地情结(Topophilia)引入地理学中,用于表示人对地方的爱恋之情或情感依附,即一个人在精神、情绪和认知上维系于某地的纽带。他的成名作《恋地情结》(*Topophilia*)至今仍是美国各大学景观专业的必读教材。其实,恋地的本质是恋自我,当地方场所被赋予人的情感、价值后,人便与地"合一"。"合一"不是合在自然属性,而是合在人性。"天人合一"不是合在自然生态,而是合在人类情感。

赖特(Wright)则提出"敬地情结"(Geopiety)一词,用于表示人对自然界和地理空间产生的深切敬重之情。③ 敬地情结是建立在地方依恋(place attachment)、地方认同(place identity)和地方意象(place image)基础之上的。敬地情结是人与地方、人与城市相互作用的产物,是由地方或城市产生并由人赋予的一种发自内心深处的庄重、严肃的体验。也许不是整个城市的每一处都能让人产生敬地情结,但是城市设计者和建造者总是有意识地建造一些能够让人产生敬地情结的场所和建筑物,如历史博物馆、艺术博物馆、烈士纪念牌、城市博物馆、城市英雄雕像。

这是一个媒体时代,也是一个视觉媒体、晒图传播的时代,社会大众还普遍存在"晒图情结"。"晒,就是把自己拍摄的照片传播到博客、微博、微信等社交媒体上,与大家一起分享此时此刻的喜悦、乐活、幸福之情,而这都与特定的地理环境有关。""今天,城市的建筑景观、城市形象的设计与塑造,在很大程度不是功能指向而是美感指向,追求建筑物的感观效果、视觉冲击力,竭

---

① 林奇. 城市意象[M]. 方益萍,何晓军,译. 北京:华夏出版社,2001:126.

② 东汉应劭《风俗通》记载《女娲造人》:"俗说开天辟地,未有人民,女娲搏黄土做人。剧务,力不暇供,乃引绳于泥中,举以为人。故富贵者,黄土人,贫贱者,引绳人也。"

③ 转引自:约翰斯顿. 人文地理学词典[M]. 柴彦威,等译. 北京:商务印书馆,2004:266.

力迎合晒图者和旅游者的好奇心理和晒地情结。"①

段义孚首先提出了地方感的概念,他认为地方感包含两个含义:"地方自身固有的属性(地方性)和人们对这个地方的依附感(地方依附)。"斯蒂尔(Steele)则认为,地方感是人与地方相互作用的产物,是由地方产生并由人赋予的一种体验,从某种程度上说是人创造了地方,地方不能脱离人而独立存在。② 总之,在地方感的形成过程中,人的思想和感情起到非常重要的作用。

地方感是关于人们对特定地理场所(setting)的信仰、情感和行为忠诚的多维概念,主要包括地方依恋(place attachment)、地方认同(place identity)和地方意象(place image)等研究领域。③ 地方依恋由地方依赖(place dependence)与地方认同两个维度构成,地方依赖是人与地方之间的一种功能性依恋,而地方认同是一种情感性依恋。地方认同是对某个地方作为社会角色自我感知的一部分的认知。地方意象(或地方映象)研究也涉及人与地方之间的情感关系。在目的地映象研究中,映象是一个集信任、印象、情感和评价等要素于一体的概念,包括感知/认知和情感评价两方面。④ 因此,地方感是一个包含复杂层次的心理机制,其产生原因也多种多样。

一是对故乡和家的依恋。故乡和家是人们产生地方依恋的主要地域,故乡承载了人们儿时的记忆,而家则代表了一个温暖的港湾。故乡和家都能给人一种温暖、安全、熟悉、美好的感觉,对故乡和家的依恋是人类永恒的心理情结。日本影片《望乡》表现的对故乡的思恋,就是让那些长眠妓女的墓碑始终背对着其远在东京的故乡。因此,无论是东方还是西方,文学和艺术中许多感人至深的名篇、名作都是以思乡作为主题的。

二是对宗教圣地的朝拜。宗教对地方感的塑造具有重要作用,宗教圣地的地方感往往通过宗教仪式、古器皿的使用、讲故事和地方朝觐等社会化过程形成。宗教场所具有的神圣性使人们对其产生强烈的地方感。宗教地方感能引导人们对特定地方的向往、朝觐,形成某种居住偏好和产生与地方相关的行为。耶路撒冷、梵蒂冈、麦加等地是闻名世界的宗教圣地,每年在吸引宗教信徒的同时也吸引了大量的旅游者。著名的宗教场所是众多宗教信徒

① 邵培仁,潘戎戎. 论城市形象塑造与传播的灵魂及根本[J]. 东南传播,2020(1):1.

② Steele, F. *The Sense of Place*[M]. Boston: CBI Publishing, 1981.

③ 黄向,保继刚,Geoffrey, W. 场所依赖(place attachment):一种游憩行为现象的研究框架[J]. 旅游学刊,2006(9):19-24.

④ 唐文跃. 地方感研究进展及研究框架[J]. 旅游学刊,2007(11):70-77.

和旅游者心目中的朝拜圣地,具有特殊的地方意义。

三是对自然风景的痴迷。神奇的大自然和优美的自然景观是让人们为之痴迷的主要吸引物。人们对一些具有优美自然景观的地方会产生非常强烈的地方感,如"隐逸诗人之宗"陶渊明归隐田园,唐代诗人王维隐居终南山辋川别业,当代著名画家刘海粟十上黄山,都说明他们对某些自然风景痴迷至极。

四是对文化底蕴的归属。具有深厚文化底蕴的地方会让部分人产生很强烈的归属感,一些地方也已成为某种文化的象征与代表。例如,苏州、杭州能够让人想到江南水乡的婉约、细腻与繁华,西安能够让人感到中国汉唐盛世厚重的文化积淀,大理、丽江能够让人联想起云南少数民族地区的风情。

二、地方的特性与媒介的作为

建立地方感的主要依据是地方性,而地方性又可分为许多类型。一是地方的自然特征,包括地形、气候、水文等,如浙江乌镇的小桥流水、海南的椰林树影。二是地方的特殊物产,如景德镇瓷器、东阳木雕、惠山泥人。三是特殊的历史事件和节庆,如"七七事变"之于卢沟桥、"西安事变"之于西安等。四是特殊的人物和建筑物,如孙中山与南京、苏东坡与杭州、雷峰塔与杭州、金山寺慈寿塔与镇江等。地方特性的意义是由人来赋予、强化、认知和接受的,这是一个人与地方互动的过程,是人的空间活动、空间认识以及空间的特殊形式。意义与功能之间的互动,创造了极富深意且埋藏于人类记忆与意识之中的地方感。

在当代社会,地方感越来越多地被作为一种"空间文化意象"来塑造,地方感体现出商品化趋势。地方感经常伴随着视觉化的意象,也就是空间文化意象的营造,并出现在大众传播和新媒体传播中。在当下社会,旅游业日益发达,许多地方都开始营造它们独特的空间文化意象与地方感,同特定的场所和产品相勾连,以便吸引游客或消费者,带来经济效益。换言之,地方感及其意象成为可以交换的商品,其商品价值在于连接此意象和感觉的"符号价值"。此外,将地方感作为一种文化遗产、地方品牌来保存或保护的观念也日渐盛行,受到保护的文物、古迹或品牌体现了地方的文化意象,因为人们的地方感是与当地的文化意象密切相关的。

在地方感的产生和商品化的过程中,媒介起到了重要作用。如果说古人地方感的产生主要依靠亲身体验,那么现代人地方感的产生则主要依靠媒介,尤其是大众传播媒介和网络社交媒介。在当今社会中,媒介为我们制造了各种各样的感知体验与方式,这些体验和方式在遭遇电子媒介时会发生一些变化。在谈论地方感时,人们经常会以视觉的语汇来予以再现。同时,一个地方是否具有"可意象性""明晰性"或"易读性",是地方感的重要判别标准,而这些都属于视觉层面。我们正处于一个影像时代,我们经常是透过影像来认识世界的。在媒介影像构建的空间中,人们足不出户就可以感受各地的风土人情。可以说,正是通过媒介塑造的"地方特性",人们才会产生地方感。在影像时代,一个地方的文化意象就显得尤为重要了,因为这就是地方影像再现的部分,也就是被人们看到与感受到的部分。可以说,当今社会地方感的塑造,很多是透过影像再现来表达与构成的。

梅罗维茨曾在《消失的地域:电子媒介对社会行为的影响》(*No Sense of Place: The Impact of Electronic Media on Social Behavior*)一书中指出,电子媒介跨越地理的边界而制造出"情境合并"的"无地方感"(no sense of place),是对实质性的人际交流模式的冲击,从而改变地理边界。① 场景、地点、地域的意义不再与物质地理关系密切。于是,人们不再依靠传统的社会交往方式来建立共同的情感与记忆。地方这个维系传统文化的物质地理空间,由于新媒介样式的出现而淡化了它的特征。对实体边界的过分关注,使我们忽视了由边界确定的很多实体正从内部瓦解这一事实。但是,地域真的消失了吗?实际上,新的媒介样式不是制造了"无地方感",而是催生了具有更加多元和广阔视野的"新地方感"(new sense of place),因为人们可以经由媒介提供的认同方式,形成新的地方体验,使得遥远国度的新闻也会成为我们关切的对象。媒介在地方感的塑造过程中,其作用也并不是单一的。一方面,媒介可能在其呈现的全球景观中削弱地方的影响力;另一方面,媒介也能够通过对地方历史文化的阐释来突显地方感。因此,在媒介的作用下,地方往往会呈现出不同的形象。而媒介将这些地方形象的碎片进行拼接,又显现出明显的地方特征。

在媒介再现地方图像的过程中,并非所有的再现都与现实相符合。媒介中的城市景观,往往只是一种媒介的真实,是按照不同的主题塑造出来的。媒介在某种意义上组织甚至控制了地方的意义,因为它们不可能均衡反映地

---

① 梅罗维茨. 消失的地域:电子媒介对社会行为的影响[M]. 肖志军,译. 北京:清华大学出版社,2002.

方中各个社区的立场,而只能按照权力关系的对比来决定其对地方意义的阐释。例如,很多人将北京奥运场所和上海世博园视为旅游胜地,心向往之。事实上,人们对于这两个场所地方特性的认知是建立在大众传播媒介的报道之上的。

第四节　地方性:是媒介的进步还是倒退

媒介与地方有着复杂而密切的关系,媒介具有地方性,媒介的地方性在形成媒介特色和保护地方文化方面起到重要作用。而与地方性相伴而生的现代性和全球化既可能造成媒介产品的同质化,使其失去地方性,也会受到地方性的反作用。自 20 世纪 90 年代起,中国的地方媒介开始崛起,从"晚报热"到"都市报热",从地方剧到方言节目,从报纸到广播电视,地方媒介的崛起一方面标志着地方文化尤其是都市文化的兴盛,另一方面也预示着社会成本的增加以及某种价值缺失和认同危机。① 地方作为媒介传播信息的对象,在媒介的作用下会产生各种地方意象。媒介中的地方被塑造为作为符号的地方、作为场所的地方和作为符号消费的地方。

一、地方中的媒介

空间和地方的同时在场决定了媒介有其固定的特质,赋予了媒介根深蒂固的地方性。媒介的地方性是媒介与生俱来的本体属性之一,它影响和决定着媒介历史发展的整个过程。

(一)媒介的地方性

对于"地方"和"地方感"概念来说,地方性是我们引入的一个新的概念。地方具有明确的时间和空间维度。社会文化的变迁会使得用于界定地区范围的地方特征发生变化,因此具有某种特征的地区只有在特定的时间和空间的跨度中才会获得特殊的意义。地方性指的就是这种特定时间和空间跨度中的地方特征。地方性具有特性和共性,同时也具有稳定性和动态性。地方性体现出一定的独特性,因为地方是单一的,由此所体现出来的人文要素和

---

① 邵培仁,李雯. 语言是桥也是墙——对方言广播电视新闻节目的疑虑与拷问[J]. 杭州师范学院学报(社会科学版),2004(5):27-31;邵培仁,潘祥辉. 新闻媒体"方言言说"的社会成本分析[J]. 现代传播:中国传媒大学学报,2005(2):10-12,17.

自然要素的组合不可能重复;同时,地方性也体现出一些共性,在互相依赖的世界中地方具有某些共同点。例如,报纸、杂志、图书等媒介都是从内容到形式都不相同的媒体,但它们又具有共同的物理学属性。地方性在一定的时间跨度中具有相对的稳定性,地方的文化要素和自然要素在一定的时间范围内是固定的;同时,地方性也是一个动态发展的过程,在时间的长河中,地区的文化要素和自然要素总要经历各种变迁。

因此,所谓媒介地方性,就是指在一定的空间和时间范围内,媒介因其与所在地方的人口素质、文化生态和社会条件的特定关联而表现出来的共同特性。地方性阐述的是媒介地理的一种属性,其中包含了人、媒介、地区及地区的社会文化条件之间的关联。由于地方概念具有空间和时间的双重维度,因此媒介的地方性关注的就是在一定的社会文化空间范围内,媒介所表现出的共同特性。地方性反对以孤立、静止、片面的眼光来看待媒介,而将媒介放到与地方环境的真实联系中去研究;地方性关注的是在一定范围内相对的特殊性,以此作为对单一、普遍的价值观念的抵抗;地方性提倡的是在具体的环境中用具体的方法研究具体问题,任何固定的程式和僵化的教条都是与其内涵相悖的。因此,媒介的地方性包含了对整体、特殊和具体价值的肯定。

由于地方性具有特性和共性、稳定性和动态性,媒介地方性也因此具有相应的特征。在媒介地方性的概念中,一定的空间和时间范围内所关注的是媒介的地方性、独特性,而"共同的特性"关注的是媒介地方性的共性。特性与共性只有在某种界定中才具有意义,这个界定就是一定的空间和时间范围,空间可大可小,时间可长可短。随着时空范围的变化,特性与共性是可以相互转化的。地方的某家媒介组织由于复杂的社会文化等因素形成一定的特性,当这种特性为地方的其他媒介所效仿时,媒介的特性也就转变成了地方的共性。同时,特性与共性又是相辅相成、互为联系的。一个地方的媒介,其内部共性越明显,那么从更大范围的外部来看,它的特性或地方性也就越清晰。

媒介地方性的特性和共性犹如硬币的两面,它们之间相互联系、相互转化的关系使得媒介地方性具有复杂而微妙的差别。把握这种复杂而微妙的差别,会使媒介在地方性的特性和共性方面游刃有余,既具有自身的独特性,同时也保持了地方特色。

媒介地方性还具有稳定性和动态性的特征,其中稳定性是指某一地方的媒介在长期的文化历史积淀过程中形成一定的地方特色。例如,京派文化与海派文化的差别在媒介地方性上表现得十分突出。京派文化下的媒介以硬新闻报道为主,注重新闻报道的权威性和思想性,关注舆论导向;而海派文化下的媒介则表现出信息的多元化特征,信息的传递更具有趣味性。但是,媒介的地方性不是一成不变的,随着社会的发展和文化的交流,媒介的地方性也不断发生变化。

因此,媒介地方性不是靠当地少数几个标志性媒介来体现的,只有当大量地方媒介共同反映某种特色时,媒介地方性才能得以凸显。与地方特性相融合的媒介在以一定的规模进行传播时会形成一种强大的力量,而这种力量体现的正是地方媒介的深刻价值。

(二)媒介的现代性与全球化

论述媒介地方性时,有两个概念是不能回避的,这就是"现代性"与"全球化"。现代性和全球化与地方性紧密联系,却又各不相同、互有特点。

在西方思想史上,康德较早对现代性进行了经典的分析与表述。康德的思想是现代性的产物,也是现代性转变的动力。正如米歇尔·福柯(Michel Foucault)在其《事物的秩序》(*Les Mots et Les Choses*)中所指出的,"康德的批判标志着我们的'现代性'的开始"。尤尔根·哈贝马斯(Jürgen Habermas)也指出:"康德关于形式分化的理性概念恰恰意味着现代性理论。"[①]此后,黑格尔、马克思、韦伯、迪尔凯姆等西方学者从不同角度对现代性进行论述。其中,比较著名的是吉登斯对于现代性的界定。吉登斯认为,所谓现代性,指的是17世纪以来在欧洲出现的社会生活或社会组织的方式,它随之蔓延到世界各地,在世界范围内产生了很大的影响。现代性涵盖的内容涉及伴随着启蒙运动、工业化和民主化的进程而遍及全世界的政治、经济、文化、价值观念和思想体系的全面变革。[②] 现代性是一个极其复杂的社会现象,一般可以从两方面去理解现代性:一是在社会的组织结构方面,现代性标志着资本主义新的世界体系趋于形成,世俗化社会开始建构,世界性的市场、商品和劳动力在全球范围内流动。同时,民族国家建立,并制定与之相应的现代行政组织和法律体系。二是在思想文化方面,以启蒙主义理性原则建立起来的对社会历

---

① 转引自:汪行福. 走出时代的困境——哈贝马斯对现代性的反思[M]. 上海:上海社会科学院出版社,2000:40.

② 吉登斯. 现代性的后果[M]. 田禾,译. 南京:译林出版社,2000:46.

史和人自身的反思性认知体系开始建立,教育体系以及大规模的知识开始创造和传播,各种学科和思想流派持续产生。① 在现代性与地方性的关系中,我们着重考察的是现代性在思想文化方面的内涵。

吉登斯认为,现代性的动力主要有三种来源。(1)时空分离,现代性的产生发展有赖于时间和空间的分离,这是在无限范围内时空延伸的条件,通用的计时系统、全球标准化时区及世界地图构成的"虚化的时空"使人类可以跨越无限的时空距离。(2)脱域机制。社会行动从地域化情境中提取出来,并跨越广阔的时空距离去重新组织社会关系。在脱域机制中,象征符号和专家系统是最重要的两种机制。象征符号作为超越具体个人或群体的普遍化交换媒介,比如货币、权力和语言,已经构成了我们今天所身处的自然和社会环境的主体。而专家系统则是专业技能的系统,它更是渗透了日常生活领域的方方面面。离开了专家系统,生活将举步维艰。(3)知识的反思性运用。从一般意义上来看,反思是人们对社会行动的持续监控,当人们将社会生活的知识反思性运用于行动的监控时,知识本身就成了行动再生产的组成部分。专家系统作为系统性的知识生产体系,本身成为社会系统之再生产的内在组成部分,从而使社会生活从传统的恒定性束缚中游离出来,社会关系不断进行着反思性的调整。② 现代性产生过程中时间和空间的分离,使得依靠时间和空间来界定的地方性变得模糊不清了。

时空分离、脱域机制和知识的反思性运用,使得现代性从传统秩序中迅速脱离出来,促进了历史的转化,现代性的制度维度得以凸显和深化。同时,现代性受到这些因素的影响,伴随着时空延伸和脱域机制的发展,内在地具有了全球化的特点。"全球化"这一术语自 20 世纪 80 年代以来被广泛使用。吉登斯对"全球化"的定义是:"世界范围内社会关系的强化,这种关系以这样一种方式将彼此相距遥远的地域连接起来,即此地所发生的事件可能是由许多英里以外的异地事件而引起的,反之亦然。"③ 全球化实际上是时间和空间的压缩,与地方性截然相反。

吉登斯认为,"现代性内在地指向全球化"。现代性和全球化对于媒介的地方性无疑是巨大的压力:现代性和全球化要求建立普遍的、一元的价值观

① 郎友兴,项辉. 现代性:来自吉登斯的观点[J]. 浙江社会科学,2001(3):105-109.
② 刘冬梅. 反思现代性——吉登斯现代性思想解读[J]. 理论界,2008(6):117-118.
③ 吉登斯. 现代性的后果[M]. 田禾,译. 南京:译林出版社,2000:23.

念,而地方性强调的是独特性和多元化。西方国家尤其是美国的社会文化、价值观念伴随着全球化的浪潮在世界范围内传播,媒介产品的同质化成为全球化过程中不可避免的结果。好莱坞大片、日本动漫、韩国偶像剧,无一不影响着我们的媒介产业。这种单一、普遍的价值观念和形式风格对世界各地曾经丰富多彩的地方文化起着不可挽回的侵蚀作用。

但是,同质化并非全球化带来的全部后果。如果说同质化是全球化给地方化带来的灾难,那么与全球化相联系的地区之间不平等和不均衡的发展,不仅能够促使地方性对抗全球化的压力,还会反过来加强地方性。自从马克思主义第一次被引入地理学以来,地理学家就认为地方的不平等是由全球化的相互联系所造成的。吉登斯在指出全球化是现代性的必然结果的同时也认为,全球化社会关系的发展,既有可能削弱与民族国家相关的民族感情的某些方面,也有可能增强更为地方化的民族主义情绪。当社会关系横向延伸并成为全球化过程的一部分时,我们又看到地方性对抗全球化的势头。媒介在全球化的浪潮中通过努力依然能够保持地方性和差异性,这是因为:第一,全球化用压缩空间的方式使地方之间更紧密地联系在一起,但地理距离仍然存在,地方之间的绝对区位差异并未消失。这就意味着媒介可以利用地方之间的距离重塑地方性;利用城市电台、电视台和地方报纸宣传本地文化,保持地方特色。第二,全球化并不是在一个无差别空间中呈现出来的。相反,它之所以把各个地方联系在一起,就是因为它们是不同的。第三,即便很多地方都受到全球化力量的影响,它们的反应和变化也是不同的。第四,即使是在今天,日常的很多方面和大多数社会关系并没有走向全球化,而一直是地方性的。第五,并不是世界上所有地方都同等程度地被卷入全球化浪潮中,现代化程度稍低的地方甚至感受不到全球化的力量。

在现代性和全球化浪潮的席卷下,媒介的地方性会受到不同程度的削弱,但它仍然可以通过努力来维持自身的独特性。

当然,对媒介地方性的坚持要避免走向另一个极端——排他性,例如使用方言播报新闻、使用方言写作新闻、拒绝远方新闻。这并不是对媒介地方性的准确解读,也不是其应有之意。它虽然有可能表现了以地方为基础的市民文化,但在收获芝麻的同时却可能丢掉了西瓜,与主流媒介的节拍日益脱节,面临着被广大受众抛弃的局势。

近年来,中国的一些地方媒体流行用方言播报新闻,虽然在一定程度上维系了媒介的地方性,但如果运用不当,反而会使媒介失去地方性,走向排他性的极端。方言是语言因地域方面的差别而形成的变体,是全民语言在不同地域上的分支,是语言发展的不平衡性在地域上的反映。方言是地方感的重要标志,它不仅体现出地方文化发展的历史轨迹,同时还充分展示当地的地域性格。社会的发展与分化形成了语言的分支,方言因此而产生,并且与地方密切相关。方言由于其极强的地域特性和文化历史背景而在一定程度上表明了人的身份。方言与地方性紧密相连,而且将人与地方维系在一起,方言的使用会使人们产生归属感与身份认同。于是,一些城市媒介为了强调地方性和地域文化,在大众媒介中使用方言进行传播。方言媒介在地方媒介中占据着一个不大的空间,但产生了一定程度的影响力,丰富了地方的语言地理。透过方言所展示出来的地方文化,更能反映出当地的地域原貌。在情景剧、脱口秀、娱乐节目等非正式的媒介传播语境中,方言的使用往往能够显示出其地域特征,增加人与人之间的亲近感。但是,如果在新闻、评论等严肃节目中使用方言,则会造成不同地区、不同城市之间的交流障碍,反而不利于媒介地方感的塑造。

(三)地方媒介的崛起

所谓地方媒介是相对于全国媒介而言的,在中国具体是指中央媒体以外的各级地方媒体。美国是世界上地方媒体发展得最好的国家。从 1704 年 4 月北美第一张连续出版的报纸《波士顿新闻通讯》(*Boston News-Letter*)的出现,到 19 世纪后半叶《纽约时报》《华盛顿邮报》《洛杉矶时报》等现代报纸的相继问世,再到当今建立的高度发达的传媒体系,地方性报纸一直作为美国传媒的主导力量而存在。而在中国,虽然地方媒介的符号早已有之,但是作为具有全国影响力的大众媒介,则直到 20 世纪 90 年代以来才开始崛起。地方媒介的崛起不仅反映出中国传媒文化的生产机制的转变,而且显示出媒介产品内容的都市化特征。地方崛起的过程中既包含了地区经济中心的建构,又包含了以都市生活为表征的文化中心和媒介集群的建构。

在中国传媒业的发展进程中,地方媒介的崛起经历了三个阶段。[①] 第一个阶段是 20 世纪 90 年代兴起的"晚报热",各种日报和专业报纸纷纷转型为晚报。"晚报热"的出现代表了媒介的都市文化发展趋向。第二个阶段是"都市报热",从 1995 年起,中国报界出现了一批省市级党委机关报主办的以都市报命名的市民报。相对于晚报而言,都市报有明确定位:受众是城市市民,办

---

① 蔡敏. 地域传媒的崛起和走向都市化的传媒文化[J]. 新闻界,2005(3):99.

报的策略诉求是都市文化。在"都市报热"兴起的同时,电视节目的"都市化"定位也在这一时期形成。地方综合频道传播大量的以都市文化为表征的内容,各类城市频道明确其"都市化"定位。第三个阶段是地方媒介的集团化发展,各地纷纷成立报业集团或广播电视集团,地方媒介在媒体资源整合的基础上进一步壮大。

中国地区媒介的崛起是在报业的带动下发展起来的。报纸天生具有明显的地方化特征,读者也具有明显的地方亲近性。美国报业经济学家罗伯特·G.皮卡德(Robert G. Picard)在《媒介经济学:概念与问题》(*Media Economics: Concepts and Issues*)一书中认为:"报纸生来就是地方性产品,它通过传送与特定的地理区域有关的新闻和广告而与之打成一片。"[①]在美国,一城一报的现象相当普遍,只有少数几个大城市拥有两家以上的报纸。对于某一特定地方的受众来说,地方性报纸是其掌握各种综合信息的首选媒介。外地报纸或全国性报纸在地方新闻刊载的深度和广度上都无法取代本地报纸。对电子媒体来说同样如此,地方电台和电视台对本地新闻的报道是全国性媒体无法取代的。地方媒介以其大众性和地方特色贴近读者、贴近实际、贴近生活,以较强的可读性、服务性和实用性等优势与全国性大报抗衡,成为彰显地方文化、展示地方特色的前沿阵地。

围绕着地方文化而产生的地方媒介,在全球化的背景之下,对于地方感的显现与表达具有极其重要的意义。也可以这么说,地方的文化特质是地方媒介的生命力所在。然而,在消费主义盛行的当下传媒环境中,地方媒介往往容易失去自己的方向和坐标,而卷入消费与物欲的潮流。地方媒介进入了左右为难的困境当中:当它试图拥抱全球性时,往往会迷失自己的身份而成为跨国媒介的传声筒;当它决定坚守和捍卫本地性时,往往又会过分内向,疏离国家和世界。

事实证明,如果媒介不能在全球化的进程中认同本土身份和塑造地方特色,那么本土和地方文化的差异性就会在消费社会的同一性中被淹没。作为被快速消费的大众文化的组成部分,地方媒介有责任通过不断地有分寸地强化传播来培育市民地方感、塑造文化多样性。就像布瑞特·克里斯托弗(Brett Christophers)所强调的那样:我们必须认识一个事实:地点与空间,地方与全球,彼此紧密相连且形塑彼此,经济、文化与地理要素之间相互作用,

---

① 皮卡德. 媒介经济学:概念与问题[M]. 赵丽颖,译. 北京:中国人民大学出版社,2005:36.

密不可分。① 也许在不远的将来,绘制一幅新的世界地图不仅将是一个有价值的目标,还将是一种道德、经济和战略需要。

二、媒介中的地方

地方的意义其实并不仅仅在于它本身的物质属性,而是与媒介意义相连,制造出更为复杂的空间图景。地方、位置这些概念能够反映出关于人之所在的一种状态,但更为深层的意义在于地方感的培育。在媒介、社会与地方的交织中,个体对于世界的理解与地理要素紧密联系在一起。而对于媒介而言,地方也具有不同的表现形式和含义。

(一)作为符号的地方

用鲍德里亚的观点来看,我们生活在一个"仿真"(simulation)的时代,符号不再代指而是制造了我们的现实状况。② 作为符号的地方在媒介空间中为我们创造了种种的地理体验,我们通过文字、图像和声音等方式来感受地方的景观和文化,真实的人际交流和实地考察不再是必经的手段。人们将媒介中对于地方的描绘当作客观的现实,并在同一媒介环境中形成共鸣。由于媒介对信息的反复传播,地方所具有的更为深层的含义,不断地在媒介作用之下被人们所建构和延展。地方,作为媒介内容的要素之一,不仅说明了事件和行为发生的处所,还代表了某种方式与姿态。因为地方在某种程度上承载了特别的意义。它们往往存在于多种社会关系中,这些社会关系包括权力、文化以及社会群体等,例如城市与乡村的对立。在媒介中予以再现的城市与乡村,往往在不同的背景中拥有不同的外在表征。它们更多的时候是作为一种符号存在的,而符号所创造的意义不限于其所指代的体验中自然生成的一部分。所以,城市与乡村,并没有固定的意象和表征。乡村可以被当作优美的田园诗来欣赏,也可以成为愚昧落后的荒野;城市可以被看作现代的令人愉悦的地方,也可能是罪恶和黑暗的所在。媒介中的地方,并不一定是现实状况的直接反映,而是一种符号,浓缩了多种文化和社会意涵。一般而言,城市或者乡村的意象并不是单独存在的,它们以彼此为参照物才能产生意义。也就是说,乡村和城市相结合,便能呈现出各自的意象。田园风景对应钢筋水泥,怡然悠闲反衬拥挤繁忙,两套不同的符号系统被用来对存在差异

---

① Christophers, B. Media geography's dualities[J]. *Cultural Geographies*, 2007,14(1):156.
② 转引自:李特约翰. 人类传播理论[M]. 7版. 史安斌,译. 北京:清华大学出版社,2004:357.

的地方进行建构。

最初我们提及地方,它可能是指某个事件或状况所在的位置或地方,地方的意义可能积极,也可能负面,这取决于观察者的视角以及立场。在大多数广告作品中,乡村中呈现的自然风光被认为是人类生活中最为理想的居住环境,但城市的消费方式以及大都市呈现的现代感,却又被媒介赋予了极大的吸引力。于是,媒介文本中的城市与乡村,一直是一对矛盾的对立符号,其所代表的意义是积极还是消极,都在于媒介结合其传播意图而进行的阐释。因此,在这个层面上,城市与乡村作为地方,脱离了其单纯的地理学意义,从而具有了更为复杂的文化特质。媒介操纵下的符号建立和改变着人们的感觉和体验,并利用地方符号创造种种想象的地理景观。

(二)作为场所的地方

地方的另一作用在于它是事件发生或人物所在的一个处所。身临其境是完成体验和感知的最佳方式,这种方式依靠地方的存在来实现。在媒介文本中,通过地方我们能够获知城市中行为发生的具体环境,而同时,地方也通过对场所的构筑来规范和约束人们的行为。

每一个特定的场所都有具体的规则和角色要求。对于不同的群体而言,不同场所的规则及人们所扮演的角色是存在差异的。比如,在医院、餐厅、学校、寺院等场所,人们被要求遵循相应的行为方式。而行为的实施是在一个具有某种约束和限制的范围之内进行的。戈夫曼将这种行为区域描述为"任何在某种程度上感觉受到屏障限制的地方",这个地方是人所在的场所,它是有边界的、有形的区域,是一个特定的地方,特定的人在特定的时间从事某种特定的活动。如果不借助媒介,行为人与行为的发生地必然处于相同的位置,信息的传播会被有形的障碍和界限所阻隔,因此直接的观察和面对面的交流便是获取信息的单一方法。于是,地方通常被认为是行为的最大决定因素。戈夫曼也指出,"感觉屏障"的作用是与地方相连的,但往往容易被忽略。由于人的存在,对于区域的感知就变得更加丰富,比如信息交流中"前台"和"后台"区域的划分,便是在物理距离和地方中加入了感觉的元素。在特定的"前台"或"后台"中,行为规则的订立总是与人们的传统价值观念和社会道德标准的形成相关联,行为的方式总是受到一些隐蔽情感的影响。[①] 所以,对于地方的屏障限制不仅仅是来自地理上的区域界限,情绪和感觉等隐性边界的

---

① 转引自:邵培仁. 传播学[M]. 3 版. 北京:高等教育出版社,2015:240.

作用同样也是决定性的。

但需要注意的是,信息的交流还包括了中介因素的影响。所以,在特定时间和地方发生的面对面交流只是非常有限的一种,社会经验的积累还应借助更为广泛的信息获取模式。于是,媒介的介入就成为一种必然。场所内的行为与规则经过了长时间的社会传统积淀而发展起来,如果场所之间的间隔融合或者消失,那么旧有的意义就被打破。在现实中,大众媒介使得公共空间与私人空间的界限不再明晰,它们总是试图让家庭或个人空间出现在公众的视野之中。尤其是电视和微视屏,这些声画并茂、实时传送的现代媒介,成为公共与私人空间中随意游走的工具,也成为满足人们窥视欲望的催化剂。如果说希区柯克的《后窗》揭示了生活在拥挤的都市中的普通人的窥视欲,那么电子媒介和移动媒介更是将这种欲望无限放大并置于公开传播的状态。例如,《楚门的世界》(*The Trueman Show*)和《艾德私人频道》(*Ed TV*)等,构筑了私人空间在真实地理与想象空间中模糊的边界。正是传播科技的飞速发展和不当使用,使得公共空间与私人空间之间变得关系错乱、边界模糊。在媒介的作用下,场所的隔离与空间的融合交替发生,尤其是当一种媒介手段成为日常生活一部分的时候,人们会对这些变化和越界传播熟视无睹。本应属于个人隐私的空间经由电视媒介和移动媒介的传播而失去了原来的意义,使得空间不再像传统环境那样具有强烈的地域界限和空间阻隔的效果。人们在惊诧于媒介所展露出来的私人空间的同时,也满足于这种"媒体偷窥"(mediated voyeurism)①所带来的快感。殊不知,在今日媒介无处不在、无时不有的社会里,我们每个人及其私人空间都已经越来越"透明"。

（三）媒介消费的地方

地方作为一种人类占有或者存在的空间,充斥了人们的经验与想象。而这些经验往往是在媒介的作用下形成的。地方同时作为媒介内容表现的对象,以及生活中的一种地理位置,被媒介所呈现,也被人们所体验。此外,地方还是媒介消费的重要情境,换句话说,地方已经存在于媒介所能接触到的各个角落,因为只有当人们在各个不同的地方进行媒介消费时,信息才会有意义。

城市中的地铁、公交车、商场、写字楼等地方,都可能成为媒介消费的场所。身处不同的地方,媒介消费的方式与群体特征会随之变化。所以,考虑

---

① 卡佛特. 偷窥狂的国家[M]. 林惠娸,陈雅汝,译. 台北:商周出版,2003:9.

到不同的消费地方,媒介应该选择不同的信息内容和传播方式。在众多的媒介消费地方中,家庭无疑是最重要的场所,因为它提供了一个不同于公共领域的消费方式来接触和使用媒介资源。虽然也有人在公开的场所传递私密的信息,但家庭会更多的被认为是一个能够避免他人干预的私人领域。人们在家庭这个区域中可能产生有别于公共领域的轻松愉悦感,具有一种不受约束的自由和弹性。此外,在信息接收习惯的培养过程中,人们也极易受到其他家庭成员的影响。而且,在家庭内部,也有更为细致的媒介消费空间分布。同一家庭的成员有着不同的消费方式,卧室、书房和客厅等空间的间隔,便将个人的媒介接触和交流行为进行了划分。卧室与书房是更为私人的场所,而在客厅中则容易完成共享性的媒介消费活动,家庭成员之间的交流也较充分。此外,家庭中的媒介接触权力也与成员的地位差异相关联,并通过个人掌控媒介的时间、内容以及方式等体现出来。家庭中成员的身份、性别、年龄、内部关系、互动形态、角色权力等,都会影响其对媒介资源的接触程度,并构成了多样的微型地理空间格局。

家庭是社会的细胞,也是媒介的最佳栖息地。现代媒介越来越深入一般家庭生活,同时也必须适应家庭生活的种种需求。由于在家庭中经常被使用,某些媒介逐渐与使用者建立起一种密切的关系。例如,电视常常成为家庭成员依赖的对象,电脑和手机则被认为是给生活带来更多便利的助手,它们对于家庭的日常生活而言已经成为不可或缺的元素。在以家庭为地方的媒介消费中,媒介与地方的关系是极为密切的,而且家庭所形成的消费环境影响媒介内容和传播时段的制定,广播和电视的节目形态呈现出的大众化和民生化趋势,杂志与报纸对生活品质的关注,居家消费的实用资讯的增多,目的正是适应家庭生活的休闲氛围。

以家庭为例,我们看到了地方对于媒介的作用。但正如地方对媒介的内容与形式产了生影响,媒介也改变了地方的空间位置,因为媒介所使用的新科技造成了人们生活的流动性,例如手机、网络,它们的触角四处蔓延,手机购物、购票、打车、操控、支付、制作、交流等,在日常生活中随处可见。媒介在地方之间的连接作用日益明显,虽然人们仍然以实际的地方作为自己生活和工作的场所,但是地理空间已不能完全决定人们的认同方式。现代人经常需要透过媒介来建构日常生活,地方所处的环境设置,往往会考虑到接触媒介的便利与否。可以这么说,地方构筑了媒介的传播方式,而媒介也制造了流动的地方。特别是进入"互联网＋"智能时代后,插上 5g 翅膀的新闻媒介更是以锐不可当之势颠覆速率,突破瓶颈,正在开启一场前所未有的新闻传播变革。如今的信息传播已走向不分日夜、无远弗届、实时更新、自由分享、透明开放、多元展现的"去专业化"的时代。手机、笔记本电脑等移动传播媒介不仅全面影响了人们的生活、工作和娱乐,也普遍地提升了每个人优化和创新传播的潜能,更让人们对生命的尊严、生活的品质和人生的规划有了更丰富的追求。

第七章

景观：媒介对世界的描述与解释

　　对地理进行分析,必然要从空间、时间、地方、尺度等基本要素入手,而景观也是认知地理的要素。景观建立在地理的基础之上,但又被赋予了丰富的政治、文化、道德等意义。文化、建筑与风景并非需要人们的切身体验才能感受,因为媒介已经为我们生产、呈现和创造出各种各样丰富的景观。从这个意义上来说,景观是媒介对世界的描述和解释。借助多样的媒介表达手段,景观并非只是一小块文化的碎片,而是生动地反映了地区之间的文化差异,以及历史所留下的痕迹。

第一节　景观的多重含义

　　"景观"在中文文献中最早出现在唐代吕岩的《渔父词·入定》:"无边畔,迥朦胧,玄景观来觉尽空。"在这里,"景观"是指"景色"的"观赏"。"景观"作为地理学的重要概念,源于德文 landschaft,指的是不同时期地球形态的集合,最早是 19 世纪初由德国著名地理学家亚历山大·冯·洪堡(Alexander von Humboldt)引入地理学的。他提出将景观作为地理学的中心问题,探索由原始自然景观变为人类文化景观的问题。

　　在古英语中,景观是指留下了人类文明足迹的地区[①]。在文化地理学中,景观(landscape)一词倾向于强调自然界可视性的一面。"这就是地球外部看得见的表面。就是那个实际存在,在我们心中引起视觉上的景观感觉。这是一种连续的实际存在,为整个世界构成单一的单元整体。"[②]景观作为能够被观看的一种特别的视觉形式,具有物质和观念两个维度:它既有自然的、物质的形式和形态,完全是通过劳动或其他关系产生的;其本身又是社会关系的

---

① 吴家骅.景观形态学:景观美学比较研究[M].叶南,译.北京:中国建筑工业出版社,1999.
② 哈特向.地理学的性质:当前地理学思想述评[M].叶光庭,译.北京:商务印书馆,1996:194.

代表,它是由各种媒介所表现的。因此,景观不仅是一种事物,而且也必须被看作一种意识形态的或象征主义的过程,具有积极地形成人与人之间、人与其他物质世界之间关系的力量。所谓景观,是指自然或人工形成的地形、植被覆盖、动物、建筑和气象气候等具有一定观赏价值的景象。在文化的层面上,它是人类世界观、价值观、伦理道德观的反映,是人类的爱与恨、欲望与梦想在大地上的投影;它是社会的产物,是人们基于自己的世界观及与他人的关系而创造、表述和解释的结果。

1925年,索尔在《景观的形态学》一文中首次将"自然景观"和"文化景观"的概念加以区别,认为地理学应从地区差别的基本体验入手,通过地理景观的多样性来研究区域人文地理特征,强调研究应在自然和文化景观结合的基础上侧重历史的、发生学的分析。① 日本学者辻村太郎在《景观地理学》一书中指出:"景观的形态学尚处于幼稚状态,关于陆面的景观形态,知识极不完全。"但是从摄影和照片的角度去"研究文化景观""去发现风景的形态的特性,这要算是最好的方法了。"②

所谓文化景观(cultural landscape),就是指居于某地的人们为满足其需要而利用自然界所提供的材料,在自然景观的基础上叠加上自己所创造的文化景物。文化景观是一面镜子,反映了不同文化集团的差异与特征。文化景观既包括聚落、建筑、服饰、器物等物质文化,也包括语言、音乐、宗教、戏曲等非物质文化。作为信息传播的媒介,不管是早期的实物传播媒介还是现代的大众传播媒介,都是文化景观的重要组成部分。

我们对世界的直观了解,往往来自各种景观的图像拼贴。景观并不是一种个体特征,而是反映了一种社会的,或者说是一种文化的信仰、实践和技术。③ 它不是一种地理上的自然风貌,而是以上几种因素的集中显现,与社会、群体等存在着相互间的影响。在某一特定地方,当地文化、经济、政治、媒介等要素共同作用,形成了多样的景观,并具有丰富的解读方式。显然,作为哲学和社会科学意义上的景观,与地理学意义上的景观不同。德波甚至将其向更加广泛的社会领域加以延伸。他在《景观社会》一书中对当代资本主义社会中的景观进行了深刻阐述,对"读图时代"各种各样的景观表象深表忧

① Sauerm, C. O. & Leighley, J. *Land and Life:A Selection from the Writing of Carl Sauer* [M]. Berkeley:University of California Press,1962:317-369.
② 辻村太郎. 景观地理学[M]. 曹沉思,译. 上海:商务印书馆,1936:12-13.
③ 克朗. 文化地理学[M]. 杨淑华,宋慧敏,译. 南京:南京大学出版社,2005:19.

虑。"生活本身展现为景观(spectacles)的庞大堆聚。直接存在的一切全都转化为一个表象。"①人类对于视觉的偏执性倚赖,致使我们今天的历史愈来愈呈现出视觉欲望史的实质。我们仅仅在乎攫取和征服,历史就在我们极力远眺或冷眼旁观的过程中被一一遮蔽、散失和遗忘。德波对景观社会的批判直接影响了后来的鲍德里亚和凯尔纳等人,称得上是当代西方文化思想史和马克思主义哲学文化逻辑中不可或缺的学术环之一。这种景观社会其实就是一种影像社会和视觉社会,媒介则是这种影像社会的呈现者和创造者。

在人文地理中,景观的形成可能是物质的,也可能是非物质的,比如艺术、宗教、文化,它们都无形地作用于人们的思维和立场,从而产生知识与经验,并形成复杂的、奇妙的文化景观。媒体奇观(media spectacle)就是一种奇妙的文化景观。凯尔纳最先将被媒体放大的事件作为文化奇观现象进行全面而深入的分析。他指出:"媒体奇观是指那些能体现当代社会基本价值观、引导个人适应现代生活方式,并将当代社会中的冲突和解决方式戏剧化的媒体文化现象,它包括媒体制造的各种豪华场面、体育比赛、政治事件。"②凯尔纳在书中集中分析和解剖了在当代美国社会中的麦当劳、乔丹和耐克、辛普森杀人案、《X档案》以及总统政治等5种代表性奇观文化样本,并分别将它们划分为消费文化奇观、体育文化奇观、电视文化奇观、恐怖奇观、政治奇观。当然,它们都是由媒体呈现、渲染、堆积和创造出来的媒体奇观和文化奇观,其实也是一种空间奇观和地理奇观。

第二节 景观的生产与消费

在人文地理中,景观不是天然形成的,它的形成与发展、生产与消费都需要人的参与。人们从自身的价值判断和思想观念出发赋予景观意义,而媒介对景观的阐释与再现能够加速和深化景观意义的呈现和延展。不同地方具有不同的景观,景观的标志与差异化可以体现出不同的地区文化和地区差异。景观的生产和消费正是对这些地区文化的生产与消费。在当今全球化背景之下,景观发生了巨大变化。而这一切,都可以从媒介中寻找到蛛丝马迹。

---

① 德波. 景观社会[M]. 王昭凤,译. 南京:南京大学出版社,2006:3.
② 凯尔纳. 媒体奇观——当代美国社会文化透视[M]. 史安斌,译. 北京:清华大学出版社,2003:2.

一、景观意义的赋予

景观是社会的产物,是人们基于自己的世界观及与他人的关系进行创造、表述和解释的结果。景观的意义并非与生俱来,而是不断地被媒介建构出来的。城市中的高楼、立交桥、车来车往的宽阔马路等,体现了工业文明对自然地理的改造;而油画般的乡村风景往往蕴含了人们返璞归真的一种观念。地理学上的地图从来不是完全中立、客观地再现空间景观,虽然地图以坐标、比例尺、距离等精确手段来表现空间的面目,会让人认为空间是可以用物质手段来控制和测量的,但事实上,地图中的景观是根据特殊的文化需求而构筑和描绘的世界。G. 梅茨格(G. Metzger)就指出,地图是特殊的意识形态纲领的产物,而且,地图和地球仪从来都不只是描述,它们是信念的纹章,推动着创造它们的民族和文化的发展。[①] 人们对景观的描述都不纯粹是地理外观的客观反映,而是不可避免地加上了人们的价值评判和对外界的认知,这种价值判断和认知赋予景观不同的意义。

在社会现实中,为景观赋予意义的方法有很多,其中媒介中的阐释与再现能够加速和深化景观的意义呈现。例如,国家的边界划分,除了与政治相关,标示了种族、文化与语言等不同实体的存在与区别外,在媒介中还表现为不同的信息消费取向和消费群体特征的差异。对于媒介而言,地理景观也可能会引导受众的媒介消费习惯。因此,媒介通过影像以及文字等手段对景观进行的再现都是某种主观性的描述。正如克朗所说,地理景观不能仅仅被看作物质地貌,而是应被当作可解读的"文本"。景观不是永恒不变的,也并非毫无意义,其中有些部分是无可争议的日常生活的一部分,而有些含有政治意义。解读地理景观是为了研究和发现为什么地理景观对不同的人具有不同的意义。但由于媒介的介入,便产生了不同的表征方式,存在着双重编码的现象,地理景观的解读变得更加复杂。在某一景观形成之初,已经具备了一定的意义,但对于观察者而言,影视、绘画等方式使景观更增添"一层晕圈",或主观,或客观,都是对景观的再次解释和说明。[②] 城市里繁华的生活景象,可以用来赞扬工业文明所带来的现代生活方式,也可以用以批判工业社

---

① Metzger, G. The artist in the eye of the storm[M]//Wood, J. (ed.). *The Virtual Embodied: Presence/Practice/Technology*. London: Routledge, 1998: 107.

② 克朗. 文化地理学[M]. 杨淑华,宋慧敏,译. 南京:南京大学出版社,2003:51.

会对人的异化。因此,在研究媒介内容的过程中,人们总会将现代人的观点加到各种景观原有的意义之上,而形成更为复杂的文本。①

二、景观的标志与差异化

景观的标志与差异化可以体现出不同的地区文化和地区差异。现代工业社会已经高度城市化,相对乡村而言,城市中包含了更为丰富的景观。这些景观不仅仅成为城市的标志,而且还通过蕴含其中的文化、群体、组织等来建构复杂的生活图景。随着传播科技的发展与全球化的趋势,城市化的进程会大大加快,城市逐渐成为各种语言、文化和社会背景汇聚的交叉点。为了将城市的景观充分呈现,各种传播媒介会根据各自的传播目的选取那些极具城市特质的地点或标志性的建筑与构造,来表达某种既定的意义。为了展示城市的现代感和文明的程度,摩天大楼、中央商务区(CBD)、立交桥等建筑与建筑群在媒介中频繁露面;而在展现城市中边缘人群的生存状态时,人行道、天桥、贫民区则极有表现力,充斥其中的流动商贩和流浪者,与富裕的街区、高档的消费场所营造的繁荣景象形成鲜明对照。当然,对于城市的描绘不可能如此简单或者两极分化,媒介承担着展现更为复杂的城市图景的责任,社会的有序与无序、平等与不平等、发展与衰落、平静与喧嚣、财富与贫困所交织而成的城市景观,都能够在媒介的万花筒中被一一窥见。

在地方性日益被全球化侵蚀的今天,对景观标志的探究似乎有些困难。城市中的建筑外观越来越趋于同一,就连乡村也被改造成统一的景观,地方差别逐渐缩小。但对媒介而言,仍然有着对景观进行阐释的空间,因为不同人眼中的景观是千差万别的,而媒介可以将这些差异尽可能多地展现和放大。剧院、酒吧、商场等区域所具有的休闲特质和消费特性,在一些流行杂志、时尚频道和微视频中得到了充分的体现。阶级和贫富差距所导致的迥异的消费观念成为这类媒介反复强调的话题。而专注于社会发展的媒体,则往往将目光聚焦于城市中的犯罪、性别歧视、人口膨胀、权力失衡等状况,并将其作为城市化过程中出现的显著社会问题。现代城市文化对人们日常生活的影响经由媒介的放大,进一步深入到人们的习惯和行为方式中。一些人认为,城市代表的是"文明与美德",是活力与文化创造的源泉,城市使经济与文化获得了最大限度的发展机会。但对于另一些人而言,城市则被看作冒烟的

① 邵培仁. 景观:媒介对世界的描述与解释[J]. 当代传播,2010(4):4-7,12.

地狱,到处是寻衅和互相猜疑的人群,到处是犯罪、暴力和腐败。① 景观及其意义差异性的构成,除了依赖于各种政治或权力机构对城市空间的重构外,媒介的再现与阐释也是其重要的原因。

三、景观的生产与消费

文学作品和媒介产品中离不开对景观的描述,对景观的描述表达了人们对社会的认知。重点不在于对景观的客观反映,而在于对城市及其景观意义的描写。从某种意义上来说,景观是被生产出来的。除了自然形成的景观,我们生活中的景观大多是人工的。生产、生活、休闲、场所等都是在城市发展中人们改造而成的景观,并按照城市的生态规则组合形成不同的功能区域。人们根据经济、政治等原则来分配和安排资源,确定多数与少数群体的中心与边缘位置,划定内城与外城的格局,并形成相互依赖、相互区别的文化景观。

文化景观并非自主形成,并且处于不断的重构过程中。卡斯特尔强调,城市和街区的建筑风格,反映了社会中不同群体之间的斗争和冲突。例如,摩天大楼之类的巨大建筑物"通过技术和自信表现了金钱在城市中的力量,是正处于上升时期的公司资本主义的大教堂"②。卡斯特尔将城市看作独特的地点,认为城市的物质环境是资本和权力共同作用的产物,而且是集体消费的组成部分。学校、交通、休闲设施等是人们消费现代工业产品的方式。当然,这些消费主要体现在主流人群的日常行为之中,对于弱势群体而言,他们必须依据自己的文化价值来对城市的某些区域进行重构,从而争取自身的权利。因此,城市中的景观一边不断被生产,一边迅速被消费。不同的群体对城市区域的使用意愿会影响人们的行为,由此产生冲突和矛盾,从而加速对景观的塑造。这种重塑自然空间的过程,实际上反映了城市中经济和社会权利关系的某种变化。例如,现代城市中的金融业和商业类公司大量占用城市中心的土地,使得地价上升,改变了周边生活环境。这必然导致另一些人的利益受到侵犯,由此而产生的紧张感和冲突总是此消彼长,伴随着城市化进程的始终。

此外,景观的生产与消费也会受到媒介的影响。景观只有成为媒介反映

① 吉登斯. 社会学[M]. 4 版. 赵旭东,齐心,王兵,等译. 北京:北京大学出版社,2003:546-547.
② Castells, M. *The City and the Grassroots: A Cross-culture Theory of Urban Social Movements* [M]. London: Edward Arnold, 1977: 103.

的对象时，才能真正受到更为广泛的关注，从而在一定程度上改变城市的空间格局。而且正是媒介对景观的再现与解读，才能让人们对自己身处的环境产生直观的感受。例如，作为城市文化景观重要组成部分的酒吧，在它成为消费文化重要组成部分的过程中，媒介的作用不可低估。酒吧文化来自西方国家，在它进入中国大城市之前总是被描述为一种隐秘和暧昧的空间，距离人们的日常生活相当遥远。主流媒体对酒吧的报道中常常涉及一些负面新闻，与色情业或者不规范的商业运作挂钩。于是在很长一段时间内，酒吧文化与城市居民的日常生活并无联系。随着城市化的发展，酒吧的消费群体被培养起来，而媒介中关于酒吧的话题也逐渐增多。酒吧不再是一个封闭的空间，而是作为一种娱乐性的消费场所，不断地区别和建构消费者的身份与品位。无论是从生活方式还是话语模式来看，酒吧往往属于白领、自由职业者、时尚人士这些特定群体。这种消费群体的界定带有极强的符号性，并依靠媒介的传播根深蒂固。酒吧文化属于大众文化的组成部分，却被越来越多地打造为炫耀性消费的标志。许多城市的酒吧一条街，在繁华喧嚣的中心位置开辟了一个相对独立的空间，形成独特的文化景观。这种文化景观本身也成为媒介，标示着一种生活状态和消费观念。

景观随着城市化进程而不断被改造与翻新，旧有的痕迹或被保留或被抹去，但通过地图、书籍、影视等媒介，我们仍然能够洞悉城市的历史和文化，并且这些媒介引导人们进行景观的生产与消费。虽然城市中某些冰冷的建筑物与区域规划被认为是人与人之间交流的阻碍，但总还是存在着道路、街道等连接方式；虽然城市化促成了景观的标准化，但它同时也催生出各种亚文化，为各种媒介提供了丰富的文本。在媒介的作用之下，城市中集结了不同的群体；依据背景与文化而建立起来的社区组织，又构筑了新的、有差异的文化景观。

在媒介社会里，如何生产和制造媒介景观并让全世界知道，这是许多机构和人士都十分关心和迫切需要了解的问题。如今，恐怖主义者也在利用西方媒介的超级权力，遵循新闻价值规律，顺应媒介渴望发生大新闻的心理，通过制造恐怖活动为媒介提供新闻报道内容，实现进入媒介议程、吸引公众眼球、主导体制进程和制造社会恐慌的目的。在经历了一系列恐怖事件（如美国"9·11"恐怖袭击事件、印尼巴厘岛爆炸案、俄罗斯莫斯科地铁大爆炸）之后，恐怖主义者现在已经能够熟练地运用这种卑劣的传播方式或宣传手段，不断采用熟练的技巧来欺骗媒介守门员，通过一些恐怖性行动和煽动性话语使自己万众瞩目,使大众恐慌万状。① 作为公众接受信息、了解新闻和观察世界的窗口,媒介必须履行起真实、客观、公正、平衡地报道新闻事件的职责,但需要注意的是,在争抢新闻和争夺受众的市场竞争中,也要将国家利益和社会效益放在首位,不做无节制的夸大报道,避免被恐怖分子或别有用心的组织和个人所利用。

四、全球化视野下的景观

全球化所描述的是整个世界政治、经济和文化逐渐联结,从而进入一个世界性体系的过程。② 虽然自古以来,经济和文化都在各国之间流动,但从未呈现出现在的规模与速度。新的传播技术从蒸汽机船、铁路交通、电报、电话发展到了飞机、电视与网络,无论是货物和信息的传送,还是人口的迁移,都迅速增加,文化不再由于物理距离的遥远而受阻隔。当然,全球化是开放的,但也是不平衡的,存在着霸权与弱势力量的对比,伴随着地方性力量与全球性力量的博弈。简单说来,全球化描述了这样一个事实:人们越来越生活在一个大世界中,人与人之间、地域与地域之间的相互影响越来越强烈,全球化也因而成为一个热门话题。

在全球化的影响下,景观发生巨大变化。全球化与信息技术的发展,不断强化"城市化"的概念。一些大城市、超级城市,因其巨大的包容力而成为人们梦想的目的地。城市逐渐成为各种文化、语言和意识形态相交汇的地点,来自不同背景的人在这里会聚,从而改变了个人的行为与思维方式。

社会学家的观察总是细致入微的,他们能在意想不到的角落发掘社会现象的表征。例如,超市中琳琅满目的货品,便被社会学家们认为是全球化对地方的一种影响。③ 在许多城市的超级市场,我们都可以见到来自世界各地的食物与日用品。这个小型的消费空间,已经被抹去了它的地方特性,而成为一个商品的汇聚地,同时也是全球化的产物之一。这有赖于当前复杂的经济和社会关系,它将世界的不同地方联系起来。所以,我们可以将超市视作一幅微型地图,从中观察生产与消费的动态空间。而且,随着经济和信息、人群的流动,超市的货品种类与市场的规模都将得到极大的增长。连锁经营的

① 邵培仁. 媒介恐慌论与媒介恐怖论的兴起、演变及理性抉择[J]. 现代传播,2007(4):27-29.
② 鲍尔德温,朗赫斯特,麦克拉肯,等. 文化研究导论[M]. 陶东风,和磊,王瑾,等译. 北京:高等教育出版社,2004:164.
③ 吉登斯. 社会学[M]. 4版. 赵旭东,齐心,王兵,等译. 北京:北京大学出版社,2003:45.

方式更能体现这种发展的趋势。其中,全球化带来的移民潮便能解释这种现象。正是由于人群的往来,产生了丰富的文化与口味,以及消费的欲望。商品标签上显示的信息,往往有多种文字和符号,直观地反映了地理的多样性。

从更大的范围来看,越来越多的城市建筑与消费场所等景观趋向同质化。那些由钢筋和玻璃建构出的百货商店,用透明的橱窗显示着商品的丰富程度。尤其是国际连锁商店的出现,它们大量占用城市公共空间,使得城市景观呈现出相似的样貌。人们不仅能买到相同的货品,还能感受相同的卖场布置,享受无差异的服务,消费的欲望得到极大满足。落地玻璃窗、各式灯光和商品的陈列形成强烈的视觉刺激,并改变了城市的景观,影响了人们的消费心态。此外,城市化的进程使得更多的城市扩大其空间,不断向四周、向空中发展。在这些人造的景观中,人们的生活方式和生活区域也慢慢发生变化。与城市急速发展相适应的,是土地资源的大量开发,公用绿地面积的缩小,于是城中花园之类也成为一种模式化的城市景观。

跨国公司在世界建造起来的,并非仅仅是风格同一的高楼与经营模式,还有共同的文化品位。正如吉登斯所言,当今"新的国际精英们在各大洲之间穿梭往来,建立起一个全球城市的网络"[①]。他们在进行经济活动的过程中,又将不同文化、习俗背景的人联系在一起,并提供了一个交融和碰撞的巨大空间,改变了城市与周边地区的关系。而且,城市之间建立起的各种现实和虚拟的联系,逐渐形成了全球性的网络。苏贾提供了一个"全球性"城市的样本——洛杉矶。他用阿根廷作家豪尔赫·路易斯·博尔赫斯(Jorge Luis Borges)的小说《交叉小径的花园》(*El jardín de senderos que se bifurcan*)做了生动的类比,称这个花园是"地球上所有的地方都聚集在一起的唯一一个地方",而洛杉矶与之相似。因为它"在文化投射和意识形态延伸方面,在其几乎无处不在地将自己展现为一个完全实现世界梦想的机器方面,没有任何其他地方能比洛杉矶表现得更加明白清楚"[②]。作为现代大都市的理想模式,洛杉矶借助各种传播手段出现在人们面前。在苏贾的描述中,这个大城市可以分解为由各种全球村文化和各种模拟的美国景观组成的展示场所:大型步行街购物中心、主街道、娱乐与休憩场所……洛杉矶,"将城市性解构为一种

① 吉登斯. 社会学[M]. 4 版. 赵旭东,齐心,王兵,等译. 北京:北京大学出版社,2003:545.
② 苏贾. 后现代地理学——重申批判社会理论中的空间[M]. 王文斌,译. 北京:商务印书馆,2004:331-332.

令人困惑的符号拼贴",这些符号只不过是各种假想的社区以及对城市的各种奇特的表征。而且在该城市新型的中央商务区,外国公司的招牌比比皆是,构筑起清晰的轮廓线。我们很难从这个大都市中找到关于城市的个性与特征,这也正是全球化背景之下城市景观的共性。

洛杉矶只是众多大城市中的一个例子,在全球化的影响之下,类似的样本并不少见。例如纽约、东京和伦敦,都是萨斯基娅·沙森(Saskia Sassen)《全球城市》(*The Global City*)一书的研究样本。① 越来越多的城市加入这些国际大都市的行列,并日益成为由不同传统、文化的集合与交叉所构成的混合形式。此外,随着人口的大量迁移,来自各种不同背景和地域的人群混杂其中,也构筑了复杂多样的文化景观。闹市区的繁荣与贫民区的混乱形成鲜明对比,这种景观的对比是全球化进程中不能忽视的现实。

第三节 作为对立、尴尬和地下状态的景观

克朗指出,地理景观通常被看作一个价值观念的象征系统,社会便建构在这个价值观念之上。考察地理景观就是解读阐述人的价值观念的文本。地理景观的形成过程表现了社会意识形态,而社会意识形态正是通过地理景观得以保存和巩固的。② 我们生活的世界是由城市、乡村、郊区等景观构成的,它们是现代社会中最常见的几种地理景观。通过各种媒介,这些景观的象征意义与价值系统才得以体现。可以说,媒介尤其是大众传播媒介是建构景观象征意义的工具。

一、对立的景观:城市与乡村

城市,作为人口密集的居住区,自然会受到人们的关注,大众媒介也主要以城市景观作为表现的主题。城市通常是新闻和故事的发生地,也是现代文化的象征。耸入云端的摩天大楼、车流人流如织的街道,无不展示了工业文明所塑造的现代景观。城市中的各种场所,如商场、饭店、剧院、广场、街区,使人们从四面八方会聚起来,在媒介所制造的影像世界里体验着众多的社会关系。商业区、住宅区、工业区等分工明确的地理区域将城市划分为不同的

---

① 沙森. 全球城市:纽约·伦敦·东京[M]. 周振华,等译. 上海:上海社会科学院出版社,2005.
② 克朗. 文化地理学[M]. 杨淑华,宋慧敏,译. 南京:南京大学出版社,2003:25.

活动空间,生活在其中的人们遵守着共同的城市秩序。让人眼花缭乱的城市符号标示着这个魅力十足的地理处所,并继续推动城市化的进程。

乡村,人类生活的另一种地点,在媒介中出现的频率明显低于城市。一般而言,乡村景观的主要特征在于人烟稀少,地域宽广,更完整地保存了自然的状态,鲜有人造的痕迹,等等。与城市的热闹喧嚣相对,乡村更多体现的是平静淡定,以及对传统的坚守姿态。作为对工业化的一种抵抗,乡村成为人们在工业文明浸染下的一种本真的回归,当然有时候也会被描述为单调与落后。

作为两种截然不同的景观,城市与乡村虽然并没有固定的意义、意象与表征,但它们的对立却是毋庸置疑的。而且,城市景观的扩张,在一定程度上是以乡村景观的破坏为代价的。城市与乡村在对照之下,更能凸显景观的差异。当然,对于城市与乡村的描述兼有肯定和否定两面。城市可能被视为一种高质量的生活区域,代表着愉悦的体验,但也可能充满危险;乡村可以风景如画,但也可以被描述成愚昧的角落。我们不能简单断定哪一种表征是准确的,因为景观的不同象征意义是建立在不同文化想象的基础之上的。

与田园诗般的乡村景象对应的城市,一直是一个矛盾的综合体,而这种矛盾性,在媒介中得到了充分的体现。首先,作为商业、文化与传媒业的中心,城市需要展现出其具有吸引力的一面。于是,我们经常看到城市中喧嚣繁华的街市、忙碌充实的人群、品位高尚的休闲场所、新鲜刺激的娱乐方式,这些场景在广告、流行杂志和时尚电视栏目中层出不穷,展示了城市中最具魅力的一面。其次,城市精致耀眼的表面之下,还有一些黑暗或隐秘的地带,它们可能是物质的存在,也可能是一种心理的空间。

当我们用不同的角度审视城市景观时,那些隐藏在光鲜外表下的角落便暴露无遗。城市的现代化虽然带来了高品质的生活,但也破坏了原有的自然生态。生活在城市中的人被工业文明所异化,人际交流的距离感增加。所以,城市也会成为冲突的集中地、阴暗混乱的空间。越来越多的媒介作品中表现出对城市现状的焦虑与担忧。符号的混乱,意义的矛盾丛生,支撑起一个充满欲望的晦暗之城。以洛杉矶为背景的美国电影《小贼·美女·妙探》(*Kiss,Kiss, Bang, Bang*),充分呈现了这个工业化大都市中的黑色元素。暴力、谋杀、欺骗、堕落,这些城市中真实存在的现象,融合在洛杉矶冰冷的地理景观当中。

与城市这个秩序井然的工业象征相对应的,是在一些文本中被描述为愚昧落后的乡村景观。大部分乡村地处偏远地区,没有发达的交通与通信设施,经济模式上主要依靠与环境相关联的农牧业等。乡村是现代文明的对立面,人们对这一地域的情感极其复杂。一方面,由于远离经济发达的城市,乡村往往是贫穷落后的代名词;另一方面,如果换一种视角,乡村又会呈现出不同的面貌。伴随着逆城市化而来的是乡村安定、和谐、美丽、恬静的景观,这与物欲横流的城市生活区别开来。

生活在乡村的人们,往往被描写成安于现状、快乐而单纯的,这也是人与自然最本真的一种状态。在众多绘画作品中,田园诗般的乡村宛如天堂;广告里纯净的天空、金色的稻浪吸引着城市中的人们奔向拥有乡村景观的住宅区域;影视作品对乡村的刻画更是竭尽所能,将其视为人类最理想的生存环境。无论是肯定还是否定的意象,媒介中呈现的城市与乡村,实际上都表明了现代人对城市与乡村两种不同地理景观的矛盾心态。《新周刊》策划的"内心城市榜",便以大量的访谈文字、调查、图片探讨了不同的城市观。虽然由于其本身的定位,杂志在评价城市时,不可避免地带有精英化倾向,但总的说来,还是在某种程度上展示了城市地理景观与城市文化的相生关系。城市与乡村这两种截然相反的景观及其所含有的文化特质,被各种媒介反复强化而形成了相互的吸引力。城市中的人们在享受着丰富资讯、便利交通的同时,又幻想着悠闲的乡村生活;而城市的繁华、时尚与热闹,则使乡村中的人群不断涌向城市。

任何一座城市的形象在与乡村的对照下都是矛盾和复杂的,反之亦然。城市作为"消费性的景观"与乡村作为"生产性的景观"成为对立的两端。附着在这两种景观和空间之上的价值观念,结合不同的立场和身份的阐释产生出更为复杂的意义。因此,人们很难简单评价自己对城市与乡村的态度,对于更多的人而言,最为理想的城市模式便是都市与田园的综合体。而现实中,城郊,这个城市的边缘地带,便成为一个逃避喧嚣,但又未远离城市生活的空间。

二、郊区:一种尴尬的景观

城市带有浓重的人造特色,因为它是被人类改造得最为彻底的景观。随着城市化进程的加剧,在城市版图向乡村的延伸过程中出现一片过渡地带,即郊区。如果将传统的城市景观研究尺度增大,就将郊区包含于内,形成了所谓的城郊景观,即表现出城市、郊区因各自独立又互相交融而产生的共性的、具有一定尺度的生态系统综合体。城市与郊区的景观差异,和城市与乡村景观的截然对立不同,因为郊区是城市的延展,在结构上与城市是一体的。因此,从现代城市的发展趋势来看,郊区的规划与市区是统一的。但郊区同时又具有异质性,在地理位置、文化景观、社会关系、人口组成、信息流动等方面与城市体现出差别。

"郊区"一词在英文中有两个对应的单词,即 suburb 与 outskirt。从词义上分析,前者将郊区定位为次生的、附属的城市区域,而后者则表示郊区是指城市外围的、边缘的地区,二者分别从功能与地理空间上确立了郊区的位置。郊区的形成主要有两方面的原因:一是城市的发展造成空间饱和、生活品质下降,使人们渴望更贴近自然的生存方式;二是城市化的进程使得越来越多的乡村被收编进城市的版图,城市与乡村的双向吸引便造就了郊区这一折中的地理空间。

与日益激烈的城市化相对应,大量的城市问题导致了郊区化的出现,即人口向郊区分散。这个过程始终伴随着人们对城市和郊区两种生活状态的想象与体验。为什么要郊区化以及如何郊区化,在不同的经济政治情形下有着不同的阐释。中国城市郊区化的设想,很大一部分来自欧美国家的实践。英美的郊区化,起源于远离城市病的一种逃逸过程。城市人群回归向往已久的田园生活——新鲜的空气、大片的绿地、宽松的居住空间。例如在美国,人们用"白皮黑心"来描述大城市的生活状态,即富裕阶层的白人逃离市中心,而迁往郊区;白人中的贫民阶层及黑人滞留在城市。虽然这样的比喻并不完全恰当,但在某种程度上反映了美国等西方发达国家城市与郊区的关系以及城市化进程中人们的生存状态。当然,向郊区的逃离能否成功,关系着城市规划理论家的种种梦想及实现的可能,也牵涉到国家政策的干预,以及实践过程中各种利益的冲突交锋。

世界上不存在一个自然的、普遍的城市发展规律,城市化的出现当然离不开政治、经济因素。但是,如何制造这种人口与地点的流动,还需要依靠各种媒介营造出崭新的图景。由于郊区处于城市的边缘,因此人们对它的关注不如城市那么强烈,但大众媒介还是将这一区域纳入了自己的景观版图。城市以惊人的速度蔓延和扩张,而交通工具的变革使得工作和居住地点的分离成为可能。在这个过程中,大众媒介的发展也推动了城市的边界向郊区延伸。不仅郊区生活进入媒介文本,而且媒介本身也将触角伸入郊区。一方面,媒介迅速向郊区普及。不仅电视、广播等电子媒介广泛覆盖郊区,而且传统的印刷媒介如报纸、杂志也将发行网点延伸至郊区。另一方面,大众媒介承载的都市文化也呈现出郊区化趋势。在媒介编织的网络之下,人们不需要都成为城市中的人,因为在媒介建构的空间中,各种影像与文字便能激发并满足人们对都市的欲望和想象。在城市郊区化的进程中,大众媒介的伸展实际上也重构了现代都市的文化地图,城市边缘的文化与景观一同被媒介催生出来,并形成新的意义。

与对城市景观的解读相同,人们对郊区景观也存在着矛盾的表征方式。不同于乡村纯粹的自然状态,郊区有不少人工痕迹,而且交通相对便利,基本处于通信与媒介网络的覆盖之中。为了适应城市的发展,郊区景观在媒介中的呈现也拥有不同的象征意义。在大众媒介中,不乏对郊区生活环境的美化。美国广播公司热播的肥皂剧《绝望的主妇》(*Desperate Housewives*)将故事发生地设置在一个完美的市郊紫藤镇,在这个生活富足、精致有序的社区演绎一群中产阶级的复杂故事。在很多广告作品中,郊区也被描绘成安逸的空间,甚至是生活品质的象征。20世纪70年代,美国有一幅反映郊区生活的摄影作品《郊区》,用画面上物质的诱惑展现精神的富足。图中的一对中产夫妇在自己漂亮的住宅里说:"我们真的很幸福,我们的孩子很健康,我们有精致的食物和舒适的房子。"这种平静安宁的生活被打造成现实中的乌托邦。当然,郊区并不总是令人神往,在《欲望都市》(*Sex & the City*)这部极力宣扬城市中心论和消费至上的电视剧中,都市生活被视为生存价值之所在,而郊区则是令人恐惧的去处。

出于历史遗留问题与现实原因,中国与欧美国家的郊区化景观大相径庭,也与大众媒介精心设置的完美景观存在较大差异。尽管媒介中建构的郊区仍然是一个近乎理想的生活空间,不乏对田园风光的想象,但是用拥堵、混乱、尴尬来形容中国的郊区现状似乎更为恰当。"城乡接合部"被用来指称中国的郊区,它们无法为人们提供清新舒适的空间,而只是处于无序状态的混合体。那些代表高尚生活品质与混乱生存状态的正面和负面的符号,将郊区这块城市的边缘地带拼接成为面目模糊的暧昧空间。

三、地下的景观

南斯拉夫导演埃米尔·库斯图里卡(Emir Kusturica)在他的著名电影《地下》(*Underground*)中制造了一个地下世界,生活在这个隐蔽空间中的人对地上的现状浑然不知。当然这是一部充满了政治隐喻的电影,"地下"并不仅仅是指影片里那个人为的狭小世界,更是指笼罩在法西斯统治下的东欧。而在不少科幻小说或影视作品中常会有这样的场景:未来城市的地底下还有一个黑暗的世界,那些无法被纳入主流人群的异类被迫在地下生存,终日不见阳光。这些地下景观虽然是艺术的想象,却在某种程度上揭示出人类生存中的困境。"地下"这个代表着地理方位的词,除了指称那些真实存在于地表之下的城市形貌,也往往会被人们用来描述那些反常态的现象,如"地下电影""地下广播"。作为一种景观,我们关注的是物质意义的地下空间,而非涉及地下的隐喻。

现实中的城市景观存在着地上和地下两种状态。地上的风景随处可见,而地下也并不是完全隐秘的空间。随着城市土地面积的急剧缩减,地下的世界早已不仅仅是自来水管、下水道、电线及通信网络,一些公共设施如地铁、商铺、公共图书馆、博物馆、音乐厅、体育馆等也纷纷向地下发展。空间环境的质量、文化氛围的培育、商业需求的延伸、地下与地上城市的互动成为城市开发的焦点,地下文化也成为城市文化的重要组成部分。

在这些新的地下空间的建立中,地铁是最引人注目的一种景观。1945年,全世界只有20座城市有地铁。截至2021年6月30日,中国内地累计有40个城市开通地铁线路,累计运营线路长度6641.73千米。其中,11个城市地铁运营线路长度超200千米,上海、北京、成都、广州地铁运营线路长度超500千米。① 地铁是城市的地下动脉,依靠四通八达的铁轨,城市中的人群在其中快速穿行。正是因为地铁巨大的容量和发达的营运系统,人们每天从各地涌来,在这个地下空间中更为紧密地缠绕在一起。地铁不仅是现代化的交通工具,更是一种传播媒介,大量的信息在这里交汇、集散。各大城市的地铁景观本身就是都市文化的一面镜子,浓缩了城市的文化特征与气质。伦敦、巴黎、纽约、北京、上海等国际化大都市的城市性格,在地铁这个流动的文化传播空间中得以体现。不同城市的地铁会被赋予完全不同的象征意义,浪漫、时尚、古典等成为标签,建构起各式各样的地下版图。地下商铺、展览馆、文化墙等沿地铁线分布的设施,便是以这个流动的媒介为依托,充分展示一个城市的历史与现状。作为繁忙的城市交通线与传播媒介,地铁在一个快速移动的空间中形成了一个公共区域,人们在其中不断进行信息的沟通与交

① 中商产业研究院. 2021年上半年中国主要城市地铁运营线路长度排行榜[EB/OL]. (2021-07-28) [2021-08-20]. https://top. askci. com/news/20210702/1349161504812. shtml.

流,同时也通过加入这个信息流动的过程而积累都市经验。

除了地铁本身作为城市的重要媒介而进行信息的传递外,各种大众传媒也纷纷将自己的触角伸向这块地下空间。一些以地铁为背景的影视、音乐、文学、广告作品层出不穷,将这一地下世界呈现在人们面前。对于人们而言,地铁不仅是一个地点,更是一种情绪与文化的载体,它代表着现代文明。此外,专门针对地铁人群而发行的报纸与移动电视,如《地铁报》、《东方早报》、地铁移动电视,将更丰富的信息在这个地下空间中广泛散布。在大多数的媒介形象中,地铁作为城市文化符号而极具吸引力。地铁的存在不仅仅是为了缓解城市的交通压力,它也成为城市现代化的标志,制造出各种关于繁华都市的想象空间。

第四节 媒介景观与景观社会

在人文和社会科学语境中,媒介景观超越了其媒介地理学意义,被赋予了深刻的批判性含义。由于大众传媒的兴起,大众文化在消费社会中占有绝对优势,媒介和文化的商品化不断制造各种可见的画面、影像和表征,充斥了社会生活的各个角落。强势的电子媒介裹挟技术理性浸入大众传播领域,深刻改变了大众对文化和社会的想象。当下,时间模式已经转向了空间模式,影像世界已经代替了本真世界,形式大于内容,"看到"优于"听到",人们的思想观念、行为模式都已发生了很大变化。媒介本身既从属于景观社会,是景观社会的重要组成部分,又反映和呈现景观,并不断地塑造和建构景观社会。同时,景观在与媒介的互动中也显示出特殊的地位和作用。

一、景观社会

"景观社会"的概念最早是由德波提出的,他在《景观社会》一书中深刻阐释了现代社会已经由物质社会转变为景观的庞大堆积,一切曾经直接被经历的事物,都成为再现而已。[①] 景观是德波对当代社会本质的概括,这种景观与前文提到的自然景观或人文景观有所不同。它是一种由感性的可观性建构起来的幻想,它的存在由表象所支撑,以各种不同的影像为其外部表现形式。

弗尔茨、贝斯特对景观下过比较完整的定义:首先,景观是指"少数人演

---

① 德波. 景观社会[M]. 王昭凤,译. 南京:南京大学出版社,2006:3.

出,多数人默默观赏的某种表演"。所谓少数人,是指作为幕后操纵者的资本家,他们制造了充斥当今全部社会生活的景观性演出;而多数人则是指那些被支配的受众,或者说是普通大众。他们在"一种痴迷和惊诧的全神贯注状态"中沉醉地观赏少数人制造和操纵的景观性演出,这种"看""意味着控制和默从,分离和孤独"。"看"成了重要资源,"听"则被边缘化。因此,鲍德里亚用"沉默的大多数"来形容痴迷的观众。① 其次,景观并不是一种外在的强制手段。它既不是强制性的政治意识形态,也不是商业过程中的强买强卖,而是在直接的暴力之外将潜在的具有政治的、批判的和创造性能力的人类归属于思想和行动的边缘的所有手段和方法的表演。再次,在景观所造成的广泛娱乐的迷惑下,大多数人将彻底偏离自己本真的批判性和创造性,沦为景观隐形控制的奴隶,却全然不知。正如凯尔纳所言:"人们因为对景观的入迷而丧失自己对本真生活的渴望和要求,而资本家则依靠控制景观的生成和变换来操纵整个社会生活。"②

这种以影像生产和影像消费为主的社会,就叫景观社会。在这个新的社会中,传播内容正由情节转向奇观、由理性文化转向快感文化、由线性文化转向块状文化、由叙事文化转向景观文化、由活动中心转向图像中心。影像制作、展示与传播、媒介技术的发展以及不断衍生的商品需求,共同构成一个景观的世界,物性的商品经济世界已经转化成景观堆砌的总体存在。其中传者、媒体、影像及其消费所造成的虚像代替了真实的事件与社会关系,人与人之间形成了以数字技术为媒介的虚拟关系,商品已经占领了整个社会生活的全部。③ 斯图亚特·霍尔(Stuart Hall)认为,现代传媒首要的文化功能是选择建构"社会知识"和社会影像。大众是通过媒介建构的这类知识和影像来认知世界、来体味他们经验过的现实生活的,因而大众生活在由媒介堆砌的景观社会中。媒介锁定受众的视知觉,传播景观化,媒介表征幻化为景观外衣而被布展观赏,以吸引大众的眼球,并作为商品出售。景观社会造成了人们对生活的一种新的理解方式,正是这种理解方式造成了景观社会的合法性。

在德波看来,景观不能被看作对世界观的误用,它是商品发达社会的"世界观",是一种客观化的、具体化的关于世界的总的看法。这种看法既是商品

---

① 转引自:凯尔纳. 鲍德里亚:批判性的读本[M]. 南京:江苏人民出版社,2005:210.
② 凯尔纳. 媒体奇观——当代美国社会文化透视[M]. 史安斌,译. 北京:清华大学出版社,2003:2.
③ 德波. 景观社会[M]. 王昭凤,译. 南京:南京大学出版社,2006:42.

总体性生产方式在心灵上的投射，也是被意象统治化的心灵看待现代社会的必然方式。

德波指出，景观社会最重要的特点有两个：第一，景观已经成为当前资本主义生产方式的目标，即景观已然成为现今人们"主导性的生活模式"。人们的存在不再由自己真实的需要构成，而是由景观所指向的展示性目标和异化性的需要堆积而成。换言之，相对于过去人们对吃穿住行等的追求而言，今天的人们在生活目标和生活模式上已经发生了天翻地覆的变化。在景观社会中，人们追求的是一种让人目眩的景观秀。

第二，景观具有意识形态功能。景观的存在和统治性的布展恰恰证明了当今资本主义体制的合法性，人们在对景观的顺从中无意识地肯定了现实的统治。具体而言有三个方面：一是它通过肯定性的表象，将人们锁定于资本家在生产和消费中"已做出的选择"。也就是说，如今在我们生活的每个细节情境中，都不得不在广告炫示的情景展现下，面对着一个已经被装饰过的欲望对象世界。二是通过审查而展现出来的景观，也必然是现存体制合法性的同谋。或者说无论是通过广告，还是通过其他媒介展现在我们面前的各种景观，其本质都是合理性和认同性的，或是无意识地支配着人们的欲望结构。三是景观还通过支配生产之外的大部分时间来达到对现代人的全面控制，这也是德波关于当代资本主义统治新形式的一个发现，即对人的非劳作时间的控制。景观的无意识心理文化控制和对人的虚假消费的制造，都是在生产之外的时间中悄然发生的。① 景观社会以广告为中心，遵循媒介文化高度商业化的原则，通过休闲、消费、服务和娱乐等机制不断扩展其影响力。

二、媒介塑造景观社会

我们处于一个被影像包围的景观社会，而这种景观社会的形成与媒介尤其是大众传播媒介的作用密不可分。正是大众传播媒介持续不断的生产和对景观的展示，创造着丰富多彩的媒介景观。媒介景观是社会商业化程度的表征。越是在消费环境成熟的社会里，媒介景观就越具有生机和活力。在电视的影响下，人们的知觉主导方式发生了转向——由文字转向画面、由语言转向影像，通过画面和影像了解超出直接经验的远离现场的人、事、物。新式

---

① 张一兵. 代译序：德波和他的《景观社会》[M]//德波. 景观社会. 王昭凤，译. 南京：南京大学出版社，2006：代译序 22.

的图片和影像消费占据了绝对的市场份额,如影像化的偶像崇拜消费、身体时尚消费、民主政治消费、文化体育消费、战争政治消费。

大众传播媒介从来就不仅仅是纯技术性的冰冷工具,它本身就是一种社会景观。麦克卢汉提出的"媒介即信息",便在媒介单纯的物质形态上增添了新的意义。而威尔伯·L.施拉姆(Wilbur L. Schramm)在谈到媒介时,将其比作组成夏夜星空图像的灿烂星云,使得各种各样或古老或年轻的媒介拥有了不同寻常的浪漫意味。无论是麦克卢汉所指的作为人类感觉器官延伸的媒介,还是施拉姆所称的犹如梦幻星空的大众传播媒介,它们都是表达社会、构筑世界的重要手段。从物质的层面上看,大多数的媒介都依赖某种技术而存在。比如报纸和书刊由于印刷术的出现才得以普及,摄影和投影技术支撑着电影业,广播以无线电技术进行节目的播送,电视经历着从模拟到数字技术手段的更替,互联网则必须依靠电脑以及光纤传输设备才能被广泛应用。在媒介发展历程中,没有哪一种新媒介是完全依靠全新传播手段的,都或多或少地继承了原先的技术成分。这种继承,就不仅仅是某种技术的沿用,还有对媒介中所蕴含文化的传承。媒介一方面是切实存在的物质形态,另一方面也是具有丰富内涵的文化衍生物,是一种寓意深厚的景观。

德波认为,从某种意义上来说,在商业社会的日常生活中,大众媒介已经成为景观社会的原动力,是景观最为显著的表现。① 受德波"景观社会"的启发,凯尔纳提出了"媒介奇观"(或"媒介景观")的概念。他认为,媒介奇观是指"能体现当代社会的基本价值观、引导个人适应现代生活方式,并将当代社会中的冲突和其解决方式戏剧化的媒体文化现象,它包括媒体制造的各种豪华场面、体育比赛、政治事件等"②。当人类进入大众媒介高度发达的现代社会时,媒介奇观就以娱乐、信息和消费组成的符号世界包围人们,深刻影响人们的思想和行为。而媒介奇观本身,也成为景观社会中的一种重要存在。

就"媒介奇观"的外延来说,凯尔纳提出了景观现象的16个方面,包括消费文化、名人文化、娱乐圈、体育界、电视文化、电影、戏剧舞台、时装、高雅艺术、当代建筑、流行音乐、食品、性和色情、电子游戏、恐怖主义和政治等。媒介奇观已经侵入人们生活的方方面面,从经济、文化、日常生活到政治和战

---

① 转引自:Johnston, R. J., Gregory, D., Pratt, G., et al. *The Dictionary of Human Geography* [M]. 4th ed. Oxford: Blackwell, 2000: 782.
② 凯尔纳. 媒体奇观——当代美国社会文化透视[M]. 史安斌,译. 北京:清华大学出版社,2003:2.

争，甚至还侵入虚拟的网络空间。其中最重要的是娱乐业。娱乐性已经成为当代商业文化的基本元素，娱乐业(包括电影业、电视业、电子游戏业、迪士尼公园等)成为美国的支柱产业，而名人(包括明星)已经成为被媒介文化制造与掌控的对象，他们是媒体文化的偶像式符码。

媒介产业的发展和娱乐经济的繁荣，特别是信息和娱乐的融合，意味着当今的景观社会应当被更确切地命名为"娱讯社会"。凯尔纳指出，当今奇观式的社会和文化正在打造一种新型的信息娱乐社会。[①]"信息/娱乐"(infotainment)这个词语是由"信息"(information)和"娱乐"(entertainment)两个词合成的。"信息/娱乐"这个词表明了当代社会中的信息领域和娱乐领域已经融为一体。凯尔纳把景观本身看成是一个各种话语在其中发生冲突的语义场。借用安东尼奥·葛兰西(Antonio Gramsci)的"文化霸权"理论，景观是一个"霸权和抵抗霸权共存"的场所。娱乐业利用它的代码渗透到新闻、信息、政治、教育和日常生活，并已成为景观社会的支配模式。

在这种媒介奇观生成模式中，那些突发的异常的罕见的不为人知的非常态的社会事件和现象，由于容易被打造和引爆为引人瞩目的媒介奇观，经常成为大众媒介大量报道和密集关注的对象。一般来说，容易成为营造媒介奇观的非常态事件或新奇现象主要有六种：一是突发性或偶然性的事件和现象，如地震、洪水、火车脱轨、飞机坠落、非典、禽流感、新冠肺炎等灾祸；二是异常性或罕见性的事件和现象，如夏天下雪、公鸡下蛋；三是反社会或反人性的事件和现象，如暴力、杀人、放火、抢劫、乱伦、滥杀无辜；四是反主流或反制度的事件和现象，如亚文化、同性恋和游行、示威、罢工、集会；五是反常规或非日常的事件和现象，如奇装异服、奇人趣事、新潮时尚、奇巧淫技；六是战争性或冲突性事件和现象，如大规模战争、宗教冲突、恐怖主义、骚乱、政治暗杀。但是，大规模生产和营造媒介景观的危险在于，大众媒介越是大量报道和密集关注异常的社会事件和现象，越容易引发大众的关注和热议，越容易将其演化为司空见惯的可延续的常态化事件和现象，成为某种社会景观的同质化。

随着互联网的应用和普及，大众媒介和信息技术联手打造的媒介景观通过电脑和互联网传送到千家万户，使电视在当代媒介文化中所占的绝对支配

---

① 凯尔纳. 媒体奇观——当代美国社会文化透视[M]. 史安斌，译. 北京：清华大学出版社，2003：14.

地位受到挑战。相对电视而言,电脑是真正的多媒体,它兼容文字、图像、影像等多种媒介符号于一体。由媒介景观塑造出的景观社会在互联网的冲击下,以新的形式深入人们的意识形态和日常生活领域。网络文化所带来的新的媒介景观具有双重性质:一方面,媒介对正面的社会宏大景观(奥运会、世博会、神州十三号升空、三峡大坝等)的大量报道,能激发人们普遍的爱国热情,有助于社会稳定;另一方面,它对负面的社会灾难性景观(地震、水灾、旱灾、矿难等)的大量报道,也能激发人们的同情心、慈善情,相比之下产生生活的满足感。由此可见,一方面,由于网络信息来源主要还是传统媒体,因此它巩固了由传统媒体建构的景观社会;另一方面,一些传统媒体之外的信息创造了更多传统媒体所不具有的媒介景观,都是由网络创造出的媒介景观。

媒介景观的形成是多种因素综合作用的结果,如经济因素、政治因素、历史因素、心理因素,对媒介景观的评价必须基于对上述诸因素的分析。同时,媒介与景观社会的关系又是复杂的。一方面,媒介每天都在提供可供大众消费的景观,以其丰富的影像世界构筑起景观社会。近些年来,风靡电视荧幕的节目,或多或少都是一种媒介景观。例如,近些年真人秀节目的流行,使得数以万计的观众着迷,于是这些真人秀节目通过电视和网络创造了一个互动的景观社会。凯尔纳认为,这类节目"所体现的是人们参与奇观和窥视他人隐私的永无休止的欲望,满足的是人类根深蒂固的窥淫癖和自恋情结"[①]。而另一方面,媒介也不得不受制于景观社会商业逻辑的诱惑而导致消极的主题。景观社会以广告为核心内容,遵循着高度商业化的原则,通过休闲、消费、服务和娱乐等机制不断扩展其影响力。媒介在提供休闲、消费、服务和娱乐景观的同时,变得愈发娱乐化、商业化、低俗化。因此,从某种意义上说,媒介景观又是虚假意识的场所和商品文化的橱窗,是导致政治昏睡和意志消沉的催眠曲和安眠药,是对社会精英和普通大众的不公不义和霸权免疫。

① 凯尔纳. 媒体奇观——当代美国社会文化透视[M]. 史安斌,译. 北京:清华大学出版社,2003:
25.

第八章

尺度：媒介传播的本土性与全球性

尺度(scale)是广泛存在于地理学、生态学、气象、遥感等领域中的一个重要概念。"作为地理尺度,它是物与物的对比,涉及尺寸、度量,显示出的是物与物之间的大小、多少的关系尺度;作为媒介尺度,关涉印象、情感,它是人与物的对比,标示出的是人与物之间的远近、亲疏的关系尺度。"①在媒介地理学中,尺度主要具有四方面表征:本土性、区域性、全国性、全球性。本土性和全球性是联系媒介与地理最重要的两个尺度。本土性与地方密切关联,而全球性则与世界紧密相关。在当今经济全球化的背景之下,本土性面临着全球性的侵蚀和挤压;而媒介在平衡本土性和全球性方面发挥着重要作用。

第一节 梯状和同心圆状的尺度

作为地理学的核心概念之一,尺度在自然地理学和人文地理学中分别有不同的含义。广义地说,尺度是指在研究某一物体或现象时所采用的空间或时间单位,同时又可指某一现象或过程在空间和时间上所涉及的范围和发生的频率②。尺度包含三个方面的内容:客体(被考察对象)、主体(考察者,通常指人)和时空范围。在景观生态学中,景观、景观单元的属性(大小、形状、功能等)及其变化是客体,人是主体,景观的内在属性决定了它的时空范围,即尺度范围。在景观生态学的研究中,尺度概念有两方面的含义:一是粒度(grain size)或空间分辨率(spatial resolution),表示测量的最小单位;二是范围(extent),表示研究区域的大小。尺度既是一个空间概念,也是一个时间概念。景观生态学的尺度范围在空间上通常从几平方千米到几百平方千米,时间上目前还没有形成比较统一的意见,一般为几年到几百年的范围。可以

---

① 邵培仁,夏源. 媒介尺度论:对传播本土性与全球性的考察[J]. 当代传播,2010(6):9.
② 邬建国. 景观生态学——格局、过程、尺度与等级[M]. 北京:高等教育出版社,2000.

说，景观生态学的任何研究都离不开尺度，尺度暗示着对事物细节的了解程度，通常在一定尺度下表现为空间变异的噪音成分，而在另一个较小尺度下表现为结构性成分。

统一尺度有利于统治和管理。春秋战国时期，各国使用的尺寸、升斗、斤两标准不一，给各国之间的商业贸易造成极大不便。秦统一六国后，秦始皇下令废除六国的旧度量衡，以原秦国的度量衡制为基础，向全国颁行新的统一的度量衡制度及标准器。在后来发现的秦权（秤锤）上，刻有秦始皇的诏令："二十六年（前221年），皇帝尽并兼天下诸侯，黔首（老百姓）大安，立号为皇帝。乃诏丞相状（隗状）、绾（王绾），法度量则不一嫌疑者，皆明一之。"诏令明确规定标准的度量衡器由官府负责监制，从而实现了度量衡的统一，初步建立了一套完整的度量衡制度。后经汉代的改进、完善，成文于典籍而被历代遵循，奉为圭臬。

中国古代许多杰出的科学家，在他们的科学实践中因离不开"时空量"的测量，都关注和研究度量衡及时间计量。中国近代对计量史的研究，始于20世纪初。罗振玉、王国维、刘复、马衡、容庚、商承祚、唐兰、朱德熙等学术巨擘都先后发表了重要著作，对战国栗氏量、商鞅方升、秦权、秦量、新莽嘉量、历史尺度等做了大量考证和研究。在中国古代，尺度既指尺寸的定制，也指具体的标准和规制。白居易《大巧若拙赋》云："嘉其尺度，则有绳墨无挠。"吴承洛所著《中国度量衡史》①是中国第一部度量衡通史专著。在中国尺度研究的过程中，杨宽较有代表性，他的《中国历代尺度考》从尺度的起源、变迁的原因和过程谈起，具体考证和论述了远古以来的历代尺度制度、标准和具体运用，但以今日的眼光来看，它只相当于尺寸史的研究。② 丘光明的《中国古代度量衡》③一书按时代顺序阐述度量衡的起源、产生和发展的各个阶段，以文献和实物资料相印证，系统介绍中国古代度量衡的概况，度量衡单位和单位量值的确立、沿袭和改进，管理制度和标准器具的制作，等等；并进一步分析历代量制、量值的演变，以及度量衡与社会政治、经济、科学、文化等各方面的关系，反映了中国古代的度量衡科学技术成就对后世的影响，及其在世界科技史上的地位。

---

① 吴承洛. 中国度量衡史［M］. 上海：商务印书馆，1937.

② 杨宽. 中国历代尺度考［M］. 上海：商务印书馆，1938.

③ 丘光明. 中国古代度量衡［M］. 北京：商务印书馆，1996.

在媒介地理学研究中,我们更关注的是尺度的人文地理学含义。尽管"尺度"一词长期以来一直被认为是人文地理学的核心概念之一,但直到20世纪80年代,西方人文地理学家也没有将尺度这一概念理论化。随着20世纪80年代末英国地理学家彼得·泰勒(Peter Taylor)两篇论文的发表和奈尔·史密斯(Neil Smith)题为《不平衡的发展》(*Uneven Development*)的著作的发表,人文地理学界围绕"尺度政治学"问题展开了激烈的辩论。[①] 这场论争体现了以唯心主义和唯物主义认识论为基础的地理学家之间的观念差异。约翰·F.哈特(John F. Hart)等地理学家吸收了康德的唯心主义哲学观点,认为尺度不过是为了将世界条理化而信手拈来的概念化机制;另一些地理学家则以马克思主义唯物论为基础,认为尺度是真实存在的社会产物,而且同样有其构建政治的方式和作用。

(一)空间尺度和时间尺度

空间尺度和时间尺度应该是两种最基本的媒介尺度范畴。空间尺度是指主体考察和研究的客体对象面积的大小、距离的长短、体征的显像程度。它可以分为大尺度、中尺度和小尺度三种。信息传播的最大范围和最远距离属于大尺度,信息传播的最小空间和最近距离属于小尺度,介于两者之间的则是中尺度。通常,小尺度的传播或媒介显像度和分辨率高,信息密度大,传播效果也比较显著,比如面对面的人际传播或直面影视媒介的信息接收;相反,在大尺度的传播空间,物像的显示度和分辨率低,信息密度小,传播效果也差,比如在足球场上听讲演、远距离看电视和听广播、科学家接收宇宙飞船的电子信号。

时间尺度是人们在考察客体连绵不断地运动、变化的状态时所采用的记号和刻度,也是由过去、现在、将来构成的持续性、顺序性的系统结构。过去和现在是昭示和开启未来的关键。人们对媒介传播的历史和现实了解得越清楚、越深刻,就越能准确地预测未来和科学地规划未来。时间尺度包括以天文规律(日月星辰的运转)、季节流转(春夏秋冬的交替)、植物生长(花草树木的枯荣)等自然现象为参照标准的自然时间尺度;以事物运动(日晷、水钟和沙漏)和物体摆动(机械钟摆)的等时性规律为控制标准的、以抽象的时间单位(时、分、秒)定时的钟表时间尺度;还有以媒介内容生产、传输、接收的规

---

① 转引自:霍洛韦,赖斯,瓦伦丁. 当代地理学要义——概念、思维与方法[M]. 黄润华,孙颖,译. 北京:商务印书馆,2008:183.

律和时段选择、时间提示等为时间参照系的媒介时间尺度。①

(二)大尺度环境和小尺度环境

人们用尺度来丈量和考察客体的时空范围时,所考察的客体还可以分为大尺度环境和小尺度环境。

所谓大尺度环境,是指同传播活动有关的各种状况和条件分布在较大的空间或领域。小尺度环境则是指紧贴传播活动周围的那些关系密切的因素和条件。从传播空间上看,大环境包容、笼罩着小环境,小环境融合、渗透进大环境。其内容既相互交叉、重合,又相互区别、分离。它们像大小不等的同心圆,传播活动位于圆心,小环境离圆心最近,大环境离圆心较远。它们又像一种圈层结构,小环境与大环境是一圈套一圈地分布在传播活动四周的,而传播正是在这种层层叠叠的环境氛围中进行的。

从传播环境的因素看,虽然大尺度环境和小尺度环境中包含着众多的政治、经济、文化、科技和自然条件等因素,但小尺度环境较多地强调物理环境(如书房环境、办公环境、制播环境)和媒介环境(如媒介声誉、集体精神、干群关系),大尺度环境较多地强调社会环境(如社会稳定、经济繁荣)和文化环境(如国民素质高,文化气息浓)。传播者往往首先要求有好的小环境,接下来则希望有好的大环境。如果大环境不佳但小环境好,他仍会安心工作;相反,大环境好而小环境恶劣,他就会产生离异之心。所以,媒介领导者一定要花力气建好小环境。

(三)梯状尺度和圆状尺度

媒介地理学中的尺度研究还可以从人文地理学那里受到启迪,即如果可以进行丈量,我们还可以看到四个方面(其实可以有更多方面)不同尺度的表征:本土性、区域性、全国性和全球性。"本土性"用来理解比"区域性"尺度还要小的地理范围内所发生的过程和实践活动的空间分辨方法,"区域性"则被看成是比"全国性"尺度小的范畴,"全国性"尺度又被看成是比"全球性"尺度小的范围,而"全球性"则是以地球的地理边界为限的。这样,本土性、区域性、全国性、全球性以某种隐喻呈现在我们面前。其实,用媒介地理学的观点来分析,我们理解的尺度应该是从个人出发的由小到大、由大到无穷大的概念,即主要有个人、家庭、小区(住宅区)、社区(居委会、村)、街道(乡)、区(县)、市、省(区、市)、区域(如长江三角洲)、国家、洲际(如亚洲)、全球和宇宙

---

① 邵培仁,黄庆. 媒介时间论:针对媒介时间观念的研究[J]. 当代传播,2009(3):21-24.

等十三种倒金字塔状的层级尺度。《当代地理学要义——概念、思维与方法》一书在描述尺度概念的内涵时,采用了学术界比较常用的梯状尺度(如图 8-1 所示)和同心圆状尺度(如图 8-2 所示)的模型。①

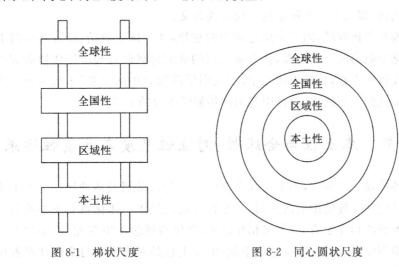

图 8-1　梯状尺度　　　　　图 8-2　同心圆状尺度

梯状尺度使用的是一个有层序的梯子,自下而上依次是本土性、区域性、全国性和全球性。每个尺度被看成梯子的一级,而各级之间有严格的界线。全球性被置于梯状尺度的顶端,本土性被置于梯状尺度底端,全国性和区域性则居于中间,它们既各自独立又互动互助。这种隐喻暗示着从本土性、区域性到全国性、全球性之间的等级关系。

同心圆状尺度提供给我们另一种关于尺度的隐喻。它用一系列半径不同的同心圆表示尺度,从里到外依次是本土性、区域性、全国性和全球性。在这种尺度关系中,每个尺度也是独立、有区位的和互通信息、相互作用的,但由小到大地被包含在更大的尺度之中。通过这两种关于尺度的隐喻,我们对于不同尺度之间的关系有了不同的认识,同心圆尺度似乎更能体现这个时代对于本土性与全球性关系的认识。

但是,必须指出,"本土性"这一概念在不同的场合或语境中具有不同的含义。鉴于媒介地理学视角的理解,当我们将本土性置于全球性、全国性、区

---

① 霍洛韦,赖斯,瓦伦丁. 当代地理学要义——概念、思维与方法[M]. 黄润华,孙颖,译. 北京:商务印书馆,2008:189.

域性之后时,还有省(区、市)、市、区(县)、街道、居委会、小区、家庭等本土性意涵;当我们将它与全球性做对比分析时,那么本土性则包括了洲际性、全国性、区域性以降直至家庭的各种由大到小的含义;当然,如果是单独讨论某种尺度的问题,那么本土性就是这一尺度的含义。

在媒介传播领域,随着全球化进程的加快,亚洲国家政治、经济地位的上升和文化影响力的逐渐增强,作为第三极的亚洲传播研究和中国传播研究的力量正在迅速崛起,传播学研究中的"亚洲学派"和"中国主张"正成为亚洲传播学界关注的重要话题,并已引起国际传播学术界的关注。

第二节　本土性与全球性:对立性尺度与异质性诉求

在各种媒介尺度中,本土性和全球性是争论最激烈的两种尺度。本土性和全球性犹如一枚硬币的两面,是当今世界政治经济一体化背景下涉及的一对最基本的既相互矛盾、斗争又相互联系、合作的概念。20世纪80年代末西方人文地理学界关于尺度概念的争论,实际上也是对本土性与全球性两种尺度的讨论。

本土性和全球性经常被认为是尺度系统的两端,两者通过对照来理解。对于康德唯心主义理论的学者来说,本土性和全球性被看成是早已存在的、社会生活存在于其中的尺度概念中的一部分。这样,尺度仅仅是一种思想工具,将过程和实践进行限定与排序,以便可能将其区别与分离。于是,某一种特定的过程或某一类社会实践的范围就被看成是"本土性"的,而另外一些则被解释成"全球性"的。而对唯物主义者来说,尺度概念的关键在于理解尺度是斗争和妥协过程中的社会产物。全球性和本土性这两种尺度都是在各种社会行动主体的积极作用下被创造出来的。在二元思维模式下,本土性与全球性被看成是相对立的两种尺度。美国地理学家吉布森-格雷汉姆(Gibson-Graham)认为,至少可以从六方面来看待本土性与全球性之间的对立关系。①

第一,全球性和本土性不是真实的事物,而是被看成分析事态的解释性框架。当我们从本土性和全球性两个不同的角度来看待同一问题时,会得到

---

① Gibson-Graham, J. K. Beyond global vs. local: Economic politics outside the binary frame[M]// Herod, A. & Wright, M. W. (eds.). *Geographies of Power: Placing Scale*. Oxford: Blackwell, 2008: 25-60.

不同的结果。在考虑金融风暴后经济重建的问题时,用全球性视角会发现世界经济正在减速;而从本土性角度来看,某些地方的经济却处于增长当中。

第二,全球性和本土性的概念不是用它们"是什么",而是用它们"不是什么"来推导的。换言之,全球性和本土性只有在相互对照时才能显示其意义。因此,全球性是当代国际社会面临的超越国家和地区的界限,是有别于本土性的社会现象;反过来,本土性也被看成是全球性的反面。

第三,全球性和本土性可以为社会网络提供不同的观点。法国社会学家拉图尔认为,世界是由不同地方的网络建构起来的,那么"从本质上说,网络既不是本土性也不是全球性的,而是长短不一,连接程度不一的"①。全球性和本土性是世界表现出来的连接程度、抽象程度、具体程度不同的层面。

第四,全球性即本土性。全球性并不真正存在,去除全球性就找不到本土性。跨国公司实际上是跨地方的而不是全球性的。

第五,本土性即全球性,而地点则是社会关系的空间化网络中"某个特定的时刻"。本土性不过是地球表面上全球性力量"触及"地球表面时的落脚点。反过来,本土性也不是一个地点,而是环绕整个地球的全球性潮流通向世界的切入点。

第六,全球性和本土性不是区位而是过程。全球性和本土性使所有空间都混合在一起,形成既有分化又有融合的"全球本土性"(glocal)地方。因此,本土性和全球性都不是固定的实体,而总是处于不断重塑的过程之中。本土性的创新可以传播到全世界,在多个空间地点中被采用;而全球化过程也总是与本土化联系在一起的。肯德基和麦当劳这样的跨国公司在全球化过程中会根据地方特色改进自己的产品,例如肯德基为中国消费者提供油条和烧饼,麦当劳为法国市场提供啤酒,等等。

吉布森-格雷汉姆认为,本土性和全球性的概念从诞生之日起就存在着不平等关系:人们普遍认为规模更大、范围更广的力量具有更强的支配力和控制力,因此全球性力量一直被认为比本土性力量更为强大。在对本土性和全球性关系的描绘中存在着这样的表述:"全球性是一种力量,而本土性则是其表现的舞台……全球性是渗透性的,而本土性则是被渗透的、被改变的。"②因

① Latour, B. *We Have Never Been Modern*[M]. Porter, C. (trans.). Cambridge, MA: Harvard University Press, 1993: 122.
② 转引自:霍洛韦,赖斯,瓦伦丁. 当代地理学要义——概念、思维与方法[M]. 黄润华,孙颖,译. 北京:商务印书馆,2008:187.

此，全球性被看成是"货币和商品无障碍流通、资本与市场扩张和创新的抽象空间的同义词。而其反面——本土性则被贴上了地点、社区、封闭、有界的实体、当地的劳动力、非资本主义的、传统的等标签"①。正是基于上述这种观点，才会出现在全球化过程中的"反全球化"观点，因为"反全球化"的本质是对本土性的保护。

虽然无法确定文化全球性天生就比文化本土性强大，但在当今全球经济一体化的进程中，进行全球资本扩张的是经济发达的西方国家，而试图保持本土性的大多数是发展中国家。基于这种政治经济的不平等关系，必须承认全球化的力量在目前状况下确实要比本土化强大得多。但是，本土性的弱势地位并不意味着它会对全球性俯首听命，特别是在大众传播领域中，本土性也会采用一些战略或策略来对付全球性的扩张。

其实，全球性和世界性也会促进本土性或多样性。联合国教科文组织的报告就认为："国际交流的全球化几乎导致所有国家的文化交流呈现多元化趋势，伴随并促进了人类向多元文化归属和文化身份'复化'的方向发展。但是，我们也不能因此忽视全球化的力量对文化实践的多样性所造成的负面影响。"②我们相信，在文化本土性与全球性的较量中，本土性媒介和全球性媒介都将扮演至关重要的角色。本土性既是中国文化突显差异性、民族性的基本标志，也是它走向全球文化舞台的根本前提，因为我们提倡的本土性应该是具有国际视野、全球内涵的本土性，就如同我们接纳的也是符合本土传统和文化内涵的全球性。换句话说，在今天传播全球化、媒介全球化的背景下，中国的大众传播和文化交流已经不能闭关自守，而必须在主动融入全球化的历史进程之中继续保持本土性和民族性。这就要争取做到本土性与全球性的辩证统一，寓全球性于本土性之中，用本土特色来包容和含蕴全球性；又以全球性来会通与融合本土性，让本土性的文化借助国际性的媒介走向世界。我们强调本土性和全球性的有机统一，就是主张既不一概排斥全球性内容，也不照抄照搬全球性内容，它实际上是"迎而又拒，拒中有迎"，即所谓迎新不迎旧，排污不排外，努力把内面和外面两个世界的优点和精华都收归己用。③

---

① Gibson-Graham, J. K. Beyond global vs. local: Economic politics outside the binary frame[M]// Herod, A. & Wright, M. W. (eds.). *Geographies of Power: Placing Scale*. Oxford: Blackwell, 2008: 33.

② 联合国教科文组织. 世界报告：着力文化多样性与文化间对话[R]. 联合国教科文组织, 2009: 6.

③ 邵培仁. 传播学导论[M]. 杭州: 浙江大学出版社, 1997: 69.

第三节 媒介与本土性

本土既是幸福的家园,也是战斗的堡垒。它能生长出推动政治进步、经济发展、文化繁荣的积极力量,也会成为滋生思想保守、政治混乱、社会不稳、文化倒退现象的一个祸源;它能让我们在原来熟悉的情境和记忆中获得安全感和归属感,也会遮挡和模糊我们的视线,让我们看不清远方的风景和道路。

媒介是本土文化的重要组成部分,它在地方的优秀本土性的坚守和弘扬中,在本土性的再生与重塑中,都起着非常重要的作用。一方面,媒介呈现出的无差别的全球性文化削弱了本土性文化的影响力,淡化了文化本土性;另一方面,媒介也能够通过对本土传统文化和社会历史的记忆与阐释强化和突显文化的本土性。①

"人与地,地域与文化,特定族群与其繁衍、生息的土地,存在着从物质文化、社会组织到精神信仰等千丝万缕的纠葛。由此形成的地域意识行为,发挥着构建和维护社会的重要功能。"②因此,本土不仅是人类物质资源和精神资源的生产基地、供给基地,也是物质文明和精神文明的传播基地、维护基地和塑造基地。

一、本土性的危机

本土性的意义不仅仅表明人生活的地点、处所的风格与特色,更多的体现了人们对它的文化的认知、情感和定位。所以,对于人类而言,本土性是确认自己身份和位置的不可忽视的存在,每个人的成长都与一系列特定的地方(如家庭、家乡、学校、城市、国家)相联系。本土犹如系物桩,拴住同一地方的人与时间连续体、历史共同体之间相同或相似的经历、情感、身份和主体文化。符号和语言是传递信息、指示和称谓事物及其关系的代码,是文化的最佳载体,更是人类生命演化的漫长进程中创造的可以优化生命品质、磨砺人类精神的特殊"武器"。"语言是人类最古老的纪念碑",是"我们的历史、文化和精神的最佳载体"。但是,新兴媒介特别是网络对传统媒介的整合、对语言

① 邵培仁,夏源. 文化本土性特点、危机及其生态重建——以媒介地理学为分析视野[J]. 当代传播,2012(2):19-22.
② 何群. 人与地之纠葛:鄂伦春社会中的地域意识行为和功能[J]. 中国历史地理论丛,2010(1):5.

的统揽、对传播微型化和普遍性的追求,往往正是对文化本土性和多样化的危害和消解。"语言学家认为,世界上相当多的语言将在本世纪(21世纪)内陆续消失。人类现有语言中的一半(约6000至8000种)仅有不到一万人在讲。据调查,这些语言正在以每两周一种的速度消失。随着全球化的推进,交际语言(特别是英语)的发展的确对世界语言的状况有着巨大影响。"①"汉语是中华民族的黏合剂,是祖国统一的混凝土。""语言绝对不只是语言问题,它深入个体的意识、思想和情感,也涉及民族的历史、文化和传统,更关系到国家的认同、形象和尊严。"②如果某种语言符号消失了,那么它所负载的文化也就不存在了。

令人不安的是,发展文化"全球化必然会导致文化的同质化。不可否认,全球化的确会在某些方面弱化文化的多样性,导致人们的生活、生产和消费模式变得标准化"③,尽管全球化也以多种方式协助改造和推进文化多样性或文化本土性。本土性是一种更为具体的体验空间,它与全球性的背景显得有些矛盾,存在着关系紧张的局面,因为全球化是在交通、通信手段的发展以及地区差异被抹平的过程中出现的。本土性在道路、车轮、媒介的运转中被消解,标准化的无差异景观快速出现并呈泛滥之势。这就是本土性和多样性在遭遇全球化时所面临的窘境。依赖于具体地点而形成的本土性,是一种无形的主观感觉,基于地方的历史文化、社会经历而形成。在全球化的进程中,这种人与人群的经验与记忆也会受到侵袭。

城市由于其承载的历史文化积淀,一直是被认为是本土性的直观体现。随着全球化潮流的侵袭,媒介对于"异国情调"的过度渲染,使得许多城市刻意仿制出其他地方的奇观美景。如果说商场中来自世界各地的货品需要以特定的地区标志来吸引消费,那么在城市里建造异国或异地的景观,表面看来能体现地方意识,但实际上会造成景观的同质化和单调化,这种拙劣的恶性模仿最终会使人们产生混乱,不知自己身在何处。用R.谢尔慈(R. Sheilds)的话来说,这些仿制的地方给人制造了一种"他乡别处"的感觉,它们使遥远的地区和时代魔幻般地出现在人们眼前。但实际上,眼前的景象与那

---

① 联合国教科文组织.世界报告:着力文化多样性与文化间对话[R].联合国教科文组织,2009:12.
② 邵培仁,李雯.语言是桥也是墙——对方言广播电视新闻节目的疑虑与拷问[J].杭州师范学院学报(社会科学版),2004(5):28-29.
③ 联合国教科文组织.世界报告:着力文化多样性与文化间对话[R].联合国教科文组织,2009:31.

些遥远的地方没有一点瓜葛。① 这无疑混淆了人们对本土性的认知。

学术界对本土性与全球性两种尺度过分向相反的目标和方向运行的现象给予了太多关注,反而忽略了两者过度亲近和融合形成的"全球本土性"或文化"和平演变"对本土性带来的更大伤害。的确,在文化全球化以及跨国媒介的作用之下,地方性正在受到损害。例如,跨国传媒通过遍布世界各大城市的传播系统,以强势面目甚至某种大众运动来宣扬和传播具有最大市场价值的文化,而这些全球性文化往往与地方性文化有所冲突,会对地方性文化施行某种空间压制和传播阻击。大众媒介的全球性内容的确开阔了人们的视野,增长了人们的见闻,但也在很大程度上取代了人们的亲身体验,并削弱了地区特殊性。全球化所带来的同一性的思想和景观,虽然能够超越地域的局限,但实际上地区的归宿感和亲近性,对于个人而言仍然是至关重要的。全球性在某种程度上对本土性的消解是无法否认的事实,但本地化还可能有更深远的意义。

二、本土性的标志

我们对世界的认知总是要打上地方烙印的,人的生活经历总会超出某一个地点而延伸开来。但地区对于人们的意义并不仅限于经验和生存的范围,而是超出地点的物质含义,进而提供一种归属和认同的意识。所以,北京、纽约、伦敦,并不仅仅指某一具体的地点,或者地理意义上的城市实体,而是代表与其相关的一整套独特的文化与价值标准,这种独特的文化与价值标准就是本土性。本土性的意义不仅仅表明人生活的处所,更多的体现了人们的身份认知。所以,对于人类而言,本土性是不可忽视的存在,因为每个人都至少与一个特定的地方相联系。地区犹如系物桩,拴住同一地区的人与时间连续体之间共有的经历;同时,如果人与地区的关系受到破坏,那么所形成的社区以及人的地区特征也将遭到威胁。而本土性具体有哪些标志呢? 主要包括景观怀旧和标签制造。

(一)景观怀旧

生活在同一地区的人,经过时间的沉积,就被拴在了同一空间范围内。因此,在城市里,时间对本土性的积累相当重要。从城市的地理外观来看,那些历经了风雨的老建筑,不仅有存在的必要,而且还是本土性的标志。在

---

① 转引自:克朗. 文化地理学[M]. 杨淑华,宋慧敏,译. 南京:南京大学出版社,2003:160.

城市化进程飞速发展的今天,老建筑的保护和留存依靠的是时间和历史的成本,是城市记忆和媒介记忆。随着那些著名老建筑和那些普通的、貌不惊人、价值不高甚至有些破旧的老建筑的拆除和消失,不仅城市的历史、文化消失了,连城市的多样性、本土性也荡然无存了。在某种意义上,城市的本土性是从这些老建筑中体现出来的。在已经全球化的城市景观中,经历了不同历史阶段的老街区、老建筑已经成为地方文化的见证。借助它们,地区之间的差别才能够体现出来,本土性才得以保存。所以,大众媒介在维护本土性时,总是千方百计地寻找那些最能代表城市历史的痕迹。《南方都市报》的"广州地理"专栏,推出了反映广州历史人文和地理民俗的城市文化系列报道。凤凰卫视播出的《纵横中国·城市故事》系列片,就是以寻访与追溯老城的传统文化遗迹,从历史的碎片中突显其鲜明的本土性。

在本土性受到全球化的冲击而逐渐消退的今天,为了重塑本土性,一些城市兴起复古风。大量新建仿古建筑,在其极具现代感的高楼大厦之上加盖翘角屋顶,以形式主义和拼贴手法生硬地追求城市的表面特征。这样并未真正体现出历史所沉淀下来的精神与文化价值,而只是一堆表面的、没有个性的迷乱符号,反而导致本土性和多样性的沦丧。

(二)标签制造

标签制造无疑是最为直接的一种本土性的辨别方式。正如一些亚文化群体在建筑物上"涂鸦",以此表明自己的领地与身份。这种"涂鸦"并非仅仅是街头艺术的表现,更是一种以寻求群体归属感为目的的外在表现方式。对于一个地方而言,要为其制造身份识别的标志,就是用不同的方式来为自身制造"标签"。媒介在制造本土性标签方面起到重要作用。

从地理外观来看,地方最为显著的标签就是标志性的建筑,它们是地方文化的精髓与象征。不同面貌的街道景观是我们区别、认识不同地区文化的最直接途径。地方建筑可以作为文化的容器,它承载、凝聚的并不仅仅是建筑师的风格,而且是不同时代的社会、历史、文化、民族、政治的混合体。例如,北京的四合院、胡同与天安门一起,成为城市的标志;埃菲尔铁塔、自由女神像不仅分别是巴黎、纽约的地标,而且分别是法国、美国的精神象征。在城市的发展过程中,更多的新建筑与新雕塑逐渐成为城市的新标签而为人熟知。在一定程度上,这些外在景观蕴含着地区本身的面貌与品性,反映了城市的精神气质。刘易斯·芒福德(Lewis Mumford)便认为,鹿特丹市的青铜纪念碑是最好的城市象征之一,它最能够表达"被毁灭的鹿特丹市"的内心与意志。①

当我们提到本土性时，除了这些可视的地理要素，还包括那些超出物质和感官的、精神层面的东西。雕塑、建筑只是地区文化的一种外在体现形式，对于地方本土性的体现，往往需要借助媒介的阐释。与地理外观标签不同的是，媒介为地方贴上的标签是基于地方文化的解读而制造的概念。除了在文字与影像空间中强化地理景观以及各种外在标签之外，媒介为地方打造了更为多样的地方体验，以此形成强烈的本土性。例如，上海的"摩登"、广州的"时尚"、杭州的"休闲"……这些关于城市气质的词，实际上是经常出现于大众媒介中的对城市最为直接的描述，它们也为人们提供了间接的地方体验。城市是否"具有竞争力"，是否"宜居"，往往不需要人们的亲身体验，因为媒介已经通过大量的调查数据和深入的文化分析展示了城市的种种可能性。一些媒体总是想方设法制造城市概念，将城市分门别类，绘制出不同的城市地形图。例如，《新周刊》打造的"第四城"、城市"红蓝军"、"内心城市榜"等话题，在一定程度上影响了人们对城市的印象。在这些多样的描述中，媒介的主观意识也毫无保留地得以显现，当然，人们也能从中感知地方是如何与文化、经济交织在一起的，以及人们的日常生活空间是如何被媒介塑造的。

三、媒介重塑本土性

在影像社会中，媒介为我们制造了各种感知和体验方式，借以维护地方的本土性。但这种体验遭遇电子媒介，特别是资本所具有的加乘性媒介（mediating agency）的作用，情况就发生了一些变化。电子媒介和网络媒介跨越地理边界，生产了一种"无地方感"的社群，以及一种异化的感受和再现方式，对实质性的人际交流模式构成了冲击，从而不仅改变了传统交流方式，还改变了固有地理边界。媒体对时间和空间的压缩使得世界逐渐连成一个"地球村"，影像的全球化传播使得本土性逐渐削弱。但同时，层出不穷的媒介样式催生了"新地方感"。人们可以经由媒介提供的认同方式，形成新的地方体验，进而重塑本土性。在地方感的塑造过程中，媒介的作用也并不单一。一方面，媒介可能在其呈现的全球景观中削弱地方的影响力，淡化本土性；另一方面，媒介也能够通过对地方历史文化的阐释而突显本土性。因此，地方在

---

① 芒福德. 城市发展史——起源、演变和前景[M]. 倪文彦，宋俊岭，译. 北京：中国建筑工业出版社，1989：附图30-31.

媒介的作用下,往往会呈现出不同的形象。而媒介将这些地方形象的碎片进行拼接,显现出明显的地方特征。

媒介再现地方形象时,并非所有的再现都与现实相符合。媒介中的地方景观往往只是一种媒介的真实,是按照不同的主题塑造出来的。媒介在某种意义上组织甚至控制了地方的意义,因为它们不可能均衡地反映出地方的全部景观,只能按照权力关系的对比来决定其对地方意义的阐释。

此外,媒介本身的地方性也是重塑本土性的一个不可忽略的因素。在全球化的背景之下,围绕着地方文化而产生的地方性媒介,对于本土性的重塑与表达具有极其重要的意义。换言之,地方的文化特质是这类媒介的生命力所在。当然,由于对媒介技术和市场的依赖,大多数大众媒介处在城市中,因此地方媒介主要是指以具体城市的社会文化与地方特色为主要表现内容,以报纸、杂志、广播电视、网络等为依托的大众传播媒介,如美国的《纽约客》(*New Yorker*)、《洛杉矶杂志》(*Los Angeles Magazine*),以及国内的《城市画报》《新民周刊》。正如建筑、语言能够显露地方感,地方的性格与文化特质也浸润于媒介的表达方式中,并且二者形成持久的互动。

"媒介是全球性的、世界性的,但文化不是! 文化是民族的、国家的和地域的经过历史积淀的精神财富。"① 然而,当下有一种趋势正在侵蚀着地方文化和媒介本土性,那就是消费主义带来的单一性和匀质性。明显的物质主义倾向,正在一些城市杂志中逐渐显露,这种物质主义的倾向,就像"一块计算机内芯","插入任何一个城市机体都不会产生排异反应,但也绝不可能产生热烈的反响"。② 除了杂志之外,其他类型的城市媒介的个性与特色也有弱化倾向。一个无差异的世界是可怕的世界,将会失去创新的动力和发展的潜能。吉登斯在《社会学》(*Sociology*)等著作中论述全球化问题时,坚定地认为传播与媒介在全球化进程中发挥了关键的作用,推动了全球交流和相互依赖。③ 在全球化的进程中重塑本土性和地方文化,是媒介的职责所在,只有这样,才能避免带有本土特色的地方文化像珍贵物种那样逐渐消亡。能够深入当地传统文化和市民生活并与其紧密结合,是地方媒介的优势,充分发挥这种优势,重构本土性和地方文化的工作才能顺利进行。

---

① 邵培仁. 媒介是全球的,文化不是![J]. 现代视听,2019(7):86.
② 吴飞,姚颖. "城市杂志"发展的经济学思考[J]. 新闻界,2003(2):45.
③ 转引自:杨瑞明. 空间与关系的转换:在多维话语中理解"传播全球化"[J]. 新闻与传播研究,2014(12):108.

事实上,具有强烈本土性的中国,并不缺乏对外传播的核心价值,本土性传播需要继续探索的是:(1)择选出更能契合全球文化共鸣的内容;(2)探究如何在传统文化中适当融入当代元素;(3)寻找更符合普遍认知结构的传播方式;(4)把握能够响应当前全球认同的情境机遇。本土性文化对外传播从来不是轻而易举,意识形态的堡垒往往是最难攻破的。本土性之于全球性,历来是一个矛盾、斗争和交流的过程。在知彼知己的基础上,以一种欣赏、学习的姿态,积极主动地进行由近及远、由浅入深的全球性沟通和交流,终会被认可。因此,本土性既包含自身的认知,也包含异域的认知;既包括深入理解自身的文化自觉,也包括关怀他者、寻求共识、合作共赢的各种可能性。①

第四节 媒介与全球性

与本土性相对的是全球性,前者强调个人生存的具体空间,而后者带来的是地域的跨越和边界的消失。关于地域或城市将消亡的议论,并非凭空的臆想,而是对全球化背景下城市生存状态与前景的预言。电子媒介、网络构筑的信息高速公路的确在改变着地方的外观与意义,这让人们不得不对全球性进行深思。"全球性"作为一个术语,近年来被频频提及,甚至达到了被滥用的程度。这一描述,很容易让人联想到理想化的未来世界图景——世界成为无传播障碍的"地球村"。但实际上全球性是一个复杂的综合体:一方面,它代表着一种对世界政治、经济与文化发展趋势的描绘;另一方面,人们必须认识到全球性带来的地区发展的不平衡。在全球化的背景下,存在着各种裂痕,在各种层次的力量对比中,呈现出来的冲突与矛盾,才是全球化的现实。

本土性与全球性往往被视为一种矛盾,因为它们强调的是不同的生存体验。但这二者不可避免地结合在一起,并产生更为复杂的地点意识。即使是全球性特征体现得最为突出的网络媒体,都无法抛弃地方所带来的影响。就像卡斯特尔所说,网络社会是由全球与地方两个相对体所组织起来的。② 经济、技术、媒体与制度化权威当局的支配过程都组织在全球网络之中,但是大家的每日工作、私人生活、文化认同和政治参与则本质上是地方的。

---

① 邵培仁,王昀. 本土化方法革新:一种认知传播视角的回应[J]. 现代传播,2016(5):14-20.
② 卡斯特尔. 21世纪的都市社会学[M]. 刘益诚,译//许纪霖. 帝国、都市与现代性. 南京:江苏人民出版社,2006:247.

一、全球性的地方空间

全球性使得地方文化的构成更加复杂。社会流动性的增加导致多样的文化景观的出现。与全球性带来的物质景观的变化相一致,地方文化同样也受到影响。无论是媒介传播技术的发展,经济环境的改变,还是移民浪潮的兴起,都使得文化跨越了遥远的距离而增加了接触的频率。尤其是对于大城市而言,比如洛杉矶,本土性逐渐转变成为不同文化组成的拼图。这些人口的流动所带来的并不仅仅是地理外观的改变,更在城市中形成了文化的混合空间。或许我们可以这么说,全球化时代,城市之间的流动与交融,经由媒介,正在重建"巴别塔"。

(一)"混血"之城

格洛利亚·安扎杜莱(Gloria Anzaldua)和凯利·莫拉加(Cherie Moraga)将这种由国际接触的加速和增多导致的文化称为"混血文化"。虽然混血文化最初是指在南美洲出现的非洲文化、美洲土著文化和欧洲文化的混合,但他们用这个词更多的是描述出现在美国(特别是加利福尼亚)和墨西哥之间、在人和文化的边界交往中所生成的互相渗透、不断变动的身份。当然,这种现象也是后殖民主义批评家关注的问题。在霍米·芭芭(Homi Bhabha)看来,曾经的移民潮就创造了一种文化杂交的"第三空间"。实际上,"混血"文化与"第三空间"的出现,最为直接的影响就体现在城市之中。

苏贾在描述洛杉矶城市景观时,对于在内城中由移民构筑的空间予以了关注。正如我们从超市的商品标签上看到的那样,来自世界其他地方的货品积聚在一起,使得超市这一普通的城市地点成为文化的缩略图。而来自世界其他国家和地区的族群,真正汇集到城市中,并建立起一个个相对独立又彼此联系的小型社区。中国人、日本人、西班牙人、墨西哥人、菲律宾人等,这些在美国白人社会中存在的少数族裔作为城中的他者,占据了洛杉矶的一部分,而且在其他的国际化大都市也能够找到类似的区域。由众多差异性的文化构成的零散的拼盘,在城市中代表着一个异类的空间。在苏贾简练的语言描述中,这些少数族群呈现出生动的图景。既有现代化的街区,也有古典传统的市场。各种风格迥异的大小区域透过各自的方式来确认其在大城市中的位置,同时,也因其与美国主流文化的鲜明对比而显示出自身的价值。在此空间中的人群所具有的身份,是由全球化促成的,他们在新的居住城市中,依赖文化之间的碰撞而寻求自身的认同,同时,这个过程也体现出文化之间的强弱对比。当然,在主流文化的强势环境中,为了展示文化融合的图景,我们的媒介往往会制造一些弱势族群的形象,亚裔、非裔等其他肤色的面孔在影视作品中屡见不鲜。对于洛杉矶这类经济发达的大城市,人们经常会用"熔炉"去形容其强大的包容力。但实际上,全球性并未真正实现文化的融合,绝对的霸权文化与弱势文化之间的权力关系对比呈现得异常清晰。大众媒介中反映出来的激烈族群文化冲突,往往就以这些标榜全球化的国际大都市作为背景。在这些城市中,会有更多的移民会集,也因此产生更激烈的文化碰撞。例如,在第78届奥斯卡金像奖最佳影片《撞车》(Crash)中,故事发生地就选在洛杉矶,而英国的"斯蒂芬·劳伦斯事件"则发生在另一个现代大都市伦敦。

(二)媒介作用下黑人音乐的文化影响

虽然不同文化之间的冲突并不少见,而且少数族裔的文化往往处于被排斥的地位。但这种文化力量的对比也可能发生变化。例如,黑人音乐在白人社会中的流行,便在一定程度上,至少从形式上改变了人们对"黑色大陆"的恐怖想象,并成为美国城市文化的重要组成部分。在美国传统音乐中,除了乡村音乐(country music)还保存了大量欧洲白人移民的民乐风格,其他诸如灵歌(soul)、福音音乐(gospel music)、布鲁斯(blues)、爵士(jazz)、摇滚(rock & roll),甚至到当今的嘻哈(hip-hop)和说唱(rap),都是黑人文化浸染之下的音乐形式,并且已经在白人世界中风行。这种现象不仅体现了流行音乐的一种发展趋势,更生动地展示出在全球化作用下两种文化之间的对抗、影响及渗透的过程。

作为西方文化中的他者,非洲大陆被长久地打上了"黑色"的印记。美国的非裔黑人,则被排斥在美国主流社会之外而成为"黑色"弱势群体。而全球化、城市化的过程,却使得非裔黑人逐渐占据了城中的一些区域。例如,纽约曼哈顿的哈勒姆区(Harlem),作为20世纪20年代爵士音乐兴盛时期的著名据点,借助同处于黄金期的广播媒介的传播,成为一道独特的城市文化景观。黑人音乐这一黑人文化的外在表征,原是非裔黑人对白人社会表达愤怒和不满的一种方式,但在大众传媒的加速传播之下,这类音乐逐渐减弱了其对抗白人制度的情绪,而被更多的白人所认同并模仿。电视、电影中对爵士乐等样式的多样表现,也使得具有显著特征的黑人文化群体被美国主流文化认识和接纳。对黑人音乐中的"自由精神"的肯定,取代了原先"野蛮粗鲁"的刻板偏见,这些原本属于黑色族群的文化,被白人社会接受,并日渐从边缘状态走向中心得到了更多的展示机会。在城市的街头、酒吧、晚宴等场所,黑人音乐不再是受到压制的异类,而成为美国文化的一种象征,并进而在时尚、音像等文化和商业领域流行开来。爵士、布鲁斯等音乐样式也突破了地域的边界,被更多人接受,并在世界其他地区的城市文化中占据了一定位置。当然,黑人音乐在白人世界的流行,并不能被理解为黑人文化在美国文化中占据了主流位置,因为它只是一种族群的自我表达与认同方式。当今的爵士、布鲁斯等音乐中,早期的黑人精神已经被消磨,而加入了主流文化的因素。黑人音乐更多的是作为一种流行文化的成分,同时也被当作美国文化的一种精美修饰。这种文化上的融合并不是彻底的,在其华丽的表象下还存在着一些不和谐的因素,因为作为族群而言,黑人在美国文化中的整体地位,并未得到根本的改变。

城市越来越成为文化的散居空间,在多种文化交叠的环境中,不同的人和社会群体对同一文化现象所进行的解读不尽相同。在全球化的进程中,散居的文化及社会关系也不断发生变化,所以,居住其中的人必须不断调适自身在文化中的位置。

二、异托邦与伊托邦:全球性媒介的地理边界

当今关于媒介所进行的重要而激烈的讨论,一般集中在媒介对当下文化所产生的影响,其中一个重要的方面就体现在地理上。越来越多的媒体跨越国界并成为全球性传播机构。促使城市地理外观与文化全球化的原因,除了国际政治、经济的推动,另外一个重要的因素就是全球性大众媒介的形成。当然,换一个角度来看,媒介所发生的变化也可以被视为全球化的结果。2006年3月,澳大利亚联邦通讯部长库南宣布了媒体法修订案,该法案取消了澳大利亚媒介产业国外资本控股限制。澳大利亚政府的这一举措透视出媒介全球性与地方性的关系。一个国家或者一个城市代表着一个地方,但它同时也是全球链条上的一环。①

城市中越来越多的外来移民导致了文化的交流与融合,由此形成人与文化之间、个体与社群之间必然产生的紧张感或认同感。城市是个体的聚集地,如果不依靠各种媒介进行沟通,那么空间的流动性就无法形成,处于不同地方的人群就无法连接起来。正是媒介所制造的流动空间,使得城市突破了

---

① Christophers, B. Media geography's dualities[J]. *Cultural Geographies*, 2007(1): 156.

以往的存在形式。城市所拥有的媒介环境,即从媒介的地理内容到媒介所创造的空间,对于我们感知城市的方式极为重要。例如,电子媒介与网络出现之后,城市的物质地理被颠覆,形成了另一空间维度中的城市样式,如"全球城市"。卡斯特尔对这一概念的解释,并不局限于将其定义为纽约、伦敦之类的"统治类型城市中心",他认为,"全球城市并不是指任何特殊的城市,而是能把许多城市不同区段(segments)导进一个以电子科技串连的全球功能性支配(domination)的网络里"。① 因此,按照卡斯特尔的观点,全球城市是一种空间的形式,它的形成与媒介以及媒介科技是密切相关的。当然,某些城市,如洛杉矶、纽约、伦敦等,在这个全球网络中占据了比其他城市更为重要的位置,但它们也只不过是网络中的一个节点。这些城市之所以具有生命力,一部分原因是占据了更为丰富的传播资源。所以,在全球化进程中,媒介对于城市及城市文化的形成,具有极其重要的作用。尤其是诸如网络之类的全球性媒介,更是打造了一个伊托邦(e-topia)之城。

福柯创造了"异托邦"(heterotopia)一词,用以描述与乌托邦密切相关又明显有别的社会文化现象,即那些借助于想象力的真实地理。而威廉·米切尔(William Mitchell)在他的同名著作中,用"伊托邦"来描述在一个电子传播通信无所不在的速成环境下,一种全新的都市形式。② 实际上,伊托邦是存在于另一个维度中的空间,同时映射着物质的城市空间。对于伊托邦而言,最为重要的,并不是街道、建筑、公路这些现实中可以触及的地理要素,而在于网络所构成的全新媒介地理。

在新媒介时代,网络所营造的虚拟时空,使人们产生一种强烈感觉,即媒介影响了我们对现实世界的感知,因为它们制造了一种虚拟的地理,正在改变人们对地方的认识。而城市一直是具有鲜明地方感的物质象征,但全球媒介对于地方性的解构,则制造出另一种城市空间形象。乡村与城市的边界进一步被消解。现代城市早已告别古代城邦用围墙来标示领地范围的历史,城市郊区化与郊区城市化的双向进程中,道路与汽车等交通媒介改变了城市边缘的物质地理,但这远远不够。因为通信技术、传播科技所带来的变化更为巨大、显著,物质的边界已经被弱化。在媒介地理中,真正的边界体现为接触

---

① 卡斯特尔. 21世纪的都市社会学[M]. 刘益诚,译//许纪霖. 帝国、都市与现代性. 南京:江苏人民出版社,2006:248.
② 米切尔. 伊托邦:数字时代的城市生活[M]. 吴启迪,等译. 上海:上海科技教育出版社,2001.

与使用媒介的频率与程度,而不再是由现实的地理条件来决定的。

一部分城市的兴起是因为地理位置与资源优势,如果物质资源耗尽,这些城市将会逐渐衰败。但在新媒介时代,仅仅依靠物质的资源与地理条件是不够的,还必须开发相应的媒介资源,这对于一个城市来说更是关键。从经济学的角度来考虑,各种在场的交易都需要消耗时间和资源,而电子与网络媒介使得这种交流方式得以根本改变。全球化媒介塑造下的城市会呈现出更为丰富的多样性,社会交流则在更多的可选方式中寻找平衡。

伊托邦中城市的面目是流动的,依靠电子空间和网络空间中的信息交流来打造自己的形象。城市的碎片由新型的网络和电子媒介来连接,我们了解城市的视角,也逐渐由实质的地理接触,转为依靠各种沟通与传播的系统。当然,伊托邦并不完全是虚拟的存在,它仍然需要借助物质的地理资源来充实和建造流动的空间。所以,实质的地理布局、社会组织和人群关系,对于这个存在于媒介网络中的城市地理而言十分重要。正是这些现实与虚拟世界的结合,才将城市形塑为一个更为生动的新地理样本。而这样的空间,也被卡斯特尔称为流动与地方纠缠而成的"混血城市",它是由科技与通信网络所串联起来的一个复合体。一部分人可以实现在虚拟世界中工作与交往,但另一部分人还需要在现实的人际网络中完成日常生活与交流。人们在作为新型媒介集中地的城市中,依靠电子连接构成的空间积累实质性的城市经验。

在全球化的背景之下,依托于城市而存在的媒介工业往往跨越了国家和地区的界限,将地方化和全球化结合起来。城市成为全球性媒介工业链条上的一个环节,并由此发展出了"全球性媒介城市"(the world media city)[①]。城市与文化之间的联系由媒介来完成。而全球性媒介与全球性城市之间,又存在着更为复杂的关系,因为二者都是地方与全球化交融的产物。斯蒂芬·科拉特克(Stefan Kratke)等人对坐落在 284 个城市的 33 个全球性媒介产业的地理进行分析后发现了一些全球媒介中心的存在,尤其是纽约、洛杉矶、慕尼黑、柏林、伦敦和巴黎等城市,它们被认为是全球性媒介最为集中的区域。这些大型媒介集团的成长与城市的发展相辅相成,这便是城市、文化与媒介之间的地理逻辑(gicgeography logic)。[②] 我们必须承认的是,在全球化的进程

---

① Kratke, S. Global media cities in a world-wide urban network[J]. *European Planning Studies*, 2003, 11(6): 605.

② Kratke, S., Taylor, P, J. A world geography of global media cities[J]. *European Planning Studies*, 2004(6): 459.

之中,全球性运作的媒介产业对于城市而言,与其他产业一样具有影响力,因为前者在进行文化生产的同时,还制造出了全球性的文化市场,这个市场就将大量城市集结在一起,形成壮观的文化地理网络。

"全球化的历史还在不断的演进之中,因此我们对它的理解也在不停地变化之中。"如果可以像哈迈什·麦克雷那样将经济上的全球化区分为"旧式全球化"和"新式全球化"①,那么以中美电影生产和经营为例就是:媒介旧式全球化是美国媒介用自己的平台和技巧讲自己的故事;或者用自己的平台和技巧讲中国的故事;而媒介新式全球化则是两国媒介在外来投资的基础上用最经济的平台和最适合的技巧向对方讲述最感人的故事。

这可能有点理想化,事实可能正如弗雷德里克·詹姆逊(Fredric Jameson)所说,全球化导致了一种传播的幻觉:世界范围的差异被抹杀,空间的同质性必然胜过根据全球空间所想象的一切异质性。② 人们往往认为全球化便意味着同一性,人们对资源能够公平地掌握,所有地区能够平等地实现现代化或者后现代化。实际上,全球化是一个复杂的综合体,它制造的是政治、经济、文化与媒介的新秩序。它不是一个空洞的概念,而是一个观念上和实践上的现实。对于城市而言,全球化是一种模式的重构。当今的城市发展被现代化的通信与高科技所支撑,传统的城市概念逐渐发生变化,城市的边界和城市生活的意义开始消解。城市本身的物质性质与功能,被新的传播科技所构筑的幻象所取代。

在城市的差异逐渐被淡化,边界也逐渐消逝的情况之下,如何突显本土性,是一个不容忽视的问题,因为在全球化语境下,城市人群仍然是依赖城市的地方文化与地域特征来寻求心理归属,并进行身份认同的。除了那些蕴含历史痕迹的古老建筑之外,城市地方感的塑造还通过城市媒介以及方言等方式来加以强化。新型媒介在消解城市物质地方感的同时,也制造了新的媒介本土性。

① 伯顿. 媒体与社会:批判的视角[M]. 史安斌,主译. 北京:清华大学出版社,2007:361.
② 詹姆逊. 文化转向[M]. 胡亚敏,等译. 北京:中国社会科学出版社,2000:66.

第五节　建构整体互动、均衡和谐的媒介尺度机制

我们认为,所谓媒介尺度(medium scale),是指在考察、研究和运营中对媒介体征、形式和内容所采用的空间或时间的度量衡单位,它是对管理法度和制度的要求、对实践水平或状况(高度、深度、热度、角度、知名度和美誉度)的期待,以及为保持媒介的质的稳定性而对量进行的界限、幅度和范围的把握。要建构整体互动、均衡和谐的媒介尺度机制,最重要的就是要把握好媒介尺度辩证统一的生态关系,处理好媒介尺度两端或中间的矛盾或融合的关节点和临界点,努力将媒介运营和信息传播的各种矛盾关系置于一种互动互助、共进共演、和谐协调、整体均衡、不偏不倚、恰到好处的张力状态,争取做到媒介与传播的质与量的统一,内容与形式的统一,空间尺度与时间尺度的统一,宏观尺度与微观尺度的统一,本土性与全球性的统一。

关节点和临界点是媒介尺度的两端或中间的质所能容纳的量的活动范围的最高界限和最低界限。媒介尺度的度是关节点和临界点范围内的界限和幅度,是媒介与传播活动的"逻辑起点"和关键考量。在这个度的范围内,媒介和传播的质保持不变;突破关节点和临界点,媒介和传播的质就要发生变化,媒介与传播地理的疆界和区划就会发生偏移。因此,在具体的媒介和传播活动中,如果媒介与传播活动过度向相反的目标和方向运行,媒介尺度的异质性就会逐步放大、蔓延,事物的质就要发生变化,必然导致势不两立、水火不容、两败俱伤的局面;相反,如果媒介与传播活动过度相互靠近、相互渗透、相互融合,即向共同的目标和方向前进,那么媒介尺度的同质化就会逐步增大和加强,事物的质依然会发生变化,从而导致媒介地理疆界的偏移和消解,造成内容同质化、传播普适化,伤害文化的多样性和异质性。

值得注意的是,以往学界对于媒介与传播本土性和全球性尺度的过分异质和背离保持着高度的警惕,认为本土性是柄双刃剑,对它的过度张扬可能赢得民族主义者的欢呼,但也会引起国际社会的不安和紧张,甚至会招致本土的社会动荡和政权不稳。但是,学界对于本土性和全球性两者之间无节制的相互亲近、相互借鉴、相互渗透却持有一种鼓励的、没有异议的或视而不见的立场,殊不知这正好导致了文化的"和平演变"和一种更坏的结果——全球的本土化或本土的全球化。这是日本学者在市场营销中提出的一个概念,即只要将全球化产品或服务的特点与需求同本土文化的特点与需求相结合,就

可以实现全球的本土化。英国学者马丁·阿尔布劳(Martin Albrow)也认为：
"当罗兰·罗伯森强调说全球化也包括一种本土化的时候，他实际上也提供
了与此相同的见解。由于其自身的范围，全球性的东西可以落脚在任何地
方。因此，他积极鼓吹一个起源于日本市场营销活动的术语，即本土的全球
化，亦即把全球性的东西本土化。"①

　　显然，"全球的本土化"是一种过度亲近、过分迁就、无节制融合的结果，
如果说全球性产品或服务在市场营销传播中尚可接受的话，那么将这种理念
和策略简单地不加选择地引入新闻媒介与文化传播活动之中，是要三思而行
的，因为一旦诉诸行动，它就会像大海与河流的相互接近，必然导致河流(本
土性)归于大海(全球性)，导致文化的同质化和无差别化，亦即文化的全球化
和世界化。这种以牺牲本土性、民族性的异质性来换取全球性和世界性的同
质性，实际上是一种对传播领地和文化权利的巨大的过分让渡。对抗和消解
媒介与传播全球性的同质文化，必须站在文化平等的立场上，坚守本土性文
化领地的固有疆界，诉求本土性文化的特殊权利，努力将处于弱势地位的异
质文化和民族文化从不平等的现状中解放出来，使本土性与全球性之间的互
动关系保持着一种科学、合理的张力，从而能够站在本土性与全球性相结合
的文化多元的立场上进行权利平等的文化交流、学术对话和科研合作，进而
促进人类的相互理解和社会的共同进步。

　　近百年来，借助经济、军事的硬实力和政治、科技的软实力，原本只不过
是作为全球化普遍性力量之一的美国文化、欧洲文化，却在文化交流和竞争
中一直处于一种势如破竹的强势地位，逐步上升成为"全球性"或"世界性"文
化，并仍然在攻城略地，大肆侵占和消解本已不大的本土性的异质文化的领
土和疆界。

　　为了化解和反抗全球文化或强势文化的偏见、敌意和进攻，保持文化多
样性，促使世界不同文化能与中华文化平等交往，中国学术界近年来不断有
专家学者进行研究和呼吁。施旭在深入研究世界文化和中华文化机理的基
础上，提出了"重构话语准则的新范式"和"重构新范式的行动策略"②等一系
列构建中华话语研究体系的新观点和新主张。李希光、杜涛在论文中从国际
传播的角度出发，论述了西方强势媒体宣传效用最大化的原因和模式，主张

---

①　转引自：周宪. 文化研究关键词. 北京：北京师范大学出版社，2007：189.
②　施旭. 当代中国话语研究(总第一辑)[M]. 杭州：浙江大学出版社，2008：8-10.

用精英对抗模式和人民抵抗模式抗衡。① 陈国明、关世杰等从跨文化传播的视角,提出了一种以中华文化为核心的建立在亚洲文化基础上的亚洲中心主义的传播学研究视角,希望以此来终结欧洲中心主义范式的统治。从 20 世纪70 年代开始直到今天,余也鲁、孙旭培、邵培仁等许多中国传播学者也一再呼吁传播学研究的落地化、本土化和中国化,提出中国传播学要主动接轨、积极交流和广为传播,争取获得与西方传播学界平等的学术话语权。浙江大学分别于 2008 年和 2009 年举办了"亚洲主张:国际传播研究的新视界"博士论坛和"中国主张:传播理论本土化的路径"博士论坛,论坛提出了许多媒介与传播本土性的主张和观点,试图成为亚洲和中国的传播和学术走向本土性、多样性、差异性的一种推力。②

在媒介与传播本土性与全球性的较量中,中国本土性媒介在尺度掌控上完全可以扮演至关重要的角色、释放出巨大的能量,成为文化传播竞争中的主力军。本土性媒介的弱势地位并不意味着它可以无所作为,可以对全球性媒介俯首听命。安于现状的本土性媒介需要激发活力、激励斗志,也需要施予危机感和紧迫感,否则它会意志消沉、自我陶醉、自得其乐,缺乏强烈的社会责任感和历史使命感。

目前,在大众媒介和传播领域中,本土性媒介可以采用六种策略来对抗和反击全球性媒介的恶意扩张,以建构媒介本土性和全球性之间均衡和谐的尺度关系:

(1)主动参与媒介全球性进程,全力争取媒介本土性权益。媒介要继续坚持改革开放的方针,争取在开放中增强本土化实力,在参与中获取本土化权益。要以发展中国家的身份参与媒介公平竞争和传播游戏规则的讨论与制订,利用世界贸易组织(WTO)的规则和国际惯例来保护媒介本土性和文化多样性,维护国家的整体利益和文化权利,减少全球性对本土性的随意的单边歧视性限制。

(2)通过媒介本土性制度与法律的制定和设计进行预防性保护。依据循序渐进的本土性发展战略和世界贸易组织的规则以及我国的对外承诺,抓紧制定和完善有关媒介传播、文化贸易等方面的法律制度,对媒介和文化市场

---

① 李希光,杜涛. 国际传播中的宣传模式与抵抗模式[J]. 当代传播,2009(4):11-13.
② 转引自:邵培仁,杨丽萍. 21 世纪初国际传播学研究的现状与趋势——以 SSCI 收录的《传播学刊》为例[J]. 杭州师范大学学报(社会科学版),2010(2):60-69.

的开放、准入和运营设立严格的标准和条件,对本土性媒介和文化提出有效的保护措施,避免媒介和文化市场过度对外开放。①

(3)通过建构媒介与传播本土性价值体系和话语体系,对媒介全球性文化进行选择性接受、合己性理解、颠覆性解释、破坏性重构和创造性发展,从而不仅可以避免被同化、同流或者合谋的命运,而且在逆转和瓦解媒介全球性的基础上也可找到媒介本土性再生甚至重现辉煌的出路。②

(4)基于本土文化基因演变中的基因质量、数量、排序的变化和基因载体符号的替代、缺失等因素而出现的"文化基因演变的四种模型",持续增强本土文化基因强大生命力的具体对策和措施。

(5)基于"基因扩散"的纵向和横向传播的路径和规律,探索和寻找本土文化对外传播或跨文化传播的路径和策略。要灵活采用文化基因传播与扩散策略,即由近及远、文化亲近,以及"混合咖啡""宝塔糖式""三义(原义、格义、创义)转换"的扩散传播策略。③

(6)要尽快消除和打破本土性与全球性之间的隔阂与疏离,大力加强媒介本土性的自信心、辐射力和影响力,采用灵活多样的策略、手段和技巧,将最优秀的中华文化传播到世界各国,从而不仅能够改变全球媒介的语境、转移世界传播的重心,而且能够以本土性匡正全球性,以异质性稀释同质性,在交流合作中逐步将本土性上升到全球性,不断扩大本土性的领地和空间,使中华文化成为与其地理版图、文化传统、综合实力相适应的中心文化。

媒介尺度是充满活力而又充满张力的文化综合考量指标,我们既不能割断本土性,也不要脱离全球性。媒介本土性既是中国媒介突显差异性、民族性的基本标志,也是它走向媒介全球化舞台的根本前提,因为我们提倡的媒介本土性是具有国际视野、全球内涵的本土性,就如同我们接纳的也是符合本土传统和文化内涵的全球性。这里,不仅需要他者视角,还需要全球视野。正如帕拉格·康纳(Parag Khanna)所说:我们需要以一种全球维度作为思考的视野,需要一种"在西方的狭隘视野和东方的整体主义、人文主义和科学唯物主义以及民主和专家治国之间双向流动的智慧"④。

---

① 邵培仁. 媒介全球化:是机遇还是挑战?[J]. 湖州师范学院学报,2001(5):1-6.
② 邵培仁. 增强中国文化国际竞争力的几点思考[J]. 新闻记者,2010(11):14-15.
③ 邵培仁. 文化基因:中华文化历久弥新的根基与力量源泉[J]. 现代视听,2020(3):84-85.
④ 康纳. 超级版图:全球供应链、超级城市与新商业文明的崛起[M]. 崔传刚,周大昕,译. 北京:中信出版社,2016:337.

"构建人类命运共同体"的理念和智慧，主张以"共商、共建、共享"为基本原则，不论东西，无论南北，不分中外，古今联通，反对单极全球化，坚持走和平发展、共同繁荣之路，着力构建相互尊重、公平正义、合作共赢、整体互动的新型国际关系。"携手构建人类命运共同体"的系列论述是一种具有极高政治智慧、能够彻底改变世界传统格局的立体思维，它突破了文化帝国主义的"中心-边缘"范式，传递出走向本土性、地方性、区域性、全球性协调发展的命运共同体愿景；规避、调整了西方中心主义与东方中心主义的"二元对立"范式，将国际政治范式纳入一种全球多元平等主义的"整体互动"和"整体全球化"的框架之下。

　　"构建人类命运共同体"的理念和智慧不仅给本土性传媒的发展和变革，也给全球性传播的协调与合作，带来了无穷的想象空间和前所未有的机遇与挑战。新的历史机遇告诉人们：要建构整体互动、均衡和谐的媒介尺度机制，就要求同存异、放眼未来，反对单边主义、主张多边主义，反对利己主义、主张共赢主义，树立文化平等的观念，建立全球传播公约和全球媒体伦理，建构兼容本土性和全球性的话语体系，搭建资源共用、技术共通、渠道共享的传媒共同体平台，携手各国媒体共同推进传播生态的和谐平衡，推动全球传播治理朝着更加公正合理的方向迈进。

结束语:总结与展望

　　地理是无数生命循环的起点和终点,也是生命循环的基础之一。女娲用泥土造人的传说正好反映了人与地理的生命依存关系。天人合一,百学同源。当代媒介世界正由历史转向地理、由时间转向空间,由理性文化转向快感文化,由线性文化转向块状文化,由叙事文化转向景观文化,由社会活动中心转向媒介图像中心。媒介世界中的地理性状和传播研究中的地理转向日益明显。原先的以内容与形式为主体的结构体系已被彻底打破和颠覆。传统的基于时间的媒介与传播理论已无法解释今天的网络传播和手机传播所激发和展现出来的传播空间和媒介景观。具有地理性状与特点的当代媒介已经模糊了现实空间的原有边界,开拓并创造出了一个深不可测的与现实世界截然不同的虚拟世界。媒介地理学在媒介学与地理学的交叉地带应运而生,绝非偶然。

　　这些有点不可思议,却是当下媒介十分真实的存在和未来传播发展的基本趋势。面对日益复杂的媒介地理现象和问题,面对当代媒介的飞速发展和巨大变化,人类的态度不仅决定媒介的生存与发展,而且决定人类在精神层面的优化与进步。我们需要正视大众媒介的新变化及传播研究的新转向和新热点,需要秉持"天地人媒"四者整体互动、和谐平衡、共存共荣的研究理念,建立与之相适应的跨学科的、综合性的和有梯度的、有层次的媒介地理学的研究模式和分析框架,对媒介地理学的研究对象、理论体系和研究领域进行分析和论证,对中外媒介地理学的历史、现状和未来进行回顾、总结和展望。媒介地理学为我们提供了一种全新的理论视界和研究方法,也为新闻传播学科拓展空间和扩大影响提供了有益启示和创新思维。

　　媒介地理学主张以人文主义为主导,以低碳传播、绿色传播和生态平衡、空间协调为研究宗旨,以时间、空间、尺度、地方、景观等为主要概念,致力于分析和重建人类、媒介与社会、地理四者之间和谐互动的关系,并将媒介地理学置于学术研究中的某种特殊位置,明确其在信息社会和媒介时代的特殊解释与分析功能。

媒介地理学的研究视野引导我们密切关注一个曾被长期忽视的学术领域和审视窗口，深刻理解和科学把握当下媒介生存的地理成因和未来发展地理机遇，合理利用地理因素，以保持和增强本土性媒介的生命力和影响力，科学把握媒介尺度，以不断增强同全球性媒介沟通和合作的能力和水平，进而构建起本土性与全球性良性互动、平衡和谐的共生共赢机制。

媒介地理学研究需要唯物辩证、整体互动和交叉学科的观念和方法，它不应该从政治、经济、历史、文化和媒体的矩阵中分离出来。不管学者们最终关注的焦点和对象是什么，都需要确保在重视空间和地理功能的同时也关注时间和历史的作用，在认同地域文化、中华文化的同时也认同亚洲文化和全球文化，在坚守媒介个性和特色的同时也尊重和接受政治、经济、宗教的机制和规则，在坚持本土思维、中国立场的同时也具有亚洲意识和全球视野。同时，要避免地方主义和保护主义，避免地域歧视、族群歧视和排外主义，坚持走和平发展、共同繁荣之路，着力构建相互尊重、公平正义、互动互助、合作共赢的新型国际关系与全球传播格局。

媒介地理学既坚持"整体世界观"，也坚守"互动世界观"。世界从来没有像今天这样互联互通、唇齿相依、水乳交融。媒介地理世界既是一种整体性、开放性和实体性的地理存在，也是一种互动性、关系性和虚拟性的精神本体。如果说新航路的开辟是世界开始连成一个地理整体的标志性事件，那么电子媒介和互联网的出现则是世界连接成一个传播整体的里程碑，是人类朝着世界传播整体化和互动化进程迈出的关键一步。如今，任何国家和组织都已经无法单独面对和解决所遇到的安全性、危机性、灾难性世界问题和全球性传播问题。依据"整体世界观"和"互动世界观"，各国把媒介世界看作一种整体的互动的相互依存的命运共同体，携手打造全球经济、安全治理的新秩序和新机制，共同构建一种具有包容、开放、自由、民主、和平、和谐、平等、协商等特质的全球整体互动的传播机制和体系，符合未来社会的基本要求，相信也能为各国人民所认同和接受。

传播学天生就是一门生命力极其旺盛的"世界性学问"。"传播学研究的基本任务始终是再现整体，即始终把各种要素有意识地归并到整体之中，努力找出各种传播因素之间的内在结构和外在联系，同时再进一步认识它们，支配它们，而绝不人为地割断它们之间的复杂联系而去孤立地看待和分析一些要素。"①传播学研究对西方传播学有一定的依赖性,存在着"西方中心主义"和"过度西方化"的问题,对媒介世界的分析和解释有明显的"地理偏见"和"地域歧视"。现在需要回到中西方平等对话、交流的立场上来,积极探索传播学研究中既不是西方的也不是东方的而是世界的"第三条路径"或"第三种范式",即携手共同构建人类整体传播学。② 这样可能导致传播学研究失去部分"中国性",但只要坚守文化基因、做大做强本土文化,就会得到更多的"中国性",也有利于中国文化在全球文化传播的平台上占据更大更有利的位置。

① 邵培仁. 政治传播学[M]. 南京:江苏人民出版社,1991:377.
② 邵培仁. 携手共同构建人类整体传播学[J]. 国际新闻界,2018(2):62-65.

参考文献

一、译著

阿努钦.地理学的理论问题[M].李德美,包森铭,译.北京:商务印书馆,1994.

爱默生.心灵的感悟[M].李磊,文小勇,译.北京:当代世界出版社,2002.

奥斯本.时间的政治——现代性与先锋[M].王志宏,译.北京:商务印书馆,2004.

鲍德里亚.消费社会[M].刘成富,等译.南京:南京大学出版社,2001.

鲍尔德温,朗赫斯特,麦克拉肯,等.文化研究导论[M].陶东风,和磊,王瑾,等译.北京:高等教育出版社,2004.

鲍曼.流动的现代性[M].欧阳景根,译.上海:上海三联书店,2002.

贝克.世界主义的观点:战争即和平[M].杨祖群,译.上海:华东师范大学出版社,2008.

贝纳沃罗.世界城市史[M].薛钟灵,等译.北京:科学出版社,2000.

贝斯特,科尔纳.后现代转向[M].陈刚,等译.南京:南京大学出版社,2002.

伯顿.媒体与社会:批判的视角[M].史安斌,主译.北京:清华大学出版社,2007.

布劳德.时间、空间与运动[M].秦仲实,译.上海:商务印书馆,1935.

布劳特.殖民者的世界模式:地理传播主义和欧洲中心主义史观[M].谭荣根,译.北京:社会科学文献出版社,2002.

德波.景观社会[M].王昭风,译.南京:南京大学出版社,2006.

迪尔.后现代都市状况[M].李小科,译.上海:上海教育出版社,2004.

弗里德曼.文化认同与全球性过程[M].郭建如,译.北京:商务印书馆,2003.

盖德桑纳斯.X-城市主义:建筑与美国城市[M].孙成仁,付宏杰,译.北京:中国建筑工业出版社,2006.

戈夫曼.日常生活中的自我呈现[M].黄爱华,冯钢,译.杭州:浙江人民出版社,1989.

格拉夫梅耶尔.城市社会学[M].徐伟民,译.天津:天津人民出版社,2005.

格兰尼,尾岛俊雄.城市地下空间设计[M].许方,于海漪,译.北京:中国建筑工业出版社,2005.

古德尔,戈比.人类思想史中的休闲[M].成素梅,马惠娣,季斌,等译.昆明:云南人民出版社,2000.

哈特向.地理学性质的透视[M].黎樵,译.北京:商务印书馆,1963.

哈特向.地理学的性质:当前地理学思想述评[M].叶光庭,译.北京:商务印书馆,1996.

哈维.地理学中的解释[M].高泳源,刘立华,蔡运龙,译.北京:商务印书馆,1996.

哈维.后现代的状况——对文化变迁之缘起的探究[M].阎嘉,译.北京:商务印书馆,2003.

汉森.改变世界的十大地理思想[M].肖平,王方雄,李平,译.北京:商务印书馆,2009.

荷兰根特城市研究小组.城市状态:当代大都市的空间、社区和本质[M].敬东,译.北京:中国水利水电出版社,2005.

亨廷顿,伯杰.全球化的文化动力:当今世界的文化多样性[M].康敬怡,等译.北京:新华出版社,2004.

霍尔.无声的语言[M].刘建荣,译.上海:上海人民出版社,1991.

霍洛韦,赖斯,瓦伦丁.当代地理学要义——概念、思维与方法[M].黄润华,孙颖,译.北京:商务印书馆,2008.

吉登斯.社会的构成:结构化理论大纲[M].李康,李猛,译.北京:生活·读书·新知三联书店,1998.

吉登斯.现代性的后果[M].田禾,译.南京:译林出版社,2000.

吉登斯.社会学[M].赵旭东,齐心,王兵,等译.北京:北京大学出版社,2003.

卡尔维诺.看不见的城市[M].张宓,译.南京:译林出版社,2001.

卡佛特.偷窥狂的国家[M].林惠娸,陈雅汝,译.台北:商周出版,2003.

卡瓦拉罗.文化理论关键词[M].张卫东,张生,赵顺宏,译.南京:江苏人民出版社,2006.

卡西尔.人论[M].甘阳,译.上海:上海译文出版社,1985.

凯尔纳.媒体奇观——当代美国社会文化透视[M].史安斌,译.北京:清华大学出版社,2003.

凯尔纳. 波德里亚：批判性的读本[M]. 陈维振,陈明达,王峰,译. 南京：江苏人民出版社,2005.

康纳. 超级版图：全球供应链、超级城市与新商业文明的崛起[M]. 崔传刚,周大昕,译. 北京：中信出版社,2016.

柯拉法乐. 地理学思想史[M]. 2 版. 郑胜华,等译. 台北：五南图书出版公司,2005.

科特金. 全球城市史[M]. 王旭,等译. 北京：社会科学文献出版社,2006.

克兰. 文化生产：媒体与都市艺术[M]. 赵国新,译. 南京：译林出版社,2001.

克朗. 文化地理学[M]. 杨淑华,宋慧敏,译. 南京：南京大学出版社,2003.

克里尔. 城市空间[M]. 钟山,等译. 上海：同济大学出版社,1991.

克瑞斯威尔. 地方：记忆、想象与认同[M]. 徐苔玲,王志弘,译. 台北：群学出版有限公司,2006：22-23,35.

奎恩. 建立你的时间资产：倍增财富,开创有闲人生的 5 大法则[M]. 路卫军,坤伟,译. 北京：中国青年出版社,2007.

拉兹洛. 多种文化的星球——联合国教科文组织国际专家小组的报告[M]. 戴侃,辛未,译. 北京：社会科学文献出版社,2004.

莱文森. 数字麦克卢汉——信息化新纪元指南[M]. 何道宽,译. 北京：社会科学文献出版社,2001.

李特约翰. 人类传播理论[M]. 7 版. 史安斌,译. 北京：清华大学出版社,2004.

利科尔. 解释学与人文科学[M]. 陶远华,袁耀东,冯俊,等译. 石家庄：河北人民出版社,1987.

联合国教科文组织. 世界文化报告：文化的多样性、冲突与多元共存(2000)[M]. 关世杰,等译. 北京：北京大学出版社,2002.

列文. 时间地图：不同时代与民族队时间的不同解释[M]. 范东生,等译. 合肥：安徽文艺出版社,2000.

林奇. 城市形态[M]. 林庆怡,等译. 北京：华夏出版社,2001.

林奇. 城市意象[M]. 方益萍,何晓军,译. 北京：华夏出版社,2001.

罗伯森. 全球化——社会理论和全球文化[M]. 梁光严,译. 上海：上海人民出版社,2000.

罗尔. 媒介、传播、文化——一个全球性的途径[M]. 董洪川,译. 北京：商务印书馆,2005.

马尔丹. 电影语言[M]. 何振淦,译. 北京：中国电影出版社,1998.

马克思,恩格斯.马克思恩格斯全集(第47卷)[M].中共中央马克思、恩格斯、列宁、斯大林著作编译局,译.北京:人民出版社,1972.

麦克卢汉.机器新娘——工业人的民俗[M].何道宽,译.北京:中国人民大学出版社,2004.

麦克卢汉,秦格龙.麦克卢汉精粹[M].何道宽,译.南京:南京大学出版社,2000.

芒福德.城市发展史——起源、演变和前景[M].倪文彦,宋俊岭,译.北京:中国建筑工业出版社,1989.

梅罗维茨.消失的地域:电子媒介对社会行为的影响[M].肖志军,译.北京:清华大学出版社,2002.

美国国家研究院,地学、环境与资源委员会,地球科学与资源局,等.重新发现地理学——与科学和社会的新关联[M].黄润华,译.北京:学苑出版社,2004.

米切尔.伊托邦:数字时代的城市生活[M].吴启迪,等译.上海:上海科技教育出版社,2001.

莫利,罗宾斯.认同的空间:全球媒介、电子世界景观与文化边界[M].司艳,译.南京:南京大学出版社,2001.

诺克斯,平奇.城市社会地理学导论[M].柴彦威,张景秋,等译.北京:商务印书馆,2005.

皮卡德.媒介经济学:概念与问题[M].赵丽颖,译.北京:中国人民大学出版社,2005.

皮卡德,布罗迪.美国报纸产业[M].周黎明,译.北京:中国人民大学出版社,2004.

萨夫迪.后汽车时代的城市[M].吴越,译.北京:人民文学出版社,2001.

萨义德.文化与帝国主义[M].李琨,译.北京:生活·读书·新知三联书店,2003.

沙森.全球城市:纽约·伦敦·东京[M].周振华,等译校.上海:上海社会科学院出版社,2005.

施拉姆,波特.传播学概论[M].陈亮,周立方,李启,译.北京:新华出版社,1984.

辻村太郎.景观地理学[M].曹沉思,译.上海:商务印书馆,1936.

叔本华.叔本华美学随笔[M].韦启昌,译.上海:上海人民出版社,2004.

苏贾.后现代地理学——重申批判社会理论中的空间[M].王文斌,译.北京:
　　商务印书馆,2004.

索亚.第三空间——去往洛杉矶和其他真实和想象地方的旅程[M].陆扬,等
　　译.上海:上海教育出版社,2005.

索亚.后大都市:城市和区域的批判性研究[M].李钧,译.上海:上海教育出版
　　社,2006.

塔洛.分割美国——广告与新媒介世界[M].洪兵,译.北京:华夏出版
　　社,2003.

泰罗.人种地理学[M].葛绥成,译.上海:中华书局,1937.

汤林森.文化帝国主义[M].冯建三,译.上海:上海人民出版社,1999.

特拉菲尔.未来城:述说城市的奥秘[M].赖慈芸,译.北京:中国社会科学出版
　　社,2000.

特纳.社会理论指南[M].2版.李康,译.上海:上海人民出版社,2003.

托夫勒.未来的震荡[M].任小明,译.成都:四川人民出版社,1985.

托夫勒,托夫勒.再造新文明[M].白裕承,译.北京:中信出版社,2006.

韦伯.非正当性的支配——城市的类型学[M].康乐,简惠美,译.桂林:广西师
　　范大学出版社,2005.

韦斯特,特纳.传播理论导引:分析与应用[M].2版.刘海龙,译.北京:中国人
　　民大学出版社,2007.

吴家骅.景观形态学:景观美学比较研究[M].叶南,译.北京:中国建筑工业出
　　版社,1999.

西美尔.社会学——关于社会化形式的研究[M].林荣远,译.北京:华夏出版
　　社,2002.

亚当斯.媒介与传播地理学[M].袁艳,译.北京:中国传媒大学出版社,2020.

雅各布斯.美国大城市的死与生[M].金衡山,译.南京:译林出版社,2005.

约翰斯顿.地理学与地理学家——1945年以来的英美人文地理学[M].唐晓
　　峰,李平,叶冰,等译.北京:商务印书馆,1999.

约翰斯顿.哲学与人文地理学[M].蔡运龙,江涛,译.北京:商务印书
　　馆,2001.

约翰斯顿.人文地理学词典[M].柴彦威,等译.北京:商务印书馆,2004.

詹姆斯.地理学思想史[M].李旭旦,译.北京:商务印书馆,1982.

詹姆逊.文化转向[M].胡亚敏,等译.北京:中国社会科学出版社,2000.

中国社会科学院语言研究所词典编辑室.现代汉语词典[M].7版.北京:商务印书馆,2016:1184.

周晓红.现代社会心理学名著菁华[M].北京:社会科学文献出版社,2007.

二、中文论著

包亚明.后现代性与地理学的政治[M].上海:上海教育出版社,2001.

柴彦威.城市空间[M].北京:科学出版社,2000.

方玲玲.媒介空间论:媒介的空间想象力与城市景观[M].北京:中国传媒大学出版社,2011.

葛绥成.世界文化地理[M].上海:中华书局,1936.

顾朝林,等.中国城市地理[M].北京:商务印书馆,1999.

顾铮.城市表情[M].南京:江苏人民出版社,2003.

关洪.空间——从相对论到 M 理论的历史[M].北京:清华大学出版社,2004.

赫维人,潘玉君.新人文地理学[M].北京:中国社会科学出版社,2002.

李大钊.李大钊全集:第 3 卷[M].石家庄:河北教育出版社,1999.

李大钊.李大钊全集:第 4 卷[M].石家庄:河北教育出版社,1999.

李金铨.超越西方霸权:传媒与"文化中国"的现代性.香港:牛津大学出版社,2004.

李延寿.北史·文苑传(点校本)[M].北京:中华书局,1974.

梁启超.新史学[M].北京:商务印书馆,2014.

刘德寰.年龄论——社会空间中的社会时间[M].北京:中华工商联合出版社,2007.

刘师培.刘师培史学论著选集[M].邬国义,吴修艺,编校.上海:上海古籍出版社,2006.

刘文庆.人口与城市:空间·结构研究[M].杭州:浙江大学出版社,1996.

毛泽东.毛泽东新闻工作文选[M].北京:新华出版社,1983.

钱健,谭伟贤.数字城市建设[M].北京:科学出版社,2007.

上海书画出版社,华东师范大学古籍整理研究室.历代书法论文选[M].上海:上海书画出版社,2014.

邵培仁.政治传播学[M].南京:江苏人民出版社,1991.

邵培仁.传播学导论[M].杭州:浙江大学出版社,1997.

邵培仁.媒介管理学[M].北京:高等教育出版社,2002.

邵培仁. 传播的魅力[M]. 北京:首都经济贸易大学出版社,2014.

邵培仁. 传播学[M]. 3版. 北京:高等教育出版社,2015.

邵培仁,陈建洲. 传播社会学[M]. 南京:南京大学出版社,1994.

邵培仁,等. 媒介生态学:媒介作为绿色生态的研究[M]. 北京:中国传媒大学出版社,2008.

邵培仁,等. 媒介理论前沿[M]. 杭州:浙江大学出版社,2009.

邵培仁,等. 亚洲传播理论——国际传播研究中的亚洲主张[M]. 杭州:浙江大学出版社,2017.

邵培仁,刘强. 媒介经营管理学[M]. 杭州:浙江大学出版社,1998.

邵培仁,杨丽萍. 媒介地理学:媒介作为文化图景的研究[M]. 北京:中国传媒大学出版社,2010.

邵培仁,姚锦云. 华夏传播理论[M]. 杭州:浙江大学出版社,2020.

邵培仁,周颖. 媒介地理视阈下的华莱坞[M]. 北京:首都经贸大学出版社,2018.

施旭. 当代中国话语研究(总第一辑)[M]. 杭州:浙江大学出版社,2008.

舒可文. 城里:关于城市梦想的叙述[M]. 北京:中国人民大学出版社,2006.

汪行福. 走出时代的困境——哈贝马斯对现代性的反思[M]. 上海:上海社会科学院出版社,2000.

王恩涌,张荣,张小林,等. 人文地理学[M]. 北京:高等教育出版社,2000.

王铭铭. 想象的异邦:社会与文化人类学散论[M]. 上海:上海人民出版社,1998.

王宁. 全球化与文化:西方与中国[M]. 北京:北京大学出版社,2002.

王唯铭. 叫喊的城市:都市文化的观察与思考[M]. 北京:人民出版社,1996.

王唯铭. 欲望的城市[M]. 上海:文汇出版社,1996.

王伟强. 理想空间:文化、街区与城市更新[M]. 上海:同济大学出版社,2006.

王志弘. 流动、空间与社会[M]. 台北:田园城市文化事业有限公司,1998.

魏镛. 社会科学的性质及发展趋势[M]. 哈尔滨:黑龙江教育出版社,1989.

邬建国. 景观生态学——格局、过程、尺度与等级[M]. 北京:高等教育出版社,2000.

吴承洛. 中国度量衡史[M]. 上海:商务印书馆,1937.

吴国盛. 现代化之忧思[M]. 北京:生活·读书·新知三联书店,1999.

夏征农,陈至立. 辞海:第六版彩图本[M]. 上海:上海辞书出版社,2009.

谢觉民.人文地理学[M].北京:中国友谊出版公司,1991.

许学强.现代城市地理学[M].北京:中国建筑工业出版社,1988.

许学强,朱剑如.现代城市地理学[M].北京:中国建筑工业出版社,1988.

薛梦潇.早期中国的月令与"政治时间"[M].上海:上海古籍出版社,2018.

杨贵庆.城市社会心理学[M].上海:同济大学出版社,2000.

杨河.时间概念史研究[M].北京:北京大学出版社,1998.

杨宽.中国历代尺度考[M].上海:商务印书馆,1938.

叶南客.都市社会的微观再造:中外城市社区比较新论[M].南京:东南大学出版社,2003.

尹继佐.世界城市与创新城市:西方国家的理论与实践[M].上海:上海社会科学院出版社,2003.

张红霞.城市的标志:人类历史之旅[M].北京:石油工业出版社,2006.

张景云.大众传播距离论——一种心理学视角[M].北京:新华出版社,2009.

张同铸.为帝国主义服务的人文地理[M].上海:新知识出版社,1956.

郑兴东,沈史明,陈仁风,等.报纸编辑学[M].北京:中国人民大学出版社,1982.

郑学檬.传在史中:中国传统社会传播史料选辑[M].北京:文化艺术出版社,2001.

周岚,等.城市空间美学[M].南京:东南大学出版社,2001.

周尚意,孔翔,朱竑.文化地理学[M].北京:高等教育出版社,2004.

周宪.文化研究关键词[M].北京:北京师范大学出版社,2007.

周晓红.现代社会心理学名著菁华[M].北京:社会科学文献出版社,2007.

朱狄.当代西方美学[M].武汉:武汉大学出版社,2007.

朱光潜.文艺心理学[M].上海:复旦大学出版社,2009.

三、中文论文

白春香.叙述距离辨[J].外国文学,2010(3):102-109.

柏兰芝.郊区的政治化[J].视界,2003(11):8.

卞冬磊,张稀颖.媒介时间的来临——对传播媒介塑造的时间观念之起源、形成与特征的研究[J].新闻与传播研究,2006(1):32-44,95.

布洛.作为艺术因素和审美原则的"心理距离说"[M]//中国社会科学院哲学研究所美学研究室.美学译文(2).北京:中国社会科学出版社,1982:

92-107.

蔡敏.地域传媒的崛起和走向都市化的传媒文化[J].新闻界,2005(3):99-100.

德塞都.走在城市里[M]//罗钢,刘象愚.文化研究读本.北京:中国社会科学出版社,2000:317-325.

杜雷.城市机动性:城市研究的新概念框架[J].城市规划学刊,2004(2):90-92.

段义孚.人文主义地理学之我见[J].地理科学进展,2006(2):1-7.

厄里.关于时间与空间的社会学[M]//特纳.社会理论指南.李康,译.上海:上海人民出版社,2003:504-536.

范欣.媒体奇观研究理论溯源——从"视觉中心主义"到"景观社会"[J].浙江学刊,2009(2):219-223.

郭小春.媒介尺度论:媒介全球化背景下的地理尺度与中国国际传播战略[D].杭州:浙江大学,2017.

郭中实,杜耀明,黄煜,等.距离的新闻涵义:香港报纸不同地域报导之比较[J].新闻学研究,2010(104):195-235.

何群.人与地之纠葛:鄂伦春社会中的地域意识行为和功能[J].中国历史地理论丛,2010(1):5-15.

胡秀梅.电视休闲与休闲电视[J].争鸣与探讨,1998(12):13-14.

黄洁.影视艺术的"媒介空间"及其"开发机缘"[J].新闻界,2006(6):99-100.

黄清.亚洲传播研究:连接地方经验与全球视野的桥梁——评邵培仁教授等人的新作《亚洲传播理论——国际传播研究中的亚洲主张》[J].中国传媒报告,2017(3):125-128.

黄向,保继刚,Geoffrey,W.场所依赖(place attachment):一种游憩行为现象的研究框架[J].旅游学刊,2006(9):19-24.

金琛.电子传播媒介的社会时间[J].湖北广播电视大学学报,2008(2):66-67.

卡斯特尔.21世纪的都市社会学[M].刘益诚,译//许纪霖.帝国、都市与现代性.南京:江苏人民出版社,2006:240-257.

郎友兴,项辉.现代性:来自吉登斯的观点[J].浙江社会科学,2001(3):105-109.

李希光,杜涛.国际传播中的宣传模式与抵抗模式[J].当代传播,2009(4):11-13.

梁国伟.绽出在电视媒介形态中的时间意识[J].当代电影,2006(1):119-123.

刘岸挺."今"与"新"——论李大钊的时间意识[J].阅江学刊,2010(2):
107-110.

刘冬梅.反思现代性——吉登斯现代性思想解读[J].理论界,2008(6):
117-118.

陆扬.空间理论和文学空间[J].外国文学研究,2004(4):31-37.

吕一河,傅伯杰.生态学中的尺度及尺度转换方法[J].生态学报,2001(12):
2096-2105.

马特拉.传播全球化思想的由来[J].陈卫星,译.国际新闻界,2000(4):13-17.

马妍妍.社会化进程中媒介时间的特点和发展趋势[J].浙江传媒学院学报,
2010(5):20-24.

马兆俐,陈红兵.解析"敌托邦"[J].东北大学学报(社会科学版),2004
(5):329.

邵培仁.传播观念断想[J].杭州大学学报(哲学社会科学版),1997(4):
128-133.

邵培仁.传播学本土化研究的回顾与前瞻[J].杭州师范学院学报,1999(4):
36-41.

邵培仁.媒介全球化:是机遇还是挑战?[J].湖州师范学院学报,2001(5):
1-6.

邵培仁.电脑与网络:媒介地理学的颠覆者[J].浙江广播电视高等专科学校学
报,2002(3):5-7.

邵培仁.媒介地理学:行走和耕耘在媒介与地理之间[J].中国传媒报告,2005
(3):63-66.

邵培仁.论中国媒介的地理集群与能量积聚[J].杭州师范学院学报(哲学社会
科学版),2006(5):19-23,29.

邵培仁.媒介地理学:正当性、科学性和学术坚守[J].新闻记者,2006(10):
17-19.

邵培仁.媒介恐慌论与媒介恐怖论的兴起、演变及理性抉择[J].现代传播,
2007(4):27-29.

邵培仁.当"看到"打败"听到":论景观在传媒时代的特殊地位[J].浙江师范大
学学报(社会科学版),2010(6):1.

邵培仁.地方的体温:媒介地理要素的社会建构与文化记忆[J].徐州师范大学

学报(哲学社会科学版),2010(5):143-148.

邵培仁.景观:媒介对世界的描述与解释[J].当代传播,2010(4):4-7.

邵培仁. 增强中国文化国际竞争力的几点思考[J]. 新闻记者,2010(11):14-15.

邵培仁.论中国影视基地的媒介景观[J].媒体时代,2011(5):9-13.

邵培仁.媒介地理学:当代传播研究的最新转向与热点[J].中国传媒报告,2011(3):1.

邵培仁.共同构建人类整体传播学[J].中国传媒报告,2017(4):1.

邵培仁.打造中国文化全球传播新景观[J].现代视听,2019(2):85.

邵培仁.开放共享:构建全球信息传播新模式[J].现代视听,2019(8):86.

邵培仁.媒介是全球的,文化不是![J].现代视听,2019(7):86.

邵培仁.媒介时间的拐点:迎接时间突破空间的革命[J].现代视听,2020(2):85.

邵培仁.文化基因:中华文化历久弥新的根基与力量源泉[J].现代视听,2020(3):84-85.

邵培仁. 作为天地人三极视维的中国古代生态思想[J].华夏传播研究,2020(5):1-6.

邵培仁,陈江柳.整体全球化:"一带一路"的话语范式与创新路径——基于新世界主义视角的再阐释[J].暨南学报(哲学社会科学版),2018(11):13-23.

邵培仁,陈江柳.人类整体传播学:人类命运共同体视域下的传播研究[J].现代传播,2019(7):13-20.

邵培仁,方玲玲.流动的景观——媒介地理学视野下公路电影的地理再现[J].当代电影,2006(6):98-102.

邵培仁,黄庆.媒介时间论:针对媒介时间观念的研究[J].当代传播,2009(3):21-24.

邵培仁,李雯.语言是桥也是墙——对方言广播电视新闻节目的疑虑与拷问[J].杭州师范学院学报(哲学社会科学版),2004(5):27-31.

邵培仁,林群.时间、空间、社会化——传播情感地理学研究的三个维度[J].中国传媒报告,2011(1):17-29.

邵培仁,潘戎戎.追求和坚守传播学研究中的人文情怀[J].当代传播,2019(5):1.

邵培仁,潘戎戎.论城市形象塑造与传播的灵魂及根本[J].东南传播,2020 (1):1-2.

邵培仁,潘祥辉.新闻媒体"方言言说"的社会成本分析[J].现代传播:中国传媒大学学报,2005(2):10-12,17.

邵培仁,潘祥辉.论媒介地理学的发展历程与学科建构[J].徐州师范大学学报(哲学社会科学版),2006(1):131-136.

邵培仁,潘祥辉.论全球化语境下中国电影的跨文化传播策略[J].浙江大学学报(哲学社会科学版),2006(1):65.

邵培仁,沈珺.构建基于新世界主义的媒介尺度与传播张力[J].现代传播,2017(10):70-74.

邵培仁,沈珺.新世界主义语境下国际传播新视维[J].新疆师范大学学报(哲学社会科学版),2018(2):96-104.

邵培仁,王昀.线上新闻的全球地理想象:新华网国际新闻之检视[J].当代传播,2016(5):14-20,34.

邵培仁,王昀.亚洲电影在中国:华莱坞的跨地方生产与本土现代性实践[J].新闻爱好者,2016(6):15-21.

邵培仁,夏源.媒介尺度论:对传播本土性与全球性的考察[J].当代传播,2010 (6):9-12.

邵培仁,夏源.文化本土性特点、危机及其生态重建——以媒介地理学为分析视野[J].当代传播,2012(2):19-22.

邵培仁,杨丽萍.21世纪初国际传播学研究的现状与趋势——以SSCI收录的《传播学刊》为例[J].杭州师范大学学报(社会科学版):2010(2):60-69.

邵培仁,杨丽萍.转向空间:媒介地理中的空间与景观研究[J].山东理工大学学报(社会科学版),2010(3):69-77.

邵培仁,杨丽萍.论媒介距离的传播特质及其现象和成因[J].新闻爱好者,2012(7):1-5.

邵培仁,杨丽萍.论媒介距离的适度性及其策略[J].今传媒,2012(10):8-12.

邵培仁,杨丽萍.媒介距离论:距离作为传播资源的思考与分析[J].新闻记者,2012(2):3-9.

邵培仁,周颖.重绘电影地图:突破华莱坞电影产业发展的"胡焕庸线"[J].暨南学报(哲学社会科学版),2016(10):41-53.

邵培仁,周颖.江南核心性:媒介地理学视野下的华莱坞电影史研究[J].西南民族大学学报(人文社会科学版),2017(8):154-160.

邵鹏.人类命运共同体:全球传播新秩序的中国方向[J].浙江工业大学学报(社会科学版),2019(1):94-100.

汤浩.地理区隔与空间置换:国产剧对外传播的障碍分析——兼论其应对的媒介地理学策略[J].中国电视,2008(11):40-42.

汤浩.媒介地理学视野下的传媒奇观[J].西南交通大学学报(社会科学版),2008(2):114-118.

唐文跃.地方感研究进展及研究框架[J].旅游学刊,2007(11):70-77.

王冰雪.力·度之间:"华莱坞"电影国际化生存空间的延伸与拓展[J].浙江传媒学院学报,2014(1):49-56.

王宁.东方主义、后殖民主义和文化霸权主义批判——爱德华·赛义德的后殖民主义理论剖析[J].北京大学学报(哲学社会科学版),1995(2):57.

王松苗.案件报道的时机与跟进[J].新闻战线,2004(3):44-46.

吴必虎.中国文化区的形成与划分[J].学术月刊,1996(3):10-15.

吴飞,姚颖."城市杂志"发展的经济学思考[J].新闻界,2003(2):43-47.

吴志斌,姜照君.如何缩短对农节目与农民之间的"距离"[J].新闻世界,2010(2):36-37.

亚当斯,杨森.传播地理学:跨越学科的桥梁[J].李森,魏文秀,译.新闻记者,2019(9):83-96.

杨瑞明.空间与关系的转换:在多维话语中理解"传播全球化"[J].新闻与传播研究,2014(12):107-111.

姚力,蒋云峰.大众文化的时间困境[J].吉林大学社会科学学报,2002(2):76-81.

袁玉琴.从三维空间到四维复合——论电影时间[J].文艺理论研究,2001(4):65-74.

张聪.试论美国电影中的五种黑人刻板形象[J].中国校外教育,2008(1):102,36.

张健康.中国大陆传播学本土化的发展[J].中国传媒报告,2010(3):13-27.

张健康.中国媒介地理学研究的量化考察、焦点回顾与质化分析[J].浙江传媒学院学报,2014(5):2-9,137.

张梦晗.媒介时间论:信息社会经验下的媒介存在与多重时间[D].杭州:浙江

大学,2015.

张楠楠,顾朝林.从地理空间到复合式空间:信息网络影响下的城市空间[J].
  人文地理,2002(4):20-24.

张丕万.地方的文化意义与媒介地方社会建构[J].学习与实践,2018(12):
  111-118.

张一兵.代译序:德波和他的《景观社会》[M]//德波.景观社会.王昭风,译.
  南京:南京大学出版社,2006:1-38.

赵曦.体现传承追求超越——访《再说长江》总制片人、总编导刘文[J].中国电
  视,2006(10):62-63.

周宁.中国异托邦:二十世纪西方的文化他者[J].书屋,2004(2):53-62.

四、其他中文文献

杜燕."杨丽娟事件"发展至今传媒要负一定责任[EB/OL].(2007-04-06)
  [2021-05-20]. https://www.chinanews.com/ga/mptx/news/2007/04-
  06/909711.shtml.

江耀进.四川卫视摆"故事龙门"讲观众喜欢的故事[EB/OL].(2005-10-25)
  [2020-11-16]. http://futures.money.hexun.com/1375014.shtml.

拉居.中国地区差异之大让外商挠头[N].参考消息,2006-01-22(8).

联合国教科文组织.世界报告:着力文化多样性与文化间对话[R].联合国教
  科文组织,2009.

王国荣.地域如何影响人的性格[N].北京科技报,2005-03-02(B02).

王小萌.东西方人"看"法不同[N].钱江晚报,2005-08-24(8).

王又锋.中国南北报业[EB/OL].(2005-09-20)[2010-01-30]. http://www.
  cddc.net/.

中国网信网.CNNIC发布第46次《中国互联网络发展状况统计报告》[EB/
  OL].(2007-09-29)[2021-04-13]. http://www.cac.gov.cn/2020-09/
  29/c_1602939909285141.htm.

中商产业研究院.2021年上半年中国主要城市地铁运营线路长度排行榜
  [EB/OL].(2021-07-28)[2021-08-20]. https://top.askci.com/news/
  20210702/1349161504812.shtml.

五、英文论著

Alexander, A. Owers, J. & Carveth, R. *Media Economics: Theory and Practice*[M]. London: Mahwah, 1998.

Anderson, B. *Imagined Communities—Reflections on the Origin and Spread of Nationalism*[M]. London: Vergo, 2000.

Badcock, B. *Making Sense of Cities: A Geographical Survey*[M]. London: Edward Arnold Ltd., 2002.

Bankston, C. L. & Hidalgo, D. A. *Immigration in U.S. History*[M]. Pasadena: Calif Salem Press, 2006.

Bird, J., Curtis, B., Putnam, T., et al. *Mapping the Futures: Local Cultures, Global Change*[M]. London: Routledge, 1993.

Bivins, T. H. *Mixed Media: Moral Distinctions in Advertising, Public Relations, and Journalism*[M]. Mahwah: Lawrence Erlbaum Associates, Inc., 2004.

Bullough, E. *Aesthetics: Lectures and Essays*[M]. London: Bowes & Bowes, 1957.

Burgess, J. & Gold, J. R. *Geography, the Media and Popular Culture*[M]. New York: St. Martin's Press, 1985.

Castells, M. *The City and the Grassroots: A Cross-culture Theory of the Urban Social Movements*[M]. London: Edward Arnold, 1977.

Castells, M. *The Information City: Information Technology, Economic Restructuring and Urban-regional Process*[M]. Oxford: Blackwell, 1989.

Cloke, P., Crang P. & Goodwin, M. *Introducing Human Geographies*[M]. London: Arnold, 1999.

Cosgrove, D. *Apollo's Eye: A Cartographic Genealogy of the Earth in the Western Imagination*[M]. Baltimore: Johns Hopkins University Press, 2001.

Cresswell, T. *In Place/Out of Place: Geography, Ideology and Transgression*[M]. Minneapolis: University of Minnesota Press, 1996.

Cresswell, T. & Dixon, D. *Engaging Film: Geographies of Mobility and*

Identity[M]. Lanham, Maryland: Rowan & Littlefield Publishers, Inc. , 2002.

de Blij. *Why Geography Matters: Three Challenges Facing America: Climate Change, the Rise of China, and Global Terrorism* [M]. Oxford: Oxford University Press, 2005.

Denzin, N. K. *The Cinematic Society: The Voyeur's Gaze* [M]. London: Sage, 1995.

Duncan, J. & Ley, D. *Place/Culture/Representation* [M]. London: Routledge, 1993.

Eade, J. *Living the Global City: Globalization as Local Process* [M]. London: Routledge, 1997.

Gripsrud, J. *Understanding Media Culture* [M]. New York: Edward Arnold Ltd. , 2002.

Hall, T. *Urban Geography*[M]. London: Routledge, 1998.

Hartley, J. *Uses of Television*[M]. London: Routledge Press, 1999.

Harvey, D. *The Condition of Postmodernity* [M]. Oxford: Blackwell, 1990.

Jackson, P. *Maps of Meaning*[M]. London: Routledge, 1994.

Johnston, R. J. , Gregory, D. , Pratt, G. , et al. *The Dictionary of Human Geography*[M]. 4th ed. Oxford: Blackwell, 2000.

Johnston, R. J. , Taylor P. J. , & Watts, M. J. *Geographies of Global Change: Remapping the World in the Late Twentieth Century* [M]. Oxford: Blackwell, 1995.

King, A. D. *Spaces of Global Cultures: Architecture, Urbanism, Identity* [M]. London: Taylor & Francis, 2004.

Krupat, E. *People in Cities: The Urban Environment and Its Effects*[M]. Cambridge: Cambridge University Press, 1985.

Latour, B. *We Have Never Been Modern* [M]. Porter, C. (trans.). Cambridge, MA: Harvard University Press, 1993.

Lazarsfeld, P. F. , Berelson, B. & Gaudent, H. *The People's Choice*[M]. New York: Columbia University Press, 1984.

Lefebvre, H. *The Production of Space* [M]. London: Wiley-

Blackwell, 1992.

Lind, R. A. *Race/Gender/Media: Considering Diversity across Audiences, Content and Producers*[M]. London: Pearson, 2003.

Lippmann, W. *Public Opinion*[M]. New York: Macmillan, 1985.

Lister, M. *The Photographic Image in Digital Culture* [M]. London: Routledge, 1995.

Lowenthal, L. *Literature, Popular Culture and Society*[M]. Palo Alto: Pacific Books, 1961.

Miles, M. & Hall, T. *Urban Futures: Critical Commentaries on Shaping the City*[M]. London: Taylor & Francis Routledge, 2003.

Morley, D. & Robins, K. *Spaces of Identity: Global Media, Electronic Landscapes and Cultural Boundaries*[M]. London: Routledge, 1995.

Naficy, H. *Home, Exile, Homeland: Film, Media, and the Politics of Place*[M]. New York: Routledge, 1999.

Norris, R. E. *World Regional Geography*[M]. St. Paul: West Publishing Co. , 1990.

Olalquiaga, C. *Megalopolis* [M]. Minneapolis: University of Minnesota Press, 1992.

Park, R. , Burgess, E. W. & McKenzie, R, D. *The City* [M]. Chicago: University of Chicago Press, 1925.

Parker, S. *Urban Theory and the Urban Experience: Encountering the City* [M]. London: Taylor & Francis, 2004.

Ricoeur, P. *Time and Narrative* [M]. McLaughlin, K. & Pellauer, D. (trans.). Chicago: University of Chicago Press, 1986.

Robinson, L. K. & Simmons, D. *Time on TV: Narrative Time, Time Travel and Time Travellers in Popular Television Culture* [M]. London: I. B. Tauris & Co. , Ltd. 2016.

Sauerm, C. O. & Leighley, J. *Land and Life: A Selection from the Writing of Carl Sauer* [M]. Berkeley: University of California Press, 1962.

Shiel, M. & Fitzmaurice, T. *Screening the City* [M]. London: Verso, 2003.

Sperling, J. *The Great Divide：Retro vs. Metro America*[M]. Los Angeles：
    Polipoint Press, 2004.

Steele, F. *The Sense of Place*[M]. Boston：CBI Publishing, 1981.

Straubhaar, J. *World Television：From Global to Local* [M]. London：
    Sage, 2007.

Tuan, Y. F. *Space and Place*[M]. Minnesota：University of Minnesota
    Press, 1977.

Urry, J. *The Tourist Gaze：Leisure and Travel in Contemporary Societies*
    [M]. London：Sage, 1990.

Wellar, B. *Geography and the Media：Strengthening the Relationship，
    Discussion Paper for Symposium on Projecting Geography in the
    Public Domain in Canada，Canadian Association of Geographers
    Annual Meeting*[M]. London：University of Western Ontario, 2005.

Wilde, O. *The Soul of Man Under Socialism* [M]. London：Porcupine
    Press, 1948.

Wilkins, L. & Coleman, R. *The Moral Media：How Journalists Reason
    About Ethics* [M]. Mahwah, N. J.：Lawrence Erlbaum Associates,
    Inc. , 2005.

Wood, J. *The Virtual Embodied：Presence/Practice/Technology*. London：
    Routledge, 1998.

六、英文论文

Browne, R. Book review：Place, Power Situation and Spectacle：A
    Geography of Film[J]. *Journal of Popular Culture*, 1994, 28(2)：215.

Castells, M. The information city is a dual city：Can it be reversed? [M]//
    Schön, D. A. , Sanyal, B. & Mithell, W. J. (eds.). *High Technology
    and Low Income Communities*. Cambridge：MIT Press, 1998：25-42.

Christophers, B. Media geography's dualities[J]. *Cultural Geographies*,
    2007, 14(1)：156-161.

Cloke, P. Self-other[M]//Cloke, P. , Crang, P. & Goodwin, M. (eds.).
    Introducing Human Geographies. London：Arnold, 1999：43-53.

Cupples, J. , Lukinbeal, C. & Mains, S. P. Introducing mediated

geographies and geographies of media[M]//Mains, S. P. , Cupples, J. &
Lukinbeal, C. (eds.). *Mediated Geographies and Geographies of Media.* New York: Springer, 2015: 3-19.

Dale, A. & Naylor, T. Dialogue and public space: An exploration of radio and information communications technologies[J]. *Canadian Journal of Political Science*, 2005, 38(1): 203-225.

Gibson-Graham, J. K. Beyond global vs. local: Economic politics outside the binary frame [M]//Herod, A. & Wright, M. W. (eds.). *Geographies of Power: Placing Scale.* Oxford: Blackwell, 2008: 25-60.

Haraway, D. A cyborg manifesto: Science, technology, and socialist-feminism in the late twentieth century [M]//Haraway, D. (ed.). *Simians, Cyborgs and Women: The Reinvention of Nature.* New York: Routledge, 1991: 149-181.

Hillis, K. Cyberspaces and cyberculture[M]//Cloke, P. , Crang, P. & Goodwin, M. (eds.). *Introducing Human Geographies.* London: Arnold, 1999: 324-331.

Janelle, D. Spatial reorganization: a model and concept[J]. *Annals of the Association of American* Geographers, 1969, 59(3): 348-364.

Jensen, J. Fandom as pathology: The consequences of characterization [M]//McQuail, D. (ed.). *McQuail's Reader in Mass Communication Theory.* London: Sage Publications, 2002: 342-354.

Kneale, J. The media[M]//Cloke, P. , Crang, P. & Goodwin, M. (eds.). *Introducing Human Geographies.* London: Arnold, 1999: 316-323.

Kratke, S. & Taylor, P. J. A world geography of global media cities[J]. *European Planning Studies*, 2004, 12(4): 459-477.

Kratke, S. Global media cities in a world-wide urban network[J]. *European Planning Studies*, 2003, 11(6): 605-628.

Kruse, R. J II. Contemporary geographies of John Lennon[J]. *Critical Studies in Media Communication*, 2005, 22(5): 456-461.

Lukerman, F. Geography as a formal intellectual discipline and the way in which it contributes to human knowledge[J]. *Canadian Geographer*,

1964：167-172.

Orlove, *B. S.* Editorial：Identity, temporality, and moral geographies[J]. *Current Anthropology*, 2004, 45(1)：1-2.

Park, R. E. & Burgess, E. W. *Introduction to the Science of Sociology: Including an Index to Basic Sociological Concepts*[M]. Chicago：The University of Chicago Press, 1969.

Perloff, R. M. The third person effect：A critical review and synthesis[J]. *Media Psychology*, 1999, 1(4)：353-378.

Pile, S. & Thrift, N. Introduction[M]//Pile, S. & Thrift, N. (eds.). *Mapping the Subject: Geographies of Cultural Transformation*. London：Routledge, 1995：1-12.

Rantanen, T. Giddens and the "G"-Word：An interview with Anthony Giddens[J]. *Global Mediaand Communication*, 2005, 1(1)：63-77.

Sauer, C. O. The morphology of landscape[J]. *University of California Publications in Geography*, 1925, 2(2)：19-54.

Sennett, R. The power of the eye[M]//Ferguson R., et al. (eds.). *Urban Revisions: Current Projects for the Public Realm*. Cambridge, Mass.：The MIT Press, 1994：59-69.

Urry, J. Tourism, travel and the modern subject[M]//Urry, J. (ed.). *Consuming Places*. London：Routledge, 1995：141-151.

Wirth, L. Urbanism as a way of life[J]. *American Journal of Sociology*, 1938, 44(1)：1-24.

Zipf, G. K. Some determinants of the circulation of information[J]. *The American Journal of Psychology*, 1946, 59(3)：401-421.

后　记

　　我从事传播学和媒介理论研究至今已有 36 年，而从事传播与媒介交叉研究也有 30 多年。1988 年，我与戴元光、龚炜在兰州大学出版社合作出版了中国内地第一本传播学著作《传播学原理与应用》，在国内传播学界引起巨大反响。当时我就预测，传播学总论研究和大众传播学、组织传播学、人际传播学等分层传播研究可能会成为学界的热点，而传播学交叉研究可能会被学界所忽视，但这正是传播学创新研究的突破口和生长点。于是我开始了漫长的传播学交叉研究之旅。从 1990 年开始，我先后在江苏人民出版社和南京大学出版社主撰或主编出版了《经济传播学》(1990)、《政治传播学》(1991)、《教育传播学》(1992)、《艺术传播学》(1992)、《传播社会学》(1994)和《新闻传播学》(1995)等著作。接着转入媒介管理学研究领域，先后撰写或主编出版了《媒介经营管理学》(1998)、《媒介战略管理》(2003)、《电影经营管理》(2005)和《媒介理论前沿》(2009)，在高等教育出版社主编出版了国家面向 21 世纪课程教材和国家重点教材《传播学》(2000)、《媒介管理学》(2002)、《媒介管理学经典案例》(2003)和《媒介管理学概论》(2010)。

　　本想从此专心致志地进行传播学和媒介管理学研究，未曾想自己在国内又率先发表了多篇媒介生态学和媒介地理学方面的学术论文，引起学界和媒体的热切关注，并被作为创新项目列入浙江大学学科交叉预研基金的资助范围，还成立了传媒学院与计算机学院共建的学科交叉研究中心，我和耿卫东教授担任研究中心负责人。接着本人又以"媒介地理与媒介生态研究"为题分别申报了浙江大学基督教与跨文化研究中心（教育部文科重点研究基地）"985 工程"建设项目和浙江省哲学社会科学基金项目重大课题，分别获得正式立项，从而形成了非研究不可的基本态势。2008 年，我主撰的《媒介生态学：媒介作为绿色生态的研究》在中国传媒大学出版社正式出版，并在当年完成结题任务。

　　2008 年，我又以 26 万字的《媒介地理学：媒介作为文化图景的研究》的书稿，成功申报了浙江省哲学社会科学基金出版资助项目（08CBB23），然后用两年多时间深入研究、全面修改,再到最终定稿和正式出版。此书连同在各种学术刊物上发表的 20 多篇相关论文,引起学界和市场的热烈反响,好评如潮。《媒介地理学:媒介作为文化图景的研究》一书分别在 2011 年和 2012 年获得浙江省第十六届哲学社会科学优秀成果奖一等奖、第六届高等学校科学研究优秀成果奖(人文社会科学)新闻传播学类三等奖和中国大学出版社图书奖第二届优秀教材奖一等奖。

面世 10 年后,《媒介地理学:媒介作为文化图景的研究》一书经翻译学者申报、学界专家评审和推荐,被正式列入 2020 年度国家社科基金中华学术外译项目推荐选题目录。2021 年,上海师范大学外国语学院副院长王国凤教授完成此书 11 万字(中文)的翻译,通过了浙江大学出版社、施普林格·自然集团(Springer Nature Group)的选题审核,签订了正式出版合同,并申报主译此书。经专家评审、社会公示并报全国哲学社会科学工作办公室批准,获得国家社科基金中华学术外译项目的正式立项。

根据国家社科基金中华学术外译项目的结题要求、评审专家和主译专家的意见,我从以下几个方面对《媒介地理学:媒介作为文化图景的研究》一书进行了系统、全面和深度的修改:(1)根据英文著作的字数限制和内容简约的要求,同原合作者——我的硕士研究生杨丽萍同学协商后决定,全部删除她参与资料搜集、信息加工和写作的内容,当然也删除我写作的部分内容陈旧的章节,只对自己撰写的第一章到第八章进行了增删、修订和润色,新增写了约 11 万字,改动的具体字数无法计算;(2)结合自己的相关论文,增加了中国古代关于传播与媒介地理思想、理念及各种地理元素的观点、论述和史实;(3)结合自己关于华夏传播、亚洲传播和全球传播研究的成果[1]和资料,对原来的媒介地理学研究的体系、架构、范围及内容进行了进一步完善、丰富和充实;(4)对近年来中西传播学界发表的媒介与传播地理学方面的最新成果进行适当的消化吸收和合理借鉴;(5)对原著作的关键概念和重要案例进行了重新审定和适当更换。据此,试图不仅强化《媒介地理学新论》一书的创新性,而且提高其理论高度、学术厚度和分析深度。

最后,我要感谢我的太太——浙江大学党委宣传部原副部长彭凤仪研究员,她作为全书的第一个读者贡献了许多智慧和建议;感谢我的儿子——浙

---

① 邵培仁,姚锦云. 华夏传播理论[M]. 杭州:浙江大学出版社,2020;邵培仁,等. 亚洲传播理论——国际传播研究中的亚洲主张[M]. 杭州:浙江大学出版社,2017.

江工业大学人文学院副院长、清华大学新闻传播学博士后邵鹏教授,他提供了许多媒介地理学研究的最新成果和信息,包括一些批评性意见;还要感谢在媒介地理学研究中曾给予导师关心、帮助和支持的杨丽萍、周颖、姚锦云等弟子;更要感谢此项目的评审专家和主译此书的王国凤教授以及浙江大学出版社、施普林格·自然集团的朋友们,特别是黄静芬编辑。正是你们同我一起完成了《媒介地理学新论》一书的写作和出版。谢谢你们!

邵培仁

2021 年 6 月 28 日

于杭州青山湖畔寓所